[陈玉京 著]

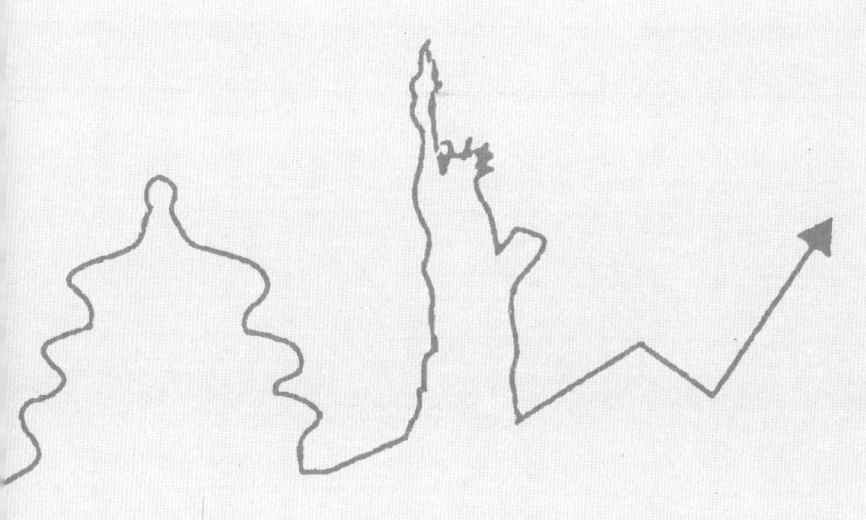

中美住房金融理论与政策：
房地产资本运动的视角

Theories and Policies of Housing Finance in China and the U.S.
from a Perspective of Real Estate Capital Movement

人民出版社

序　言

　　中国经济 30 年的快速增长,推动形成了房地产资本运动新的特点。和其他国家在快速城市化和现代化的过程中的轨迹类似,近年来中国城市拓展和城市更新中相伴出现了房地产价格上涨过猛、房屋拆迁纠纷不断、房地产金融潜在风险增大等问题,对国民经济和社会发展产生了重要影响。如何把握中国房地产资本运动的规律,如何正确理解房地产资本运动的新形势,如何有针对性地实施有效管理和调控,成为决策部门迫切的需要,也成为理论研究的一个重要课题。

　　陈玉京选择了这样一个题目来做博士论文,确实源自现实的需要,也源自他勇于面对挑战的性格。他通过对中美两国住房金融理论与实践的考察与比较,集中对房地产资本运动的特征、过程与后果进行了深入分析,并得出了一些有价值的观点和结论:

　　1. 提出从资本运动视角来考察城市房地产和住房金融问题。关于房地产市场和住房金融的研究本身具有重要意义,而且已经有不少的研究成果可以参考,但在作者看来,需要以资本运动这样的逻辑红线来对住房金融的理论和实践进行梳理,否则将难以得到具有逻辑一致性的结论。因此,该论文以资本运动的过程和效率、主体及其收益分配为基本主线来考察中美两国城市住房金融中的房地产资本运动,并尽可能采取历史全景扫描式的方法,深入分析城市土地、居民、空间结构乃至城市社会生活等各个方面,使住房金融不再只限于金融领域本身,而具有了历史感和立体感。他的结论是,中美两国住房金融体系的不同,根本在于两国资本运动格局的不同。资本运动格局的改变,必然涉及有关制度安排的改变。

　　2. 对房地产资本运动的基本概念和理论做了初步探讨。该论文把资本运动定义为市场经济社会中的一种基本制度安排,使马克思、凯恩斯、熊彼特等人的资本理论呈现出一定的逻辑关联,从资本运动的元制度特征推出资本、房地产资本及房地产资本运动的定义,并结合房地产金融理论,对房地产资本运动及住房金融的基本特征和理论框架做了探讨。他的结论是,房地产资本运动是市场经济制度下的产物,它和市场经济制度本身一样,是在历史中形成的,有着制度演化的路径,研究者和决策者有必要深入其中,把握其规律,并结合本国本地区的实际情况,拿出促进其发展的方案和对策来。

3. 对房地产资本运动的过程及其与金融资本的关系进行了分析,得出一些重要结论。作者从住房金融的理论与实践出发,对房地产资本运动的历史源流、房地产资本的"符号化"、风险管理及主体间的收益分配等重要问题做了梳理和分析,其中对中美两国房地产资本运动的特点、房地产资本与金融资本的融合、房地产金融风险的常态与极端状态、资本逐利各主体的行为特征等的论述有一定新意。他的结论是,在现代市场经济和金融体系中,房地产资本之所以能成为运动且能增殖的资本,在于它与金融资本的联姻。房地产资本与金融资本的高度融合——房地产资本的"符号化",使房地产资本运动呈现复杂特征,并推动了整个资本运动格局的演化。

4. 对房地产金融的风险进行了剖析。他认为,房地产资本运动的风险点是相对的、散点式分布的,而且大多数情况下是潜在的、可管理的。正如"管涌"一样,只要及时地进行补漏,是完全可以控制的,但是如果长久地忽视它,就可能会使堤坝溃决,产生严重的后果。房地产金融风险对整个金融体系和金融市场的影响值得关注。为防止和管控风险,作者提出,一个关键问题在于建立较为合理的住房金融制度体系,或者说是与现有的资本运动格局相匹配的住房金融制度体系。这一制度体系特别要注意平衡好分配格局,因为收益分配作为房地产资本运动的结果,是各个主体最关注的,其效率和公平的动态平衡是房地产资本运动可持续发展的前提。

从2007年以来愈演愈烈的美国次级债危机,是一场真正由住房金融本身所引发的金融危机,使人们对美国式的住房金融制度不得不重新进行审视,其中的是非得失需要认真的学术研究才能分析清楚。陈玉京博士提出的资本运动视角对理解美国式的住房金融制度以及这场危机的来龙去脉的分析很有帮助。目前全球性金融危机还在继续,结果如何还有待实践的检验。美国如何克服其住房金融体系的缺陷,中国如何从美国金融危机中吸取经验教训,继续推动房地产资本运动的进程,这些都很有必要做出进一步的论述。希望陈玉京博士在今后的研究中不断取得新的成果。

陈玉京有工学学士、历史学硕士的良好教育背景,有多年在高级机关从事政策研究工作的经验,但攻读经济学博士学位对他来说也是不小的考验。他克服了来自学习和工作中的诸多困难,刻苦学习,潜心钻研,顺利获得博士学位。他的博士论文由于选题切合时代特征,角度新颖,文笔顺畅,有较强的可读性,在通过答辩不久,就通过了人民出版社的选题评审,而且在吸纳专家们的意见基础上,论文的内容又做了改进和扩充,顺利出书。作为他的导师,我由衷地感到高兴,故提笔为序。

2008年10月8日

目 录

序言 ·· (1)

引论　资本运动创造国民财富 ··································· (1)
 第一节　资本运动是市场经济社会的一种基本制度安排 ········ (1)
 第二节　从马克思、熊彼特到凯恩斯：经典学者的精华观点
    评述 ·· (11)
 第三节　资本运动所依存的经济格局：资源—信息—
    制度—空间 ··· (19)

**第一章　关于房地产资本运动及其典型形式——住房金融的
    理论探讨** ··· (25)
 第一节　房地产资本及其运动的基本概念和理论要点 ········ (25)
 第二节　住房金融及其基本特征 ······························· (34)
 第三节　房地产资本运动与宏观经济波动 ···················· (40)
 第四节　房地产资本运动与城市发展 ·························· (44)

**第二章　房地产资本运动的历史源流：中美城市发展与住房
    金融史的考察** ··· (50)
 第一节　美国城市发展与住房金融史的考察 ·················· (50)
 第二节　中国城市发展与住房金融史的考察 ·················· (61)
 第三节　当代中国的房地产市场和住房金融概况 ············ (73)
 第四节　当代美国的房地产市场与住房金融概况 ············ (81)
 第五节　中美城市发展史上的房地产资本运动特点 ········· (88)
 第六节　国际因素开始对中国住房金融市场产生影响 ······· (94)

第三章　房地产资本运动的"符号化"与住房金融工具创新 ··· (101)
 第一节　房地产资本运动的现代形式——"符号化"的
    房地产资本 ·· (102)

1

第二节　美国的住房抵押贷款及其证券化 …………………… (110)

第三节　中国开展住房抵押贷款证券化的困境 ………………… (120)

第四节　房地产投资信托(REITs)创新的缘由、过程及效果 …… (125)

第五节　住房金融工具创新推动当代房地产资本运动

　　　　新格局的形成 …………………………………………… (134)

第四章　房地产资本运动中的"管涌效应"及其管理 …………… (146)

第一节　房地产资本运动中的主要风险点分析 ………………… (148)

第二节　金融创新放大了房地产资本运动的"管涌效应" ……… (158)

第三节　房地产金融危机的管理与控制 ………………………… (166)

第五章　房地产资本运动与住房金融主体行为 ………………… (185)

第一节　资本逐利的主体——房地产开发商行为 ……………… (185)

第二节　土地资源资本化与中国地方政府行为 ………………… (191)

第三节　住房金融产品的供给和需求方——住房金融机构与

　　　　居民行为 ………………………………………………… (198)

第四节　对房地产资本运动主体行为的模型解释 ……………… (204)

第六章　房地产资本运动与住房金融政策后果 ………………… (210)

第一节　房价、地价与房地产开发利润率 ……………………… (210)

第二节　美国"郊区化"运动与城市问题 ……………………… (218)

第三节　中国城市居住区空间结构的内部分异 ………………… (221)

第四节　构建和完善住房保障制度永远是政府的职责 ………… (225)

第五节　政府对住房金融的深度介入和支持 …………………… (228)

第六节　创新住房金融制度和工具以利于改善住房的

　　　　可支付性 ………………………………………………… (231)

主要参考文献 ……………………………………………………… (237)

后记 ………………………………………………………………… (245)

引论　资本运动创造国民财富

资本运动是经济理论的核心范畴。细读马克思主义经典作家和古典、新古典经济学家们的原著,可以发现它们有相通之处,那就是资本运动。资本运动创造国民财富,从资本运动过程可以揭示财富和价值的形成,可以揭示利润的性质和利润率的决定,可以逻辑推演出市场经济的生产、交换、分配、技术选择及资本积累的整个过程,并在现实中还原。为了追求逻辑上的完整性,本书从资本运动的理论开始阐述,这也是本书对房地产资本运动、中美两国住房金融理论与政策进行分析的逻辑起点。

第一节　资本运动是市场经济社会的一种基本制度安排

资本理论是经济学理论中最富争议的理论之一,西方经济学家对资本的定义非常多,如凝固的劳动、递延的消费、耐用品存量、要素服务流量等,对于资本的组成、资本的性质、资本价值决定是否与技术相关、资本价值测量是否独立于利润率和收入分配、资本价值能否加总等问题也一直争论不休[①]。马克思则认为资本不是物,而是一种生产关系,是能带来剩余价值的价值[②]。

[①] 参见柳欣:《资本理论——价值、分配与增长理论》,陕西人民出版社1994年版。《资本理论——有效需求与货币理论》,人民出版社2003年版,第100~138页。

[②] 有意思的是,凯恩斯也倾向于把劳动(包括企业家和他的助手的劳务)作为"唯一的生产要素","该生产要素在既定的技术水平、自然资源、资本设施和有效需求之下发生作用"。"与其说一件资本品是生产性的,还不如说,在该资本品的寿命期间,它的收益超过它的原有的成本。"——[英]约翰·梅纳德·凯恩斯:《就业、利息与货币通论》(重译本),高鸿业译,商务印书馆2004年版,第220页。

尽管经济学家们从各自立论的需要出发,对资本的内涵及外延做出了不同的界定,但有一点是有共识的,那就是运动性和增殖性是资本的本质属性,资本只有在运动中才能增殖,而且利润(或剩余价值)是在资本运动中得以产生并进行分配的。

笔者特别注意到国内有的学者已经指出的这样一种现象①:在新古典理论中,资本与土地并列为生产要素,但在国民收入核算的 SNA 体系中,却并不存在土地这样的生产要素,地产的价值被列入到资本存量之中。统计资料显示②,在美国的总资本中,房地产占 60% 左右,而且房地产在总资本中的比重在长期内是稳定的③,也就是说,房地产的价值是随着经济增长率的变化而呈现稳定上升趋势的。与此相关联的是,同样是庇护人们生活的一幢房屋,以前只是主人拥有的一项"不动产",变现是很不容易的(除非让渡全部或部分产权给别人),但如今的美国人却可以以这样的"不动产"的不断上升的价值作为抵押,预支他们的生活消费开支④。原因不是别的,就在于资本运动的格局发生了深刻的变化。这种现象说明,资本存量在资本主义发达的美国历来受到极大的关注,而且资本存量与国民财富的创造以及 GDP 的流量分析存在着复杂而深刻的关

---

① [英]约翰·梅纳德·凯恩斯:《就业、利息与货币通论》(重译本),高鸿业译,商务印书馆 2004 年版,第 100~138 页。

② 据联合国统计,在近几十年各个国家用于建造房屋的投资占国民生产总值的比重一般为 6%~12%,其中新加坡高达 12%~26%。这些投资所形成资产占到同期形成的固定资产总值的 50% 以上。

③ 几十年来,美国新建建筑物投资稳定在 GDP 的 5%~7%,1990 年美国房地产总价值为 8.8 万亿美元,其中住房价值为 6.1 万亿美元,而当年美国净财富额为 15.6 万亿美元,房地产总价值和住房价值分别占国家总财富的 56% 和 40%。——[美]丹尼斯·迪帕斯奎尔等:《城市经济学与房地产市场》,龙奋杰等译,经济科学出版社 2002 年版,第 6~7 页。

④ 据樊纲介绍,从 1997 年到 2006 年,美国消费者从资产证券化产品渠道提走的现金就达到 9 万亿美元,相当于 2006 年美国全部家庭可支配收入的 90%。美国人的"超前消费"由此到达了极致,人们普遍认为美国的次级债危机很大程度上源于这样无所顾忌的借贷消费。——《证券时报》2007 年 9 月 24 日。

但从本书的论述中,读者可以看到,借贷消费主要是资本运动中的赢利主体驱动的,并不是美国人天性就是不节俭。没有相应的资本运动渠道,借贷消费就无法持续或者只能停留于具有还贷能力的人的借贷消费。

系。然而,由于新古典理论在西方经济学理论中占据主流地位,SNA 体系也在很长一段时期内已经被经济学家所认同,由于西方经济学家普遍不承认资本的生产关系内涵,也可能是由于资本存量与流量的关系过于复杂而难以纳入公理化体系,经济理论与现实经济中的资本内涵及外延难以一致,甚至出现了难以破解的逻辑矛盾。因此,笔者受前辈经济学家们的启发,尝试从资本运动的角度来破解这一逻辑矛盾[①]。

一、资本运动的元制度特征

笔者的理解是,资本运动是市场经济社会的一种基本制度安排,是各相关主体出于赢利的目的,提供各自拥有的资本或资本等价物[②]参与其中的一种运动过程。资本运动的各主体共同遵守"资本在运动中增殖"这一基本规则,虽然具体到某一主体,增殖不一定实现,但增殖的目标是一致的,增殖的机会对大家都是均等的。

人类社会发展至今,资本运动创造财富和价值是客观存在、毋庸置疑的,值得关注的是资本价值的衡量,资本运动的普遍性与特殊性,资本运动创造财富和价值的过程、效率和收益分配,也就是说,应该关注资本运动的元制度特征及其在各种特殊经济环境、过程中的表现。

在笔者看来,经过数百年的市场经济历史长河的冲刷,资本运动的元制度特征已经为世人所公认,可简要概括为:

1. 资本价值是在资本运动中实现的,它是存量与流量的统一体,最终要归为货币形态的价值。资本价值的衡量有三点是必须考虑的:(1)资本在用于生产产品和服务时能够替代的活劳动的量;(2)资本在运动中增殖的量(一般不是一次性的);(3)资本在运动中贬值的风险(剩余价值理论没有充分考虑到这一点,资本家的资本在寻求风险与收益的均

[①] 当然,这并非是本书的主要任务,笔者深深知道,理论创新是不能一蹴而就的。本书想提供的只是从资本运动角度对住房金融这样一种经济过程的解读,并对中美两国对应的历史和现实经济现象做出自己的解释。在这样一种探究的过程中,有可能会深化对资本运动的理解,为笔者以及感兴趣的同道提供进一步研究的参考。

[②] 资本雇佣劳动,劳动就成了资本等价物;资本购买机器或艺术品,机器或艺术品也成了资本等价物,诸如此类。

衡,资本雇佣劳动,其合理性在此)。

2. 资本运动是资本价值实现的前提,而资本运动本身也是有前提的。各种资本运动的前提在于:(1)资本的客观存在、可储存且可转换;(2)资本所有者的客观存在及清晰界定;(3)资本价值可衡量;(4)资本所有者对资本增殖的愿望;(5)资本增殖的可能性(与产品和服务的生产和交换过程中的成本、收益、风险有关)。

3. 资本运动创造财富和价值的客观存在性是明显的,劳动价值论在当代资本主义和社会主义市场经济实践中已经显现出明显的缺陷。从资本运动的角度看财富和价值的创造,以下几点值得记取:(1)资本是财富的一部分,本身具有价值;(2)资本所有者愿意付出时间和风险的代价,让资本参与资本运动,从而取得一定的收益;(3)资本雇佣劳动,或者与劳动的结合;(4)资本运动中生产出的产品和服务具有有效需求(有效需求来自国内和国外市场,马克思和凯恩斯的著作都没有对国外市场给予足够的关注);(5)资本运动中各种形态资本的可转换和可交换。

在现代市场经济中,以资产[①]抵押和资产证券化为媒介,房地产资本、生产资本(机器设备、库存)与货币化资本可以相互转化,货币内生化供给的体系得以完整构建,从而财富所有者可以随时调整其资本资产的组合,并不断地重新确定各种资本的货币价格。因此,资本虽然在收益流量的增加中表现为生产要素,但在收益流量分配和存量价值增加中却更多地表现为社会关系,从而使资本运动越来越大地对社会关系的变动造成影响,进而对宏观经济和社会发展造成影响。"这样,资本的特殊性质在金融资本中消失了。资本表现为君临社会生活过程的统一力量。""所有制关系的问题,获得了它的最清楚、最无疑义和最尖锐的表现;而社会经济的组织问题,也由于金融资本本身的发展而得到越来越好的

---

① 有人认为,资产的价值形态就是资本,或者反过来说,资产是资本的实物或权益形态。但用会计语言来说可能更准确一些:资本(所有者权益)和负债之和等于资产。负债一般是要有资本存量作为抵押才能取得,并且要以资本的收益来偿还(破产清算时则以资本存量的出卖价格来偿还)。

二、关于资本内涵与外延的定义

基于对资本运动元制度特征的理解,本书对资本的内涵定义为:资本是用于生产产品和服务的人类创造物,是存量与流量的统一体,是在运动中得以增殖的价值;这些增加的价值(收益)的分配也是在资本运动中实现的,由资本所有者把它分配给利益相关者。

为了避免资本内涵的泛化,本书倾向于把人力资本[②]、信息资本[③]之类排除在资本的外延之外(需要纳入时做特别说明),也把水、能源、洁净空气等自然物或其衍生品排除在外,虽然这些东西在一定条件下也可能具备资本属性或进行一定程度的资本化。着眼于运动性和增殖性,本书所采取的是与西方经济学传统定义的资本类似的外延界定[④],在外延之内主要有:货币化资本(通货和有价证券)、不动产(中国大陆习惯称之为房地产)、机器设备、耐用消费品、库存、海外净资产等。

资本为了增殖而运动,因为运动而增殖,因此,运动性和增殖性是资本的两个不可分割的本质属性,或者说是资本最根本的两个特征。资本是"一种运动,是一个经过各个不同阶段的循环过程……因此,它只能理解为运动,而不能理解为静止物。……在这里,价值经过不同的形式,不同的运动,在其中它保存自己,同时使自己增殖、增大"[⑤]。马克思在这里

---

① [德]鲁道夫·希法亭:《金融资本——资本主义最新发展的研究》,福民等译,商务印书馆1997年版,第265页。
② 人类创造"人力资本"这样的说法,在我看来是对人类价值的一种不敬。而且一旦人类本身成为了资本,消费(特别是医疗、教育等大项消费)也就成为了投资,经济学的许多概念将变得十分混乱。我倾向于使用"智力资本"这一概念。相对于"人力"而言,"智力"的层次更高,它虽然也包含了人类天赋的因素,但如果没有人类创造的文化对这些天赋因素加以培养,"智力"就永远也成为不了"资本"。
③ "信息资本"很多是可以以零代价或者极低的代价取得的。信息一旦扩散开来,贬值的趋势太快太明显,因而在我看来,"信息资本"作为经济学的研究对象也是不大适合的。
④ 参见[美]詹姆斯·托宾等:《货币、信贷与资本》,陈杰、张未译,东北财经大学出版社,McGraw-Hill出版公司2000年版。
⑤ 马克思:《资本论》第一卷,人民出版社1975年版,第122页。

所做的"资本"定义,从资本运动的角度看是十分精到的,而且比"能够带来剩余价值的价值"等定义更为根本。因为在马克思看来,资本作为支配劳动的手段,它以预付货币工资的形式购买劳动,就像购买资本品和生产资料一样,是产生剩余价值和资本增殖的必不可少的环节。但是随着金融资本的日益发展,资本增殖的过程有时是在瞬间完成的,此时说资本的剩余价值"最终"来自于劳动是无意义的[1]。运动性是最根本的,比如,货币是人类的创造物,然而它本身不能直接进入产品和服务的生产过程,因为它本身不是资本,但是一旦它进入了资本运动过程,服务于产品和服务的生产,就成了资本。又如,土地开始不是人类的创造物,但是一旦它经过人类的开发、利用和规划,进入了资本运动过程,就成为了人类生产产品和服务的重要生产要素,土地的价值得以体现并呈不断升值之趋势,因而也成为了资本[2]。

三、经济学传统中关于资本和资本运动的论述

在西方经济学的发展史上,其各个流派从当时的历史经济条件出发,给出了资本的不同含义,有人认为资本是各种规定的财货。如巴尔本就说:"一切贸易的财货和商品是整个世界的动物、植物和货物,是陆地或海洋生产的一切。"杜尔阁则认为:资本是储存的财货。他说:"货币的便于积累,使它在各种可动用的财货中很快地变成了人们最想获得的东西,并且提供了一种手段,使人们只需通过节约就可以不断增加它的数量。无论是谁只要他每年能从他的土地收入,或从他的劳动或辛劳所挣得的工资中,收到一些多于他必须花费的价值,他就可以把这笔多余的价值作为一种储蓄而积累起来,这种积累起来的价值就是所谓的资本。"斯密把人们获得的财货分为两部分:一部分是我们希望从中取得收入的财货称为资本,另一部分则是人们用于目前消费的财货。庞巴维克则认为资本

---

[1] 经济学的研究不应当总是在追根溯源,服务于不同的研究目的,应该有不同的"追溯期"。

[2] 比如青藏高原上的大片土地,千百年来都是沉睡着的,直到2006年青藏铁路开通,铁路沿线的土地开始生产旅游产品和服务,它们的价值才得以体现并呈不断升值之趋势,这里的土地因而也成为了资本。

是迂回过程的中间产品。他说:"用迂回方法进行的那种生产,不过是经济学家们所谓的资本主义生产,同它对立的就是直接到达其目的的那种生产方式,即如同德国人所说的赤手空拳者生产的那种生产。而资本只是在迂回过程的各个阶段里出现的中间产物的集合体罢了。"①萨伊坚信资本是抽象的价值。"构成资本的不是物质,而是这些物质的价值。"②他认为各种生产要素,为完成产品生产所耗费在生产工人身上的生活必需品,劳动过程使用的原料以及用这些原料制成的产品等等的价值"构成所谓的生产资本"。道格拉斯·格林沃尔德主编的《经济学百科全书》对资本的解释是:资本就工商而言,资本由房屋、建筑物、工厂、机器设备以及库存等构成。稍广一点的含义还包括住房(不管是租赁的还是私有的)、运输设施和设备,资本还包括人力和非物质,它包括了有利于研究它和开发它的经费所生产的知识,以及因它采取诸如修整山林、改良土壤、开发矿产,以及对周围的水、空气进行保养而进行投资等措施而提高的土地和自然资源的价值等。资本,不管采取哪种形式,其特点都是利用现实生产来创造那些不是现在的消费或费用,而是将来的生产要加以利用的某种资源;将来的生产,要么是提供消费服务,要么是形成更多的资本。

马克思的《资本论》对资本运动的总体环境、资本运动的过程及后果等阐述最为精当和详细③。希法亭的《金融资本》可以认为是马克思资本运动思想的延续,他指出了金融资本借以实现的多种形式及其历史趋势,如金融资本对产业资本和商业资本的分离化和独立化,商业资本的独立性越来越被消灭,银行资本同生产资本的分离在金融资本中被扬弃,特别

---

① 以上参见陈信:《资本论学习与研究》,东北财经大学出版社2004年版,第324页。
② [法]让·巴·萨伊:《论政治经济学》1817年巴黎第3版第2卷第429页,转引自马克思:《资本论》第一卷,人民出版社1975年版,第175页。
③ 但在马克思看来,地产是作为货币形式的资本的对立物,它不在《资本论》所论述的资本范畴之内。《资本论》第三卷第871~872页对"建筑地段的地租"有过简短的论述,但显然不是他想在这里论述的地租的重点部分,他的重点在"资本主义生产发达的国家的农业地租"。也可能马克思想另辟专章论述,在他的《政治经济学批判》"六册结构计划"中,第二册就计划系统论述"土地所有制"问题,由于过早逝世而未能如愿。——参见顾海良《马克思经济思想的当代视界》,经济科学出版社2005年版,第120~121页。

是随着虚拟资本市场的产生和发展,资本的"动员"越来越把资本主义财产转化为收益凭证,使资本主义财产在生产过程之外产生等。西方经济学家虽然没有明确提出资本运动的概念,但从不同角度论述了资本在运动中增殖的过程。比如凯恩斯的《通论》以资本边际效率与利息率(预期收益与供给价格或重置成本)的相互关系,细致地分析了有效需求的变化、资本存量价值的变化、预期的变化对资本运动过程的影响。托宾以其Q理论(来源于凯恩斯)改造了投资存量—流量模型,使凯恩斯的投资理论增添了微观基础,而且托宾还融入了资产组合理论,使资本运动与金融市场、金融机构的关系更清晰地得以显示。

在当代资本主义社会中,不确定性和风险成为了资本的代名词,正是风险导致的代价使资本的回报成为"合理"要求。弗兰克·H.奈特的《风险、不确定性与利润》的1948年版前言①中写道:"不确定性和利润理论的关键问题就是资产价值及其变动问题。这就涉及了资本以及资本利润率学说,但又区别于利息理论。因为,这些价值是靠对未来收入流的资本化获得的。预期收益的大小和持续时间的长短以及资本化的比率,几乎都是不确定的,但所有这些数据显然都在已经结清而且平衡并显示出在某一特定时刻账目状况的账簿资产上,有合乎逻辑的体现。通常,价值包含了对未来可分配范围之外的东西的一种预期,严格地说,如果在一个确定的时间内采取一次性总清算的话(世界末日),就会出现另一种情况了。(实际的清算涉及某些资产向其他账户的转移。)"这段话比较费解,简单地说就是,价值的计量不再是"一次定终身",而是对未来收入流的资本化,在存在风险和不确定性的条件下,资本的量取决于资本的预期净收益(这要取决于经济中有影响力的所有条件)以及资本化率,而这些都是不确定的。值得注意的是,奈特所定义的资本是包罗"一切要素"的概念,包括人的与非人的复合投入要素,这一复合投入要素不仅不断地维持着自身,而且还另外生产出一个可以用来消费或再投资的回报。投入的新投资不仅有"资本品"(过程含义上的物品、机器等)、自然要素和人力,

---

① [美]弗兰克·H.奈特:《风险、不确定性与利润》,安佳译,商务印书馆2007年版,第28页。

而且还有技术和科研、社会遗存和艺术品以及各种耗费,或是包括所有要素的服务在内的投资本身。

四、现代西方经济学论资本与投资

在现代西方经济学中,资本与投资的概念紧密相联。萨克斯的《全球视角的宏观经济学》做了这样的定义:投资是总需求的又一重要组成部分,它是指在既定时期内用于维护或增加经济系统中资本①存量的产量流。投资支出通过增加资本存量来提高经济的未来生产能力②。萨缪尔森的《经济学》③中说:宏观经济学家所使用的"投资"或"实际投资",体现的是生产性资本和资本品存量的增加。真正的投资只能是指实际资本的增加。

企业为什么要进行投资呢?归根到底,企业只有在预计到购买资本品会给它带来利润,也即会带来大于投资成本的收益的时候,才会进行投资。这个简短的论断包含了理解投资的三个基本要素:收益、成本和预期。

企业投资的目的是为了赚取利润。由于资本品要延用许多年,投资决策取决于:

1. 对新投资所生产出的产品的需求状况。
2. 影响投资成本的利率和税收。
3. 企业对未来经济状况的预期。

曼昆的《宏观经济学》第 17 章对各类投资的影响因素做了详细论述,值得参考。特别是以下三点结论④:

---

① 此定义说明,投资的定义与资本的内涵与外延的界定密切相关。西方主流经济学仍然固守实物资本的概念,所以宏观经济学意义上的投资实际上就是国民经济核算意义上的投资,主要是便于计量。

② [美]杰弗里·萨克斯等:《全球视角的宏观经济学》,费方域等译,上海三联书店、上海人民出版社 1997 年版,第 169 页。

③ [美]萨缪尔森、诺德豪斯:《经济学》第十七版,萧琛主译,人民邮电出版社 2004 年版,第 377 页。

④ [美]格里高利·曼昆:《宏观经济学》,梁小民译,中国人民大学出版社 2003 年版,第 431~432 页。

1. 各种类型投资支出都与实际利率负相关。较高的利率增加了企业投资于工厂和设备的资本的成本,增加了买房者借贷的成本,也增加了持有存货的成本。

2. 投资函数的移动有各种原因。可获得的技术的进步增加了资本的边际产量,并增加了企业固定投资。人口增加提高了住房需求,并增加了居民投资。最重要的是各种经济政策,例如,投资税减少了公司所得税的变动,改变了对投资的激励,从而使投资函数移动。

3. 预期投资在经济周期中变动是合理的,因为投资支出取决于经济的产出以及利率。在新古典企业固定投资模型中,较高的就业增加了资本的边际产量,并提高了对投资的激励。更高的产出也增加了企业的利润,从而放松了一些企业面临的筹资限制。此外,更高的收入增加了住房需求,这又提高了住房价格,增加了居民投资。更高的产出增加了企业希望持有的存货量,刺激了存货投资。

上述教科书的论述表明,宏观经济学中所用的"投资"概念特指一国经济中新资本品的产生,而不包括现有资本在不同所有者之间的转移。也就是说,购买股票、债券等金融市场意义上的投资与宏观经济学中国民经济核算意义上的投资不是一回事。随着实物资本与金融资本融合程度的日益加深,随着资本内涵与外延的拓展,这种国民经济核算意义上的"投资"概念越来越显示出其局限性。特别是在开放经济条件下,这种局限性就更加明显。主要表现在:

1. 金融资产价格的变化对实物资产特别是房地产价格影响甚大,资本存量与流量的价值计量因而受到影响,所谓固定资产投资总额之类也就会因市场价值而变。

2. 金融市场的变化对投资者和企业的信心与投资预期有重要影响,而且由于财富效应引起消费心理的变化进而也对企业投资预期产生影响,这些都将引起利息率(贴现率)的变化,实物资本的投资因而与金融资本的投资密不可分。

3. 智力资本的价值不易评估和计量,但有迹象表明,人们已经把它们作为质押品取得银行贷款,或者以它们的价值来取得风险资本家的金融支持,这样的投资表现为"价值化积累"(后文有论述),在某些行业比实物投资导致的"实物资本积累"更重要。

4. 在外国的净金融资产表现为国内储蓄与投资之差,一国经济中新资本品的产生因而与外国金融市场和金融资产价格也有了密切的关联。当然,由于计量复杂等问题目前无法解决,国民经济核算意义上的"投资"仍然要与金融市场意义上的投资区别开来。但注意到其局限性是必要的。

第二节 从马克思、熊彼特到凯恩斯:经典学者的精华观点评述[①]

一、马克思的资本运动理论

商品生产和发达的商品流通,是资本产生的历史前提。"资本在历史上起初到处是以货币形式,作为货币财产,作为商人资本和高利贷资本,与地产相对立。"[②]马克思在《资本论》第一卷中的这寥寥数语,把货币和资本的起源讲清了。马克思笔下的资本一直是以货币形式出现的,"现在每一个新资本最初仍然是作为货币出现在舞台上,也就是出现在市场上——商品市场、劳动市场或货币市场上,经过一定的过程,这个货币就转化为资本。"[③]就运动性和增殖性而言,生息资本和商业资本也是资本,而且早于现代基本形式的资本——即马克思所说的以劳动力成为商品为条件,货币羽化而成的资本——的出现。

马克思的资本定义所选择的切入点不是生产劳动和中间产品,而是价值。因为在理论上,价值的概念先于资本的概念。在马克思看来,资本不是一个简单的量,它是一个数量关系,是作为一定价值的本金自行增殖的价值自身,同作为已经生产剩余价值的本金的关系,也就是说,在资本

[①] 我在这里引述的大师们的观点只是出自自己的理解,也是为了本书所研究课题的需要,不一定正确,也很不全面,希望读者宽谅,欢迎批评指正。

[②] 马克思:《资本论》第一卷,人民出版社1975年版,第167页。马克思在这里加了一个注解:"以人身的奴役关系和统治关系为基础的地产权力和非人身的货币权力之间的对立,可以用两句法国谚语明白表示出来,'没有一块土地没有主人','货币没有主人'。"

[③] 马克思:《资本论》第一卷,人民出版社1975年版,第168页。

运动中所表现出来的价值是处于过程中的价值,是过程的主体。

资本是财富的特殊形式。马克思在把资本规定为价值的同时,并不否认它借以存在的现实形式,即物质要素,这些物质条件作为资本的存在方式在生产中发挥着重要的作用。因此,资本既是一种能带来剩余价值的价值,而且也是被规定了的物化劳动或"死劳动"。他指出,就资本的物质要素来说,总资本减去可变资本,也就是不变资本,是由实现劳动的物质条件即劳动资料和劳动材料(劳动对象)构成的。这种由劳动资料和劳动材料构成的生产资料是劳动的客观因素,是生产过程得以进行的必要条件。马克思形象地把资本这种"死劳动"比做吸血鬼,它只有吮吸活劳动才有生命,吮吸的活劳动越多,它的生命力就越旺盛。

马克思在把资本区分为活劳动和"死劳动"的同时又指出,生产资料、劳动力、货币等等仅仅是资本的表现形式,这些物本身并不是资本,如果一个人没有雇佣工人这个补充物,没有被迫愿意出卖自己的人,还不能使他成为资本家。因此,资本不是一种物,而是一种以物为媒介的人和人之间的社会关系。马克思的这一论述,排除了资本主义社会以外的社会存在资本的可能性,从而使资本成为资本主义社会专有的范畴,即狭义的资本。

马克思在《资本论》第二卷中着重描述资本运动的过程,在第三卷中着重描述资本运动的效率和收益分配。资本运动的过程在马克思的笔下是高度抽象的,他首先描述了单个产业资本的运动过程,即产业资本的循环和周转,然后描述了社会总资本的再生产和流通。产业资本的循环是货币资本、生产资本和商品资本三种循环的统一。

在马克思看来,作为货币的货币的流通(用 W—G—W 表示)和作为资本的货币的流通(用 G—W—G′ 表示)具有质的区别,这种区别在于后者在流通中取出的货币 G′ 成了 G + ΔG,也就是原预付的货币额加上了一个增殖额。简单商品流通——为买而卖——是达到流通以外的最终目的,占有使用价值,满足需要的手段。相反,作为资本的货币的流通本身就是目的,因为只是在这个不断更新的运动中才有价值的增殖。因此,资本的运动是没有限度的。

资本的运动性和增殖性造就了资本家的本性,同时也造就了资本主义生产方式的特殊性。马克思一针见血地指出,资本流通的客观内容——价值增殖——是资本家的主观目的;只有在越来越多地占有抽象财富成为他的活动的唯一动机时,他才作为资本家或作为人格化的、有意志和意识的资本执行职能。因此,绝不能把使用价值看做资本家的直接目的。他的目的也不是取得一次利润,而只是谋取利润的无休止的运动。

如果光是以扩大再生产或获取利润为目的来描述资本运动的特征,那么马克思的定义和其他经济学家的描述也就没有什么区别了。马尔萨斯说:"资本就是用来获取利润的积累起来的财富。"琼斯说:"资本……就是由收入中节约下来并用来获取利润的财富所构成的。"①穆勒的定义是:资本是拨出来用于再生产的财富,资本为生产所做的事情,是提供工作所需要的场所、保护、工具和原料,以及在生产过程中供养劳动者。这些是当前的劳动向过去的劳动,向过去劳动的产物要求提供的服务。无论什么东西,只要用在这方面,即用来满足生产性劳动所必需的以上各种先决条件,就是资本。

马克思描述资本运动的第一个特点在于,它指出了工人不仅为资本家一次性地创造了剩余价值,而且在剩余价值转化为资本的过程中也继续发挥作用。这种作用不仅表现在工人自身还要被迫继续出卖劳动力,他们还要繁殖出新的劳动力用于资本主义生产。"资本只要把工人阶级每年向它提供的各种年龄的追加劳动力同已经包含在年产品中的追加生产资料合并起来,剩余价值向资本的转化就完成了。具体说来,积累就是资本的规模不断扩大的再生产。"②

马克思描述资本运动的第二个特点在于,他对资本家积累资本的努力有贬有褒。"贬"是揭露其剥削工人的残酷性,"褒"则在于资本家对于资本运动而产生的增殖的狂热追求促进了资本主义生产的发展。"他狂热地追求价值的增殖,肆无忌惮地迫使人类去为生产而生产,从而去发展社会生产力,去创造生产的物质条件;而只有这样的条件,才能为一个更

---

① [英]马尔萨斯:《政治经济学原理》第262页,[英]查理·琼斯:《国民政治经济学教程》1852年哈特福版第16页,均转引自马克思:《资本论》第一卷,人民出版社1975年版,第644页。

② 马克思:《资本论》第一卷,人民出版社1975年版,第637页。

高级的、以每个人的全面而自由的发展为基本原则的社会形式创造现实基础。"①资本主义生产的竞争迫使资本家不断扩大自己的资本来维持自己的资本,而他扩大资本只能靠累进的积累。资本家的私人消费,对他来说也就成了对他的资本积累的掠夺。虽然有的资本家习以为常地挥霍财富和炫耀性消费,但是,资本家的挥霍仍然和积累一同增加,一方绝不会妨碍另一方。"在资本家个人的崇高的心胸中同时展开了积累欲和享受欲之间的浮士德式的冲突。"②

马克思描述资本运动的第三个特点在于,他看到了社会劳动生产率和资本有机构成的变化与资本运动间的相互影响和推动。一方面,资本合并了形成财富的两个原始要素——劳动力和土地,使其获得了一种扩张的能力,而且借助科学和技术的进步,进一步推动了社会劳动生产率和资本有机构成的提高。另一方面,劳动生产率和资本有机构成的提高,又使现在执行职能的资本③产生贬值,使劳动力出现相对过剩,而这些贬值的资本和过剩的劳动力,会因为旧的生产部门的扩大和新的生产部门的产生而吸收,资本运动的范围和空间进一步扩大。尽管在没有经济危机出现的情况下,失业问题并不突出,但由于当时资本主义生产的迅速扩大,工人阶级的处境确实是很悲惨的。马克思气愤地指出:一个工业城市或商业城市的资本积累得越快,可供剥削的人身材料的流入也就越快,为工人安排的临时住所也就越坏。"由于资本和劳动的大量流动,一个工业城市的居住状况今天还勉强过得去,明天就可能变得恶劣不堪。"④因此,在资本运动中的收益分配是极为不均衡的,马克思对于处在劣势地位的工人阶级极为同情,这种同情甚至影响了他对资本运动作为一种历史过程的判断。他没有想到,市场经济社会经过数百年的发展之后,工人阶级也拥有了足够数量的资本,而且在现代金融市场中,他们自己或机构投资者可以以其拥有的资本加入到资本运动格局之中,在资本运动的收益

---

① 马克思:《资本论》第一卷,人民出版社1975年版,第649~650页。
② 马克思:《资本论》第一卷,人民出版社1975年版,第651页。
③ 这里应该是指机器设备,如果把房地产和股票作为资本,则社会整体劳动生产力的提高会促使这部分资本升值。
④ 马克思:《资本论》第一卷,人民出版社1975年版,第725~726页。

分配中占据一定份额。

马克思描述资本运动的第四个特点在于,他指出了资本运动促使资本积累走向积聚和集中的过程①。此时,资本的积聚是已经形成的各资本的积聚,是它们的个体独立性的消灭,是资本家剥夺资本家,是许多小资本变成少数大资本。随着资本主义生产和积累的发展,竞争和信用——集中的两个最强有力的杠杆,也以同样的程度发展起来。同时,积累的增进又使可以集中的材料即单个资本增加,而资本主义生产的扩大,又替那些要有资本的预先集中才能建立起来的强大工业企业,一方面创造了社会需要,另一方面创造了技术手段。"通过集中而一夜之间集合起来的资本量,同其他资本量一样,不断再生产和增大,只是速度更快,从而成为社会积累的新的强有力的杠杆。"②马克思乐观地预言,资本集中导致的资本垄断,并进而导致生产资料的集中和劳动的社会化,达到了同它们的资本主义外壳不能相容的地步。"这个外壳就要炸毁了。资本主义私有制的丧钟就要响了。剥夺者就要被剥夺了。"③

二、熊彼特的资本运动理论

熊彼特从"发展"的观点来为资本做定义,实际上是重点关注资本的功能性定义。④ 在一个没有"发展"的经济系统里,就没有"资本";或者用另一种方式表述,资本不能履行其独特的职能,它就不是一种独立的要素。在"循环流转"(the circular flow)中,一般购买力的各种变化的形式

---

① 马克思在此处的分析深入了一步,而且离现代社会的现实也近了一步,不再单纯停留于工人和资本家的对立。但很快他的逻辑又转到了工人和资本家的对立上,他把资本的集中当成了敲响资本主义丧钟的工具。事实证明,他的这种逻辑有点简单化,资本的集中不仅没有敲响资本主义的丧钟,而且使工人也逐渐加入到资本集中的阵营里来。资本集中促使金融资本高度发达,工人(特别是所谓中产阶级)的剩余财富进入股票市场,他们的房地产资本也渐渐地成为了可以增殖的价值,这种增殖和资本家的资本增殖并没有本质上的区别。
② 马克思:《资本论》第一卷,人民出版社 1975 年版,第 689 页。
③ 马克思:《资本论》第一卷,人民出版社 1975 年版,第 831~832 页。
④ [奥]约瑟夫·阿洛伊斯·熊彼特:《经济发展理论:对利润、资本、信贷、利息和经济周期的研究》,九州出版社 2006 年版,第 271~283 页。

并不构成资本,它们只是交换媒介,是为执行传统交换的技术手段。然而,在"实施新组合"的过程中,货币及其替代品变成了一种关键的要素,即资本。因此,资本的定义是:可以在任何时候转交给企业家的作为支付手段的数额。当从一个均衡状态的"循环流转"开始"发展"的时候,只有很小一部分的资本量是由货币构成的,资本必然包含着为"发展"目的而新创造的其他可作为支付手段的东西。资本既不是生产手段(无论是初始的生产手段还是生产出来的生产手段)的全部,也不是它的一部分;资本也不是消费品的储备量;它是一个特殊的要素。就像有一个消费品市场和一个生产品市场一样,也必然存在一个资本市场。这个市场比另外两个市场更加集中,组织得更好,而且更容易观察。它就是商人们所说的货币市场(虽然这个市场经营的不只是货币)。货币市场向来是资本主义体系的指挥部,命令从这里下达到各个部门,而在指挥部里所争论和决定的,从实质意义上说总是为进一步"发展"计划的定案。各种信贷要求都来到这个市场;所有类型的经济项目都首先在这里发生关系并为各自的实现相互竞争;各种购买力和资金余额都流到这里出售。因此,可以说,货币或资本市场的主要职能就是为"发展"筹措资金而进行的信贷交易。"发展"创造并滋养着这个市场。在"发展"的过程中,货币市场又被赋予了第三个职能:它成为收入来源本身的市场。这种收入来源的出售反映了获得资本的一种方式,而它们的买入则反映了利用资本的一种方式。这样看来,很难把收入来源的处置与货币市场相分离。土地交易也属于这样一种情况,只不过由于技术上的原因,使土地交易看起来似乎不属于实践中货币市场交易的一部分,但在货币交易和土地交易之间并不缺乏关联性。

三、凯恩斯的资本运动理论

凯恩斯在其《通论》里,没有专章论述资本,然而,他以"资本边际效率"这个当时令人耳目一新的概念对资本和投资理论进行了彻底的变革。资本边际效率的提出,使投资决定直接联系到货币和货币利息率,使资本的存量与流量统一起来。投资的决定不仅涉及收入流量,而且涉及资本存量价值的变动,因而是投资成为一种存量与流量的同时均衡。这种投资理论取代了新古典的边际生产力投资理论。资本边际效率与利息率相联系,又不完全等同于利息率,凯恩斯称之为"贴现率",实际上是一种动态决定的利息率。凯恩斯写道①:"与投资预期收益相对应的是资本资产之供给价格。其意义并不是指一件资产在市场上能实际上被买到的价格,而是指能诱使制造商生产出相同的资本资产的价格,即有时也被称为重置成本的概念。从资本资产的预期收益和它的供给价格或重置成本之间的关系,可以得到资本资产增加一个单位的预期收益和该单位的重置成本之间的关系。这种关系向我们提供了资本边际效率的概念。更确切地说,我把资本边际效率定义为一种贴现率,而根据这一贴现率,在资本资产的寿命期间所提供的预期收益的现值等于该资本资产的供给价格。这是某一具体种类的资本资产的边际效率。各种不同的资本资产的边际效率的最大值即可被当做一般的资本边际效率。"

资本边际效率的两个决定因素——资本资产的预期收益和它的供给价格或重置成本——都是动态的,因而它也时刻处于动态调整之中。它不同于利息率的关键就在于此,因为利息率不可能时刻都处在调整之中。凯恩斯对某一资产资本边际效率随着投资量的增加而递减的原因做了解释:"其部分原因在于:当该种资产的供给量增加时,预期收益会下降;另一部分原因在于,一般说来,该种资产的增加会使制造该种资产的设备受到压力,从而,它的供给价格会得以提高。在短期中,两种因素中的第二种通常具有较大的重要性来导致均衡状态。然而,时期越长,第一种因素就会越来越为重要。"投资量的增加导致资本边际效率递减,直到没有任何种类的资产的资本边际效率会大于现行的利息率,也就是说,在投资曲线上,投资量的增加会到达其一点,在该点,一般的资本边际效率等于现行的市场利息率。

资本边际效率时刻处在动态调整之中,这就决定了凯恩斯笔下的资本运动充满了不确定性。由于对风险和不确定性的重视,预期在他的资本和资本运动理论中占据着十分重要的地位,其中最重要的是长期预期。

---

① 以下四段引文均引自《通论》第四编。见[英]约翰·梅纳德·凯恩斯:《就业、利息与货币通论》(重译本),高鸿业译,商务印书馆2004年版,第137~252页。

"对未来收益的预期部分取决于既存的事实,部分取决于将来的事件;前者被我们大致当做是肯定的,而后者则只能以或多或少的信心对之进行预测。在前者的既存事实中,可以举出如各种资本资产的现有的存量、资本资产的总量、消费者目前对物品的需求的强烈程度以及对这些物品进行有效率的生产所需要的资本量的多寡,等等。在后者的将来事件中,可以举出资本资产的种类和数量在将来的变动、消费者偏好的改变、在投资品的生命过程中的有效需求的强弱以及在同一过程中可能出现的以货币表示的工资单位的改变,等等。"对"既存事实"的预期是短期预期,这种预期可以看做是企业家根据当前的市场价格决定产出和就业,这里有某些确定的因素,如一项技术发明可以降低成本,企业家使用这种新技术与他人竞争时将处于有利地位。对"将来事件"的预期就是长期预期。由于我们通常对决定投资项目在几年后的收益的各种因素了解很少,并且往往根本缺乏了解,所以对"将来事件"仅仅做最大可能性预测是不够的,投资决策往往取决于我们对这一预测的"信心"。对所谓"信心状态"这一事物,务实的人总是对之加以最密切的注意。但经济学者们并没有对它进行仔细的分析,甚至没有意识到它在经济问题上的重要性。

凯恩斯由于长期从事投资实务,对长期预期状态有很深的感悟,在《通论》第十二章用了很大的篇幅加以论述,很显然,心理上的因素是不可能形式化的。然而,经济学者们不会满足于不能形式化的东西,这就导致了 IS—LM 曲线的出现。凯恩斯的原意在其中只得到了部分的体现。凯恩斯自己也意识到,近似地把利息率当做资本边际效率,有时是可行的。"在充分顾及到长期预期状态在短期内改变(以便和利息率的改变相区别)的影响的重要性之后,我们仍然有理由把利息率当做至少在正常条件下能影响投资的重大因素,虽然并不是决定性的因素。"特别是,当充分就业存在时,投资的数量等于整个社会所愿意进行的储蓄,而利息率则等于资本边际效率。

第三节 资本运动所依存的经济格局：
资源—信息—制度—空间

资本存量价值的变化与宏观经济、产业、区域的变化及资本本身的损耗等相关，其复杂程度远非当前科学水平所能准确计量。而资本在运动中增殖的价值又离不开存量价值的变化，这就是为什么现代经济学理论都试图避开资本理论的原因。具体到本书专门探讨的住房（房地产资本的主要表现形态之一），由于其耐久性是基本特征，存量价值的变化更是一个绕不开的话题。于是经济学家创造了"住房拥有成本"的概念，在一个相对短的时期内，房地产资本在运动中的增殖量可以简化为住房交易中的收益率[1]来表示，即

AV(Added Value) = TR(Return in a Trade)；
TR = $[(P - P_0 - U - T)/P_0] \times 100\%$

其中，P_0 和 P 为住房前后两次交易的总价，U 为两次交易之间的住房拥有成本[2]，T 为后一次交易中的交易成本。

需要说明的是，住房交易中的收益率往往是不能实现的，因为购买住房自住者大有人在，而纯粹用于投资者反而不太多，然而，这一情况并不影响计量。在某一特定时刻，可以把自住者[3]设想为出售房产的人，虚拟交易中的收益率便可作为这一时刻房地产资本运动中的增殖量。但这种虚拟交易只能作为虚拟的，如果全成了真实交易，对于房地产价格的冲击是十分巨大的，必将影响到真实交易中的收益率。

在房地产经济学理论中，住房需求和住房投资的计量成为一大难点。而从资本运动的角度来考察，将有助于简化计量，并易于描述真实的房地产交易过程。真实交易中的收益率比住房需求容易计量，也更容易体现

---

[1] 与凯恩斯笔下的"资本边际效率"有某种契合之处。
[2] 在本书第五章中对"U"有模型表述。
[3] 实际上，作为房产的拥有者，自住者也一直在关注房地产价格的变化，并在心里面做一些计算，以便在他们认为适合的时候出售房产以取得收益，以改善住房环境或获得资金。

真实的住房需求。当所有住房真实交易的收益率都在增加时,住房需求的增加是显而易见的。而当收益率不再增加或者开始下降时,尽管对于住房的潜在需求仍然很大,但真实需求的下降是必然的。至于住房投资,用住房交易中的收益率来计量是其中应有之义。当所有住房真实交易的收益率都在增加时,开发商或房产投机商增加住房投资的愿望会十分强烈,反之则反是。住房金融之所以能够成为金融机构、房地产开发商和居民共同的选择,对收益率的信心是关键。

以上说明,用房地产资本运动的视角考察住房市场和住房金融,与房地产经济学、金融经济学复杂的理论相比,有其简便易行之处,而且可以直接与宏观经济、城市经济、区域经济链接起来,也许这就是本书的价值所在吧。

本书从资本运动视角考察住房金融、房地产资本运动与城市发展的关系,这种考察是全方位的,除了以上谈到的住房交易中的收益率之外,还有必要从资本运动的总体环境(经济格局)入手,考察资本运动所依赖的资源、信息、制度和空间等诸多因素。所以本书建议尝试引入经济格局分析方法[①]提供一种解释。

经济格局是资源、信息、制度和空间四种要素反身互动的结果。

资源:包括自然资源、产业资源、人力资源和金融资源。资源的活化成为资本,即在未来有收益的资源,如土地、机器、技术、智力资本、金融资本等等。资源的基本属性是稀缺,资本的基本属性是逐利。智力资本和金融资本是现代经济中最具活力的生产要素,它们从本质上说都是资源贮存的结果,可以跨时期、跨空间配置,从而涌流至全社会各个角落,在自然资源、产业资源的配合下生产出可消费的产品和服务。

信息:包括知识信息、技术信息、管理信息和商业信息。信息在经济

[①] 格局分析方法是我的朋友胡列清所倡导的一种逻辑分析方法,对于考察复杂现象颇有说服力。但由于我在博士论文写作时来研究房地产资本运动的中美两国历史和现实中的表现形态,所以考虑再三,不要因复杂的理论探讨冲淡了论文的主旨,所以没有涉及格局分析。相应地,本书也不愿就此做过多的理论探讨,这里只是根据"格局"的思想提出一些思考点,供读者参考。参见胡列清:《二重论——关于真理与境界的逻辑新思维》,陕西人民出版社2003年版。

增长中的主要作用在于消除不确定性。还有一点应引起重视,信息的导入是资源活化为资本的前提条件,也是促使资本升值的一个重要因素。假定制度相对稳定时,信息的作用具有根本性①。有人也将信息作为一种"资源",但它显然不是经济学所称具有"稀缺性"的资源。信息与资源相比,具有很多不同的特性,如信息的复制成本很低甚至接近于零(除非进行专利权的保护)、规模报酬递增。

制度:包括产权和所有制、法律和政府政策、市场环境和结构等。制度创新分为剧烈动荡期和相对稳定期。历史经验表明,市场经济中的小制度创新(分类市场、分区域制度)具有重要作用。在大制度(市场经济制度)趋同的大背景下,小制度的创新空间拓展(如美国的资产抵押贷款和证券化)具有重要意义。制度变迁(或转换)将对信息的导入产生促进或阻碍作用,进而对资源活化为资本的过程(及效率)产生影响。

空间:长期以来,"空间"一词意味着特定的地理位置②。而美国现代经济地理学家 E. 胡佛(E. M. Hoover)对"空间"的概念做出了新的界定,他认为,空间是事物存在的一种形式和一种重要的资源。资源的"稀缺性"必然带来不同城市社会群体之间的竞争,而竞争的结果必然产生城市居住区空间等级结构的形成与演变。对资源的占有是导致人们社会心理变化的重要因素,从而使空间的含义有了新的拓展。

从本书研究的目的出发,我做出这样的定义:空间是指有两个以上维

---

① 这种根本性主要体现在:(1)资源的活化依赖于新信息的输入与接收;(2)新产品的需求依赖于商业信息的开发;新产品的创造来自于商业信息、知识信息、管理信息的输入与加工;(3)资本收益的实现一部分直接来源于信息;(4)生产、分工、交易、配置效率的提高来自于信息的沟通、复制和重组;(5)信息作为产品的属性使其自身就带来了人类福利的提高;(6)在非暴力革命的情况下进行的制度变迁,在很大程度上来自于信息自组织的推动。

② 根据现代汉语词典,"空间是物质存在的一种客观形式,由长度、宽度、高度表现出来,是物质存在的广延性和伸张性的表现"。在现实世界中,"空间"更是一个外延十分广泛的概念,一般意义上的空间是指数学上的三维立体空间,或者具有明显界限的两维平面空间;另一方面,更为重要的是,无论是"二维"空间还是"三维"空间,在其内部都有不同层次的"点"、"线"、"面"的关系,而且在现实的城市空间中,这些"点"、"线"、"面"并不是抽象的,而是被赋予了丰富的内容,不仅是个物质性空间,同时还是社会性空间,即人与人之间关系得以体现与展开的空间。

中美住房金融理论与政策：房地产资本运动的视角

度且有边界的物质或非物质的组合,主要分地理空间和社会心理空间。空间的差异导致了空间经济学家常说的经济区位的差异。地理空间决定了资源和信息的分布,并影响社会心理空间。由于房地产的不可移动性、金融资本的地理集聚性,加上中美两国地域的广阔性和经济发展水平的不均衡性,加入空间因素的分析对于房地产资本运动及房地产金融问题的研究特别重要。关于空间与资本运动之间的逻辑关联,有以下几点值得重视:

1. 地理空间决定了自然资源的分布,但它不足以解释空间经济学所研究的产业集聚、城市演进以及区域非均衡发展等问题。

2. 社会心理空间的差异可解释大部分违背自然禀赋和比较优势原理的经济增长现象,交通运输和信息技术的进步使地理空间和自然资源在经济活动中的作用日益下降。但不可否认,地理空间对社会心理空间也有一定的影响,产业层次越低,这种影响越大。

3. 社会心理空间受到历史文化传统和社会政治制度的深刻影响,即便是全面开放的社会也只能减弱而不能消灭这种影响。开放和创新的力度越小,经济的活力就越弱,产业层次提升的可能性就越小[1]。

4. 地理空间和社会心理空间促成了上海、北京、杭州等一级城市房地产需求的火暴。空间能否扩张、二线城市能否接纳部分需求,成为房地产泡沫会不会继续吹涨的一个关键影响因素。空间怎样扩张,二线城市怎样接纳,从市场的角度看,金融体系的构建很重要,这主要是因为,房地产作为资产的流动性是投资者们重点关注的问题,但个人投资者容易局限于一个地域,比如北京、上海,机构投资者或者金融中介的投资组合能力使其眼界更宽广。从政府的角度看,当然还有给一线城市的土地"松绑",给二线城市提供更多的廉租房和经济适用房,等等。

5. 城市以人和产业的集聚为基本特征,产业的集聚离不开生活和工作在该集聚区的人,而且聚集在一起的人又催生了许多新的产业发展的要求。因此,城市人居住和生活空间的拓展和延伸,历来是城市发展的基

---

[1] 如中国明清以来的所谓资本主义萌芽问题,最近若干年的所谓转变经济增长方式问题,与此相关。

本形态,而这样的拓展和延伸,历来是与房地产资本的空间集聚和流动分不开的。在土地私有化和市场经济发达的国家和地区(如美国),房地产资本的空间集聚和流动主要受市场因素影响,有明显的规律可循,历史脉络很清晰;而在土地国有和市场经济不发达的国家和地区(如房改以前的中国大陆),房地产资本的空间集聚和流动受到许多非市场因素影响,但如果把社会分层、国家政策之类制度因素也纳入资本运动的范畴考虑,则其规律也是可以把握的。

6. 城市社会空间高贵化与贫困化并置所形成的社会空间两极化是当今中国城市转型的主要特征之一。中心城区由于旧城改造和房地产机构的推波助澜作用,大面积的旧城区被改造成高级公寓、高档商务写字楼,城市白领和城市富裕阶层大量迁入这一原本由低收入阶层为主的市民居住区,这样就形成以高收入阶层居住为主的新建高档居住区与原有贫困阶层居住的旧城区并置的城市社会空间形态。城市中心区的高地租与高房价使城市中心的原中低收入的居民很少能够返回原拆迁地,而高房价产生的"过滤"作用使城市其他地区的一批高收入者迅速在新建的高档住宅区内集聚;而未改造的旧城区则居住着贫困的底层阶层。

由于居住空间的"社会标签"作用,职业、收入等社会阶层分化现象必然在城市空间上显现。因此,在上海、北京、广州等城市就出现了西方学者所说的城市"分化"、"碎化"和"双城"化趋势。城市政治、经济、文化等各种行业精英居住在以围墙、保安等杜绝外人自由进入的封闭型社区,也称为防卫型社区,形成城市空间的一极;另一方面,城市低收入的底层阶层则居住在城市破旧的平房、棚户,或者是外来流动人口内聚形成的移民社区,形成城市社会空间底层的另一极[①]。

7. 住宅和住户是构成了城市居住区空间的两大基本要素,其中住宅构成居住空间的物质外观或者说物质客体,而家庭与住户则构成居住空间的社会内容。因此,住宅与人口两者是不可分割的"有机体":特定的住宅往往与特定的社会群体相联系,城市人口的空间分异与其居住区空

---

① 参见杨上广、王春兰:《大城市社会空间结构演变及其治理——以上海市为例》,《城市问题》2006年第8期。

间的变化是一致的;另一方面,作为社会劳动力,人口又是各种产业的承担者,不同的社会群体对应的是不同的社会产业部门,必须为了获得所需的生活资料而参与某种产业活动,所以城市人口与其所在的社会阶层又是和一定的产业经济密不可分,产业结构在空间上的调整造成了人口的空间分异,势必引发城市居住空间结构的相应变化。产业结构的调整以及社会经济的变革,必然带来相应的城市空间重构。

8. 城市化过程实际上就是资本的一种转化形式,即资本的城市空间物化过程。运动性和增殖性的本质使得资本的作用无处不有,不但在制造业部门存在着资本的循环,同时在城市居住空间等方面也存在着资本的循环。从城市政治经济学的角度看,城市空间本身也是资本主义的产物,资本已经将城市空间也转化成一种稀缺资源、一种生产要素甚至是一种普通的商品。包括城市建筑空间不断弥漫扩大以及增加社会公共支出等形式的多种资本循环方式,形成了有效的"缓冲"机制,大大地减缓了西方国家的基本矛盾与其他各种社会冲突。这种循环机制与美国等西方国家的郊区化、逆城市化,以及世界城市体系的形成都有机地联系起来。

资本运动的过程、效率和收益分配涉及技术变动、社会关系、国内总体经济及开放经济条件等,是所有经济理论尚未破解的难题,而且房地产资本运动涉及的因素更为复杂。房地产作为金融资产的特殊性和普遍性,以及它在中国经济中的特殊地位,使特定的理论分析方法(经济增长格局和空间格局分析)的引入尤其重要,但这涉及一系列的理论创新,并不是本书所能一次完成的任务。本书只能是抛砖引玉,希望有更多的同道能够加入到这一研究行列中来,为有中国特色的经济学做出贡献。

第一章 关于房地产资本运动及其典型形式——住房金融的理论探讨

第一节 房地产资本及其运动的基本概念和理论要点

一、房地产资本

房地产通常是指一定区域内的存量建筑物、用于建造这些建筑物的土地以及其他所有的空置土地。由于新建建筑物的投资，房地产的数量不断发生着变化，并且由于新投资以及其他升值因素而不断发生着价值上的变化。每年新建建筑物的价值反映了全国存量资本的年度投资额。在当代美国，新建筑的投资一般占 GDP 的 5%～7%，是全国性投资中最大的一类。由于土地不是生产出来的商品，没有被计算到 GDP 中，但土地属于国家资产，建筑物下面的土地应当被计入到存量资产或者财富中去。1990 年美国的房地产价值 8.8 万亿美元，约占全国财富总额的 56%。所有房地产中近 70% 是居住物业，占居住物业 90% 的是独户住宅。83% 的居住性房地产是私人拥有[①]。由于住房在房地产总价值中始终占大头，而且居住性物业与商业物业有着许多明显不同的特点，城市住房与农村住房也有许多明显不同的特点，因此，如无特别说明，本书后续章节中所论述的房地产资本主要指城市住房（包括住房附着其上的土地）及与之相关的金融产品。

城市房地产包括城市未开发土地和储备土地、政府开发和管理的公

[①] 以上数据参见[美]丹尼斯·迪帕斯奎尔等：《城市经济学与房地产市场》，龙奋杰等译，经济科学出版社 2002 年版，第 6～7 页。

共基础设施(如城市广场、绿地、公园、政府、科研机构、图书馆、学校、医院、文化中心等等非营利机构所拥有的不动产)、城市居民住房和商用房地产(包括写字楼、酒店、退休社区、公寓综合体、娱乐设施、零售商业设施、工业设施、仓库等)①四大类。城市住房(包括住房附着其上的土地)以及其他房地产都必须投入一定的资本(不管资本来源于私人、企业还是政府机构),才能进行开发、管理和拥有,并在资本运动中产生资本增殖而取得一定的收益②,从而构成一个完整的房地产资本运动循环。城市房地产具有以下几点特性:一是高度的异质性,二是较强的流动性③,三是一定时期内的供给弹性和需求弹性都很小,四是耐久性导致其存量的重要性,五是土地利用的集约度高。这些特性推动着房地产资本运动,又制约着房地产资本运动。为了进行生产或提供服务,企业必须筹集资金自行建设或租赁一定的场所;同时,为了追求城市生活的质量④,人们把大部分个人财富投入到房地产资本运动中。要达到这样的目标,企业和家庭还要借助金融市场和金融机构的力量。

二、城市房地产资本运动的主要特征

城市作为国家或某一地域的经济活动中心,历来都是房地产资本运动的主要空间,也为房地产资本运动提供良好的总体环境,而城市发展的直接表现就是城市地域的扩大及随之而来的城市住房和商用房地产的修

---

① 参见[美]特瑞斯·M.克劳瑞特等:《房地产金融——原理和实践》(第三版),龙奋杰等译,经济科学出版社2004年版,第5页。

② 自用住房的收益不表现为货币化资本,但并不意味着资本运动过程的终止,因为它本身就是资本,而一旦它出售或出租,货币化资本的运动过程就继续进行。

③ 在美国,每年有15%~20%的家庭要变换住房。对于美国的独户住宅市场,每年的存量住房有8%~10%的换手率,销售量大约为550万套住宅单元。独户住宅的空置率通常非常低,在某些地方仅仅在2%的范围内(在给定存量总额大约为150万套时)。这些住宅的平均销售时间为2~3个月。在公寓市场上,周转率或者出租率也很高——每年有接近30%的承租者会改变住处。——[美]丹尼斯·迪帕斯奎尔等:《城市经济学与房地产市场》,经济科学出版社2002年版,第238页。

④ "一般来说,大都市中房屋需求量最大的地方地租最高,这种需求的原因可能是由于工商业的关系、娱乐和社交的关系,也有可能是为了虚荣和追求时髦。"——[英]大卫·李嘉图:《政治经济学及赋税原理》,周洁译,华夏出版社2005年版,第142页。

建和改造,这些在市场经济条件下主要是房地产资本运动的结果①。从城市发展史的角度看,房地产的出售或租赁早已是司空见惯的事②,房地产的升值也不是资本主义出现以后才出现的。只是由于长期以来房地产作为一种特殊商品,其运动性弱,异质性强,在抵押贷款和资产证券化兴盛之前,房地产价值难以计量和估值,其作为资本的属性没有显著地表现出来③。但不能否认,房地产的资本属性是客观存在的。

在论述现代城市房地产资本运动时,应该对马克思有关的经济思想进行拓展。比如,农业用地一旦交易成功而成为城市用地,其原有的地租属性就发生了实质性的改变,此时应开始注重考察其资本属性,其运动并增殖的规律也开始遵从城市土地经济学原理。但土地作为特殊的资产,其价格并不仅仅由其稀缺性决定,还涉及区位、土地利用规划和土地储备、取得土地与建筑许可的难度、当地的经济环境和气候条件、短期内移民数量增加的情况以及金融成本、信贷约束等等。在土地纳入到资本运动的体系之后,对土地资产的所有者④而言,做出绝对地租、级差地租、垄

---

① 在中国住房改革初期,大量的城市居民住房是以集资建房名义取得的,这些住房没有产权证,但有永久使用权,虽然就单位投资本身而言不是我们所讨论的房地产资本运动,但因为居民可以暗中出租该住房,或者因为有了这样的住房而不需要像其他人那样买商品房,从而节约了资金成本,所以这样的集资建房应纳入我们的研究对象。

还有,在中国改革开放初期,甚至如今的一些不发达地区,划拨或协议出让的土地用于商业目的的现象非常普遍。本书认为从历史的眼光看,这种现象有一定的积极意义,最大的意义就在于它作为房地产资本运动的一种特殊形式,推动了城市发展。当然,为了这样的城市发展,社会付出了代价,不仅造成了很大的社会利益初始分配的不公平,也造成了地方政府官员的"寻租"活动。但是,当城市空间已经得到了很大拓展,房地产资本运动的规模已经达到相当大的程度之后,这种现象如果再继续,就是毫无必要的了。

② 马学强认为,中国春秋战国时期的城市就有土地买卖,南宋以后苏杭一带土地转让、房屋租赁已很活跃,而到了清代中叶以后,江南城镇更是置产之风盛行,地权转手十分频繁。——马学强:《从传统到近代——江南城镇土地产权制度研究》,上海社会科学院出版社 2002 年版,第 28~61 页。

③ 马克思不把土地当成资本,可能是考虑到这一点,但更可能是出于构筑其思想体系的需要,在后来的论述中,他把生息资本和商业资本都纳入了分享剩余价值的资本范畴,而地租则作为资本主义农业的剩余价值分享者,与投入农业的资本相对立。如果把土地也当成资本,则土地资本本身容易与马克思所说的"土地资本"(投入到土地以进行生产的资本)相混淆。

④ 中国城市土地属国家所有,政府出让某块土地后,土地使用者仅仅拥有若干年的使用权,但可以对它进行转让或作为抵押,实际上是相当于拥有了一定时期内的所有权。

断地租之类的划分已经没有意义,他所追求的是土地资本增殖而得到最大的总体收益,至于这些收益如何分配,根据事前的契约和法律规定①的执行就是了。这里的关键是,他必须能够事前对其能得到的收益与其付出的成本相比较,比较之后认为可行,土地交易就得以完成。再比如,房地产成为资本,将使马克思所说的利润率下降规律发生变化,因为资本家之间的竞争虽然促使实际工资率的提高和部分企业的利润率下降、机器设备资本贬值,然而,由于产品价格下降和质量提高、实际工资率提高、劳动生产率提高这些因素的影响,房地产资本存量却可能出现大幅度的升值,从而使整个社会的资本总价值不降反升,这样一种资本运动规律使得产业资本、金融资本与房地产资本的相互转化在一般情况下会导致利润率的平均化,但在特定的地域和特定的经济增长格局下(如产业资本的投资渠道匮乏,蜂拥而入房地产市场)会导致房地产资本的利润率大幅震荡。

归纳以上观点,可以得出城市房地产资本运动的若干特点:

1. 与城市发展的共生性。

2. 受到资源、信息、制度、空间等多种经济增长要素的影响,每一种因素都可能在特定的条件下产生很大的作用。

3. 与金融资本的结合越来越紧密,这不仅使房地产资本运动本身的空间拓展、链条加长、效率提高,而且对宏观经济运行的影响也越来越大。

4. 借助金融资本的力量,房地产资本也在很大程度上实现了"虚拟化",从而从产业资本中分离和独立出来了,并且可以和其他产业资本相

---

① 作为房地产调控措施之一,2007年1月16日国家税务总局在其网站发出《关于房地产开发企业土地增值税清算管理有关问题的通知》,宣布从2007年2月1日起清算土地增值税,正式向房地产开发企业征收30%至60%不等的土地增值税。消息公布后第二天,沪深两市地产股大幅下挫。虽然1993年国务院就已发布《中华人民共和国土地增值税暂行条例》,规定自1994年开始征收,1995年出台实施细则。但此后一直没有进行实质性的征收。之所以如此,可能是因为在一定时期内促进经济发展的需要。

从保障产权的角度看,征收土地增值税只有部分的合理性,因为土地增殖多少是无法预期的,因而也是无法事先约定的。斯密认为,"地皮租金和土地的一般租金也许是最能经得起征收特别税的一种收入。"但李嘉图评论道,"租金通常属于那些经过多年劳作获得收益、将其财产购买土地或房屋的人。对土地房屋征收不平等的税,当然违背了保障产权这一应当永远奉为圭臬的神圣原则。"——[英]大卫·李嘉图:《政治经济学及赋税原理》,周洁译,华夏出版社2005年版,第143页。

互转化,具有了一般资本的性质。

5. 房地产资本运动和其他资本运动一样是"双刃剑",但和股票市场有所不同的是,房地产资本运动涉及所有企业和居民,房地产的消费和投资功能兼具使其存量和流量的运动形式也不一样,因此不可能出现同时抛出而"大崩溃"的现象。

进一步归纳,可以把房地产资本运动的基本内涵概括如下:在现代市场和货币体系中,以房地产本身或其"符号化"产品(统称为房地产资本)为流通物,房地产资本在此流通过程中成为运动且能增殖的资本。房地产资本在运动中的增殖是房地产资本化的前提。而真正推动其资本化的力量还是金融资本。金融资本与房地产资本的结合,使其成为可计量、易于交易的资本,资本运动的渠道得以迅速拓宽。借助金融资本的力量,房地产资本在运动中也成为了一切产业资本所依赖的,而且像金融资本一样,可以与产业资本相互转化的资本形态。

三、房地产资本运动中的主体行为与收益分配

房地产资本运动的现代形式是房地产资本与金融资本的融合,正是这一融合使房地产资本得以在全社会充分涌流,使房地产资本运动对宏观经济运行和城市经济社会发展产生了越来越重要的影响。毋庸置疑,这一融合的过程主要是由资本运动的各个主体来推动和完成的。资本运动,当然不是资本自身在运动,而必须有行为主体参与其中。从实质上说,资本运动是在一定的制度条件下人们运用资本的行为方式和行为过程[①]。因此,房地产作为一种特殊的资本,其运动方式和过程与房地产开发商、金融机构、政府和居民的行为密切相关。政府和居民行为的主要目

[①] 行为经济学思考的起点是市场中许多与经济学理性假设不一致的"异象",它的首要的、基本的观点是:与正统的经济学理论所认为的相反,人的行为不单单由理性支配,而是由诸要素综合决定的,并且在大多数时候理性并不起决定性的作用。因此,有效市场的假设不具有普适性。制度经济学则认为,在影响人们行为的诸多要素中,制度是最关键的要素(当然,对于制度的解释是仁者见仁,智者见智)。从广义的制度来分析,制度与行为的关键联系应该是成立的。因此,引入制度与行为经济学对房地产资本运动进行分析很有必要。

的在于让更多的人拥有更好的住房消费①,而金融机构和开发商的主要目的则在于使其资本得到更好更多的回报。也就是说,各个主体的行为目的是明确的,就是想在房地产资本运动取得的增殖收益中占有一定的分配权和受益权。各个主体之间的收益分配是否合理,直接决定了房地产资本运动是否能够顺利地、可持续地进行。

由于行为寓于过程之中,我们在考察房地产资本运动的主体行为时,有必要把握土地——建造房屋——房屋销售——房屋消费和投资等过程。对这一过程中的各个环节的制度约束条件及各主体行为进行分析,就当代中国而言,值得关注的要点有:

1. 土地特别是繁荣都市土地的稀缺性,使人们对它的需要缺乏弹性,从而其资本化过程中违背理性最优选择是完全可能的。而且,对于中国的土地市场来说,到目前为止,制度约束仍然远远大于市场约束。

2. 在城市化的进程中,中国各级地方政府承担了许多与其职能不相适应的事权,而且层层负责的政治体制还使其长官的政绩冲动不可遏止,因此,"以地生财"、"经营城市"、"开发区"等中国特色的名词在中国快速推进城市化的过程中始终存在,各级地方政府深度且直接介入了房地产资本运动的过程②。

3. 住房市场所具有的资源有限性、固定性(在很多情况下还有垄断性)以及住房本身的社会属性,必将使现代社会的政治原则被引入到住房市场中,从而促使政府直接干预市场。住房金融机构和房地产开发商

---

① 有一些居民属于所谓的住房投资者,如果他们投资住房的目的在于取得资本的回报,则也应把他们当成住房金融机构的一部分。事实上,在比较成熟的房地产金融市场上,单个的住房投资者越来越少,人们像投资股票、基金一样都把资金(资本)交由专业的金融机构来代替自己进行投资。

② 与中国的情况不同,19世纪末以前,美国联邦政府奉行自由放任政策,对城市事务基本不过问,直到20世纪30年代后,罗斯福的"新政"才推出了一些干预城市事务的举措,40年代末开始的"城市更新"运动也试图解决城市底层居民住房等城市问题,但都收效不明显。约翰逊"伟大的社会"和尼克松"新联邦主义"也同样不了了之。城市问题困扰美国社会几十年,其中也不乏像城区破败、贫民窟之类的问题,财力雄厚如美国政府却解决不了这样的问题,与中国地方政府的"大手笔"相比,不免让人感到政府介入房地产资本运动是利弊参半的,只能用历史的眼光而不是用经济学的眼光来看待其中的得失。

作为这种制度的直接承受者和接续者,其行为特征呈现出复杂的特点,但其资本逐利性仍然是可以把握的。

4. 城市居民的购房和投资决策受到多重因素的影响,经常被非理性所困扰。众多居民的行为和心理反应构建着市场的情绪基础,进而可能促使整个市场偏离经济的基本面大幅震荡。由于中国城市化的快速推进,住房(特别是质量高、区位好的住房)供不应求的状态在一定时期内始终存在,居民在房地产资本运动中基本上处于被动地位。随着存量住房的增多、二手房和出租房市场的活跃,房地产开发商和住房金融机构对居民的"居高临下"的地位将有所改变。

5. 出于对宏观经济状况的关切,政府部门对房地产市场的波动十分敏感,往往会用利率调整、信贷控制乃至土地管制等手段对房地产资本运动进行调控,从而对房地产市场所有行为人特别是住房金融机构的行为产生深刻影响。

四、房地产资本的空间集聚和流动

在市场经济社会中,房地产资本运动的社会效应是普遍性的,对城市社会阶层分化起到了助推作用,政府政策可以减弱这种作用,但不能消除这种作用,这就是资本运动的逻辑悖论,房地产资本运动当然不能例外。只不过,房地产作为一种空间中的物质存在,同时作为一种人们身份地位的高档消费品,房地产资本运动往往导致人们居住空间的隔离,同时严重影响人们的社会心理空间状态。这是造成房地产资本空间积聚和流动的一个重要原因。

产业资本的集聚是一个重要原因。"集聚"与新"扩散"的产生,很多原有的内城居住区被迫往地价较低的非商业"区位"迁移。在经济变革与城市产业结构的变化过程中,最为明显的是城市功能结构,从传统制造业经济向服务业与高技术产业经济转变,这是城市社会"极化"现象产生的主要动力因素,并且通过不同行业间就业量的改变以及经济收入变化,直接影响到城市居住区的空间结构,形成城市居住区空间"极化"现象。例如,北京的朝阳和海淀两个城区是外国对北京直接投资的"热点区",其经济状况出现持续的繁荣。正是因为外国直接投资促进了当地产业经济结构的改组与升级,使得这两个区集中着大量的高新产业部门,企业管理层的有技术高工资工作岗位,以及制造业一线工人岗位同时增长;而崇文、宣武、丰台等老的居住和制造业区,则形成较为明显的反差,构成了老的衰退"扇形区"。当然,对于北京等大城市来讲,城市产业结构调整对城市居住空间结构的影响,除了上述外商投资因素之外,那些对城市环境具有较大污染作用的制造业的外迁,其所引起的产业郊区化也是另一个主要因素。

人口因素对城市居住区空间结构也有重要影响。城市各区域人口密度的不同,是影响城市居住区空间分布的最主要因素之一。中国还处于传统城乡人口迁移与"聚集"阶段,城市生活的居住地选择主要受城市公共交通便利条件、文化教育和医疗设施的限制,所以都有趋向城市中心区居住的趋势,这样才能省时、方便与节约,所以北京二环以内城区的房价最高,人口居住也最为密集。受此影响,一般来说,中国城市居住空间的发展是摊"大饼"式的蔓延,从中心市区一直往外扩展,北京就是一个典型,从三环、四环、五环,城市建成区不断往外延伸,从而形成连续性的城市蔓延;相比之下,西方国家特别是美国则是一种"跳跃式"的蔓延,也就是说其城市的空间扩展以及居住区的建设,并不是像中国这样的"摊大饼"式,而是脱离了中心城市,在外缘的郊区进行新的城市居住区扩展,而且在不同时期,其城市空间扩展并不是紧挨着进行建设,而是中间留有成片的空地或绿化区,这样形成一圈一圈的都市居住空间结构,即内层郊区、郊区、外层郊区以及城乡边缘地带等明显的地带性圈层。

历史发展的"惯性"也是影响一个城市居住空间结构的一个主要因素。新中国成立后的前30年,国家实行福利分房制度,市场因素受到严重的压抑,而且由于国家经济建设的重心在重工业发展,住房投资十分有限,无论是干部还是群众,住房短缺都是一个严重的问题,这一阶段居民住房的差异主要是"单位"因素造成的。

对于我国特有的单位现象,不少学者做了研究。有的学者指出:我国城市单位组织有下列结构性特征:城市单位组织资源的公有制或国有制;单位组织的非独立性;单位组织功能泛化;单位组织边界相对封闭化;单位组织之间的权力功能差别。其中,后三点对城市居民居住水平影响较大[1]。

---

[1] 张鸿雁:《侵入与接替:城市社会结构变迁新论》,东南大学出版社2000年版。

单位组织功能泛化,单位承担着包括经济、政治、社会等多方面的功能,直接导致了条块分割,造成了许多自成体系的"小社会"。如行政和军事机关、大学、科研机构及企业等,基本上由办公区或生产区、后勤区、职工及其家属生活区三部分组成。单位组织边界封闭化,则造成了单位之间壁垒森严,职工流动性很小。单位组织之间的权力功能差别,主要体现为行政级别等级上的分化和部门间的分化,同一级或同一部门的组织具有高度的同质性,而不同等级或不同部门的组织在享有权利、获取资源和平均收入上有一定的差别,而且这些差别相对固定。单位的再分配能力高,则职工的社会经济地位认同就高,并且与收入、住房、居住地段等直接挂钩。就大城市而言,具有较高社会经济地位的单位人员其住房一般都占据较好的地段和区位,如离城市中心近,外部自然和生活环境较好,与好的学校、医院邻近等。

改革开放使人们的经济收入与消费能力的梯度开始显现,对住房的消费和投资需求得到了极大的提高。与其他方面改革差不多同步进行的土地使用制度和住房制度的改革,适应了这种变化,住宅的商品化使一部分先富裕起来的人有了改善住房的机会。20世纪90年代末开始的取消福利分房政策加速了住宅商品化的进程,与之配套产生的住房信贷则使人们预支未来收入改善住房条件成为可能。与人们选择住房的自主性增强这一新特点相适应,长期以来中国城市的"单位"空间格局发生了重大变化。但由于房改房是"单位"进行的,经济适用房也主要是由"单位"出资或出地兴建的,"单位"对于城市空间的影响仍然存在。

在市场地域范围不断扩大的今天,房地产市场的区域性特征正在一步步地弱化,即呈现所谓"泛区域化"的特征。房地产是不动产,其具有先天性的位置不可移动性。在传统的理论分析中,由房地产位置的不可移动性而引申出了房地产市场是区域性市场的概念。这一逻辑推理过程在最初市场经济不发达条件下具有一定的合理性。由于位置的不可移动性,再加上商品经济不发达条件下市场是分割成区域性的,因此房地产市场作为市场体系之中的一部分自然便具有了区域性市场的特征。然而,伴随着生产和金融的全球化,人们对于房地产的生产性、居住性和投资性需求摆脱了地域限制,而在全球范围内进行。这种外来供给和需求力量的加入最终导致了房地产市场地域性特征的弱化。在纽约、伦敦等国际大都市,由于其经济构成的国际化,其房地产市场上的各种供求行为主体呈现出很强的国际化特征。就我们国内而言也是这样。但超大、特大、大、中、小各级城市之间的地域性特征不一:在北京、上海、广州等一些经济发达城市,外来的供给和需求在当地市场上正扮演着越来越重要的角色;而在一些偏远的地市、县城,则几乎没有外来投资及消费,依然保持着较强的地域性市场色彩。

第二节　住房金融及其基本特征

住房融资出现得很早,可以说自从有借贷资金用于住房建设和购买,就已经有了住房融资。在美国,直到20世纪20年代,住房融资渠道主要通过私人途径进行,比如抵押贷款,来自朋友、亲戚或有钱个人的直接融资,通过信托公司或者抵押公司借款,以及通过成立或者参加辛迪加财团和有限合伙公司提供权益资本。20年代后,金融机构才在各种房地产类型的融资中扮演重要角色。其中,储蓄和贷款协会(Saving and Loan Associations,S&L)在19世纪中叶发展起来,逐渐成为住房贷款人中的领导者。它专门促进中等收入者建造和拥有自己的住房,通过每个月的储蓄计划汇集资金,然后贷款出去,用于支持1~4户家庭住房的建设和购买。同时,辛迪加财团、抵押公司以及其他许多种非机构贷款人仍然保持着重要地位。也就是说,现代意义上的住房金融的出现是比较晚近的事,经济大萧条时期的住房危机促进了联邦政府对住房金融的介入,罗斯福的"新政"成为现代住房金融体系建设的第一个推动力[①]。住房金融的繁荣首先来自于政府的推动,但是在经历过一段时间的繁荣以后,住房金融市场就有了自我实现良性循环的机制。住房金融作为现代市场经济社会

---

① 1934年成立的联邦住房管理局引发了住房金融革命。在联邦住房管理局为抵押贷款进行保险的政策鼓励下,贷款将抵押贷款额和住房价值的比例提高到了空前的80%~90%,将还款期限延长到20~25年,取消了二次抵押,并大大降低了贷款利率及总贷款费用。联邦住房管理局还在全国范围内建立了一个抵押市场,取代了原来差异性很大的地方市场。

第一章 关于房地产资本运动及其典型形式——住房金融的理论探讨

的一种创新性制度安排,促进了房地产资本与金融资本的充分融合,它改变了资本运动的方式,从而也推动了资本运动格局的演化①。

关于住房金融内涵与外延的确定,国内外不少学者都做过探讨。一般认为,广义的住房金融是指所有与住房的建设、交易、消费、修缮等经济活动有关的资金融通活动。狭义的住房金融是指与居民或消费性的非营利住房机构的住房建设、交易、消费、修缮等经济活动有关的资金融通活动。大多数国内学者认为,住房金融的融资对象应该主要是居民,其研究重点应该是与住房购置有关的金融活动,即住房消费信贷。有的学者甚至认为,判断一个国家住房金融发展水平的高低,并不是住房建设信贷的发展水平,而是住房消费信贷的发展水平②。而令人感兴趣的是,国外学者定义的住房金融概念却往往是"广义"的。如英国学者戴维·加内特(David Garnett)认为,住房金融是居民各类住宅的建设、改善、租赁、维护和维修的货币信贷运行制度③。美国的特瑞斯·M.克劳瑞特等著的《房地产金融——原理和实践》(第三版)指出,房地产金融是一个涉及领域较宽的类别,范围包括用以为开发或购置房地产而转移货币和信用(money and credit)的机构、市场和工具④。住房是房地产中的一个子项目,当然住房金融也就是房地产金融的一个子概念。

本书倾向于使用广义的住房金融概念,即住房金融是与居民各类住宅的建设、交易、消费和维修等环节相关的金融活动。主要出于以下几点考虑:

1. 住房金融涉及与住房建设、交易、消费、修缮各个环节有关的资本运动,从资本运动的角度看,每一个环节的金融活动都是相互关联的,如住房开发阶段的融资方式直接关系到住房价格,而住房价格又不可避免

---

① 正是在这一意义上,住房金融成为房地产资本运动的典型方式,本书的研究重点也放在住房金融上。
② 邓宏乾主编:《房地产金融》,复旦大学出版社2006年版,第74~75页。
③ 转引自应红:《中国住房金融制度研究》,中国财政经济出版社2007年版。
④ [美]特瑞斯·M.克劳瑞特等:《房地产金融——原理和实践》(第三版),龙奋杰等译,经济科学出版社2004年版,第5页。值得注意的是,该书提到,房地产不仅包括房地产实物,更重要的是包括了能够被让渡的使用房地产的权益和特权。

地影响住房消费信贷(即所谓的狭义住房金融)。

2. 住房金融最重要的特征是政府政策的参与,政府政策往往不仅是针对住房消费者的,对住房建设者和投资者可能会有更大的效力。事实上,中国近几年的所谓房地产"新政"的许多政策都是针对住房建设者和投资者的。正是这样一些政策,对住房消费金融产生了许多始料不及的副作用①。

3. 住房金融的长期性与住房消费的长期性(即自住住房)是联系在一起的,住房发生交易,住房消费的主体发生变更,住房消费就变成了住房投资,住房金融的研究当然也要包括这一块。实际上,随着房地产金融工具的不断创新,住房投资也不一定要通过购买和卖出住房的形式来实现,比如,REITs 的购买者是住房投资者,而不是住房消费者。

此外,中国目前的房地产金融体系现状难以支持狭义的住房金融的研究。比如,开发商与贷款银行有着密切的、复杂的关系,开发商在期房按揭合同中承担着保证人的角色,对于不能按合同还本付息的,开发商负有回购该房产,并优先清偿银行贷款本息的责任;开发商的自有资金偏少,一般不会超过 30%②,大部分建设贷款也来自于银行。

住房金融区别于一般而言的金融的特征,是与住房区别于一般商品的生产、消费和投资的特征相联系的。住房的区位性、耐用性、投资品与消费品双重性,高度异质性以及其法律属性、社会属性,决定了其与一般

---

① 多年来,房地产企业自有资金不足,为了达到国家对房地产项目自有资金比例的要求,不惜采用各种变通的方式套取银行贷款来充当自有资金,特别是 2004 年房地产项目资本金比例要求提高到 35%,房地产企业更是通过关联企业贷款、挪用已开工项目资金、向省外企业借款以及销售回款再投资等方法来拼凑自有资金。对房地产企业自有资金比例的限制,也加速了"假按揭"的泛滥,而这种泛滥使政府和银行感到了金融风险的加大,又促使新的信贷政策出台,如提高首付比例等。而事实上,提高首付比例,更多的是限制了真正的住房消费者对住房的借贷消费能力,而对住房投资者的影响则十分有限。因为住房投资者一般是富有阶层,提高 10% 的首付比例固然会造成一定的资金利率损失,这些损失很快就由于快速上涨的住房价格得到了弥补。由于他们资金充裕,更易于取得区位和质量好的住房,在垄断这些住房后,价格就跟随他们的风向标而动了。

② 参见中国人民银行:《关于进一步加强房地产信贷业务管理的通知》(银发〔2003〕121 号),即著名的 121 号文。该通知要求,房地产开发企业向商业银行申请开发贷款,其自有资金(指所有者权益)应不低于项目开发总投资的 30%。

商品有很大的不同。

住房金融是房地产金融的子概念,它的特征当然与房地产金融的特征是相同的,但许多学者①归纳的房地产金融的特征大多是从金融本身的角度来说明的:

1. 房地产金融涉及以不动产为抵押品来保证的贷款的偿还。如果借款人违反还款约定,贷款人有权取消对抵押品的赎回权,将抵押品作为弥补贷款损失的资产。

2. 房地产金融的"无转移抵押"性质。在这种情况下,借款人仍然是合法的拥有者,保留对房地产的所有权和支配权,而贷款人取得房地产的"赤裸产权"(naked title)——用法律术语称"衡平产权"(equitable title)。除非借款人违反还贷约定,衡平产权不赋予贷款人任何权利。也就是说,贷款人仅仅享有抵押品的受押权或衡平权,一旦贷款被偿清,这种权利也就随之消失。

3. 房地产金融的"杠杆效应",即以相对较少的资金来获取购置物业所需要的大笔贷款。获得购房贷款的借款人投资一小部分资金作为首付款,然后再借入首付款与总购房价格的差额,从而使首付款发挥杠杆作用。

作为典型的房地产资本运动,住房金融有如下基本特征:

1. 住房金融资本运动的基点是住房本身。住房的耐用性、位置固定性、投资品与消费品双重性以及潜在的升值可能性,使其实际拥有者可以对其价值进行资本化操作,并使其成为金融机构偏爱的抵押品。因此,抵押贷款是住房金融最普遍也是最基本的工具。住房抵押贷款成为现代市场经济社会普遍接受的金融制度之一。

2. 住房金融的"杠杆效应"使资本运动的速度和效率大大提高。不同的首付比例要求将对购房人的购房能力产生很大的影响。利用"杠杆效应",住房消费者可以预支未来的消费能力,使其提前对住房取得拥有权、使用权和控制权;投资者可以增加现金回报率,相对于一次性支付全部金

---

① 参见戴维·西罗塔:《房地产金融纲要》,龙胜平等译,上海人民出版社2005年版,第2~12页。

额,这种回报要高得多。"杠杆效应"的存在,使住房金融的参与者在利率之外另有考量,拓宽了参与者的选择空间,从而有利于吸引更多的参与者。

3. 住房金融产品的创新性和机构的多样性。住房金融产品不断创新,进行住房金融经营的机构各种各样,其中的资本运动也因此高度活跃,过程、效率与收益分配呈现出多样化的图景。制度变迁在此表现得极为充分,参与者不断修正博弈方式和规则,但又万变不离其宗,资本在运动中增殖是参与者始终共有的信念。

4. 住房金融的受益面大。比如住房抵押贷款不仅使城市居民提高了住房购买能力,而且使金融机构的大量资金有一个良好的投资渠道。预售制还使住房抵押贷款成为房地产开发商开发资金的重要来源。住房抵押贷款证券化债券以及 REITs 的稳定现金流回报使金融机构和个人投资者的资本得以进入良性循环的轨道,房地产资本与金融资本由此有了充分融合的平台。

5. 住房金融的整体风险较低。住房金融涉及的法律和政策问题很多也很复杂,因此单个住房的资本运动链条很有可能被某种因素切断,但作为整体而言,住房金融是风险最低的。从根本上说,这是因为住房是每一个人、每一个家庭的必需品,是政府政策重点关注的对象,无论是个人还是社会,都会尽可能地维护住房金融的安全性[①]。

6. 住房金融强烈地受到地域的影响。住房的区位性使住房金融在某些地区比另一些地区活跃得多,所谓"泛区域化"的住房资本的流动,其实也只是向某些地区(如中国的北京、上海、杭州、深圳等地)的单方向流动。由于区域之间资本运动的极不平衡,导致住房金融的二级市场显得十分重要[②]。住房抵押贷款的证券化推动了二级市场的形成,而二级

---

① 像美国的储贷协会危机和目前正在发生的次级债危机,很快就得到了美国政府以及国际社会的关注,并不惜大量注资以缓解危机。

② 由于美国州与州之间的跨区域经营银行受到严格限制,住房金融的二级市场显得更加重要。中国大型国有银行和股份制商业银行都是跨省市经营的,2006 年以后城市商业银行也开始跨区域经营,银行内部资金调动很轻易的就可以完成,因此,对于银行来说,在住房抵押贷款资产质量还比较好的情况下,建立住房金融二级市场就显得不是那么迫切和必需的了。

第一章　关于房地产资本运动及其典型形式——住房金融的理论探讨

市场的形成又进一步拓展了房地产资本运动的空间和渠道。

资本运动、房地产资本运动与住房金融各个环节的关系示意如图1-1。从前面论及的资本运动理论和经典论著的论述可知，资本运动是市场经济社会中的一种基本制度安排，它是基于资本运动各主体的收益分配而做出的制度安排，在资本运动过程中充满风险和不确定性，但是资本的逐利性足以推动相关主体去想办法取得风险和收益的平衡。本书的

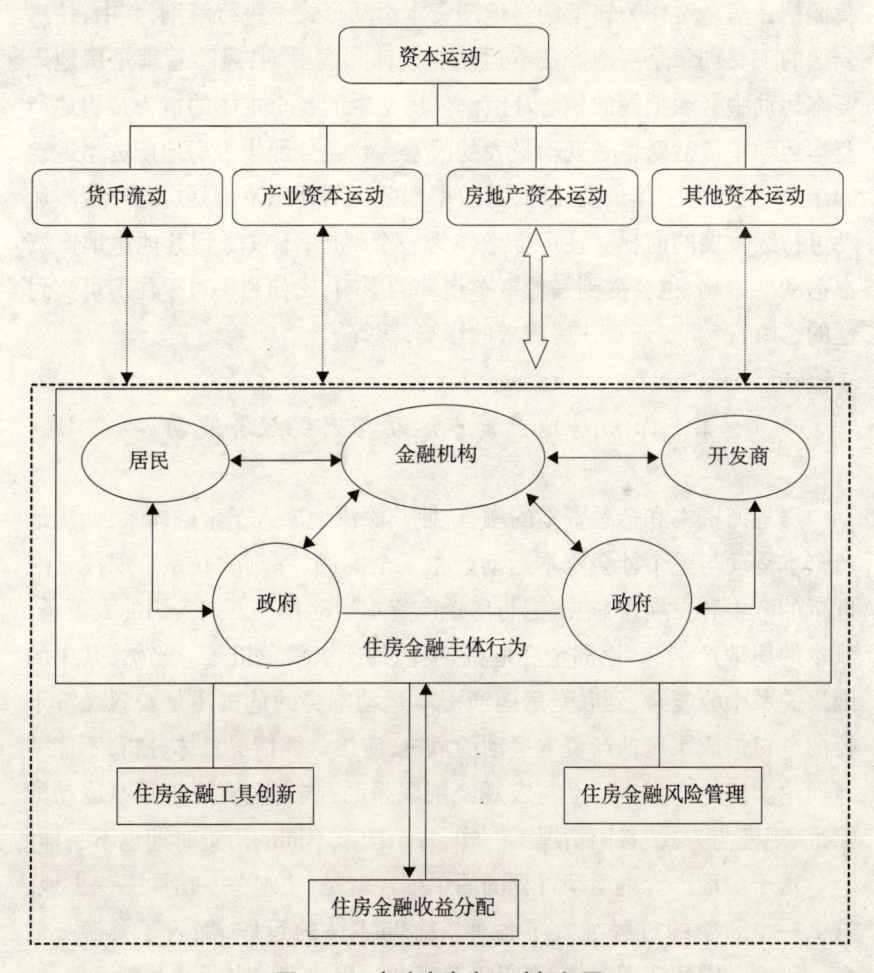

图1-1　房地产资本运动框架图

"资本"概念与资本运动的定义相联,即资本是用于生产产品和服务的人类创造物,是存量与流量的统一体,是在运动中得以增殖的价值;这些增加的价值(收益)的分配也是在资本运动中实现的,由资本所有者把它分配给利益相关者。与房地产资本特征相对应,房地产资本运动的特点值得关注,特别是进入现代社会以后,房地产资本与金融资本的融合,更是使房地产资本运动呈现复杂特征,并推动了整个资本运动格局的演化。我们把住房金融作为典型的房地产资本运动形式来进行解剖,其中,住房金融的工具创新是房地产资本运动的载体和润滑剂;风险管理是房地产资本运动中必须把握的核心环节。住房金融的各个主体的行为是房地产资本运动中最活跃也是变动最大的因素。收益分配作为房地产资本运动的结果,是各个主体最关注的,其效率和公平的动态平衡是房地产资本运动可持续发展的前提。住房金融作为一个整体,不仅受到其他房地产资本运动的影响,也会受到其他资本运动的影响,比如利率对于住房可支付性的影响,产业变迁对住房需求的影响,等等。

第三节 房地产资本运动与宏观经济波动

房地产资本和金融资本的融合,使其深深地融入了金融体系,使房地产资本运动与整个社会资本运动产生了全面的、深刻的联系。现代金融危机的产生和发展,每一次都与房地产资本运动相关。如美国的大萧条、日本的房地产泡沫、亚洲金融危机、美国的次级债危机等。当然,其中的因果关系十分复杂,到底是房地产资本运动本身的危机还是宏观经济下行的危机造成了房地产资本运动的危机,应该具体情况具体分析,不能一概而论。房地产资本运动与宏观经济联系的强弱,主要源于资本运动的渠道、规模与方式,各国情况不一样,每个国家不同的历史时期也不一样。

对于房地产资本运动过程的简单描述就是:土地——房屋——土地。这么一个简单的过程加入了各种资金与主体的运作,加入了资源—信息—制度—空间诸因素,就变得极其复杂。房地产资本运动对于消费、储蓄和投资有多种影响渠道,主要表现在:

1. 房地产存量增加、住房拥有率提高和房地产升值通过租金收入、财富效应以及再融资(Refinance)促进消费;反之,房地产贬值导致借贷条件恶化,进而影响消费和投资①。

2. 房地产价格及租金上涨导致生活成本②增加,抑制不拥有住房者或尚未还清住房贷款者的消费。尽管住房成本只是生活成本的一部分,但由于现代社会商品经济非常发达,一国内各个地区之间同类其他产品的价格差异比较小,因此,住房成本的差异是不同地区生活成本差异的主要来源。而且,生活成本通过对工资水平的影响,对生产成本③也造成显著的影响。

3. 在借贷受限的情况下,购买房地产的需求和房地产价格上涨促进住房潜在购买者的储蓄。而在住房金融的支持下,消费者的流动性约束得到了缓解,人们可以根据家庭的持久收入来安排消费计划,实现提前消费,从而降低了储蓄意愿。

4. 房地产价格上涨的预期促进开发商提供更多住房供给,进而促进投资。住房金融的支持也可以使更多的资金进入房地产开发和销售领域,进而促进投资。

---

① 参见沈悦:《房地产价格与宏观经济的关系研究》,中国水利水电出版社、知识产权出版社2006年版,第31~35页。

② 住房价格对失业率有着持久的影响。房地产价格的上升直接影响企业的生产和经营成本,进而影响企业提供就业机会的能力。由于企业一般倾向于离开高成本的地区,这就使得当地的劳动力需求降低;人们一般倾向于离开高住房价格的地区,所以将减少当地的劳动力供应。因此,当地失业率的高低取决于高住房价格对企业和居民产生效应大小的比较。

③ 沈悦对1999~2002年中国35个大中城市住房价格对居民生活成本和企业劳动力成本的影响做了实证研究,主要结论是:1)目前居住消费在我国城镇居民家庭消费中仍然属于必需品,其绝对支出随着住房价格的上升几乎同比例提高。从消费结构来看,居住支出占家庭消费的比例仍然偏低,住房价格的上升对居住支出占家庭消费比例的提高影响并不大。按住房支出占生活成本的20%测算,我国目前住房价格上升10%,将引起生活成本上升1.7%左右。2)35个大中城市住房价格的上升已经对企业的生产成本形成了比较大的压力。在职职工工资对住房价格的弹性为1.06,也就是说,住房实际价格每增加10%,在职职工工资平均增加10.6%。在职职工数对住房价格的弹性为-0.23,也就是说,住房实际价格每上升10%,各城市的在职职工数平均要下降2.3%。——沈悦:《房地产价格与宏观经济的关系研究》,中国水利水电出版社、知识产权出版社2006年版,第200~201页。

5. 房地产价格上涨的预期导致更多的人们将住房作为投资品①。

6. 房地产价格对房地产投资有两种影响渠道：一是信贷渠道，房地产价格的波动会影响居民和企业通过信贷渠道获得的资本数量（房地产价格与抵押物价值密切相关），从而影响投资水平；二是托宾 Q 效应，Q 可以定义为市场的房地产价格和建造成本的比值，Q 值越高，说明房地产市场的投资机会越好。

7. 房地产存量增加，导致租房和二手房市场活跃，增加住房供给，抑制住房价格及上涨预期，进而导致消费增加、住房投资减少。

8. 房地产资本的空间运动使部分地域的生活成本增加，进而抑制该地区不拥有住房者的消费；但同时也使其他地域的生活成本相对较小，促进该地区的消费②。

9. 住房金融的发展有助于减轻经济波动，改善经济运行效率。在经济衰退期，利率和价格呈现下降趋势，住房价格和信贷成本降低，在一定程度上会刺激住房需要和抵押贷款需求，从而部分抵消固定资产投资下降对经济增长的负面影响，减缓经济衰退。在经济复苏阶段，收入增长较快，对住房贷款的需求增加，而此时房地产价格上涨，银行也更愿意发放抵押贷款。抵押贷款的增加会促进住房供给和建筑业投资，从而加快经济复苏的步伐。

在房地产价格对宏观经济的影响因素中，最值得关注的是其通过金融机构传导的资产贬值（或升值）效应。房地产市场上巨大的风险暴露意味着房地产价格的剧烈波动会对金融机构的资产负债表产生非常大的冲击。房地产价格的下降直接影响居民和家庭的贷款偿还能力，金融机构贷款的违约率上升，银行的资本和放贷能力将显著降低。如果房地产价格出现了普遍的下跌，这种效应将会由于抵押物价值的下跌而进一步加强，因为如果发生了违约，银行将不得不接受抵押的房地产。由于金融

---

① 这里的投资品意思是，投资者将房地产作为金融资产一样的投资品。

② 房地产资本空间运动的特性使其风险得到了降低，也就是说，在某些地区房地产价格的上升可能会影响该地区的经济，但对全国的宏观经济造成的影响是多方面的，一刀切的做法将难以达到预期的调控效果。市场化是唯一能够长期起作用的途径，推进市场化有益于房地产价格的调控。

机构通常采取拍卖来处理这些资产,价格往往低于正常的市场价格,给房地产市场和银行的资产负债表带来进一步的负面影响,甚至直接导致金融市场的崩溃,加深房地产价格下跌触发的经济紧缩。相反的是,在经济周期处于景气阶段时,类似的机制将放大房地产价格上升带来的冲击。这时如果家庭和企业的净资产上升,银行的资产负债情况好转,将促使银行放宽信贷条件,企业和家庭的借贷能力上升,导致信贷的膨胀。这种传导机制在银行占金融系统主导地位的国家中尤为明显。

与上述各种情形相对应的是,资源、信息、制度和空间会影响各种力量之间的彼消此长。例如:

1. 其他投资渠道受限时,大量的流动资金会进入房地产资本运动。
2. 房地产市场信息不对称时,借贷条件恶化。
3. 决策层高度关注房地产泡沫时,借贷条件恶化。
4. 空间因素使部分城市或某些城市的部分区域成为房地产资本的高度聚集地,从而使房地产升值和价格上涨。

由于房地产具有上述特性,房地产资本与金融资本往往互相渴求,特别是经济景气上升时期,金融机构为追求短期高额利润,一般把房地产贷款看做是优质贷款,而忽略了房地产市场的不确定性、信息不对称性、契约不完全性以及随之而来的风险,并且在这些因素的作用下常常导致对房地产资本运动的金融支持过度现象发生,使房地产市场成为导致泡沫形成的基本平台。

房地产泡沫形成的基本过程是这样的:随着经济景气的上升,房地产价格上升,作为投资者的开发商所开发的物业抵押价值明显上升,他们预期未来房价会更高,于是得到了追加投资的强大激励;同时,银行也会有相同的预期,把房地产贷款当做优质贷款,使得开发商继续开发新楼盘时较容易获得再贷款,从而进一步增强了开发商再开发新项目的动机。由于房地产市场中项目、土地和资金是有限的,这种强烈的开发动机不仅推动了房地产建设成本(包括土地、建筑材料、装饰材料等)的上升,而且使房地产供给最终会难以为继,推动了房地产泡沫程度不断加深。同时,作为置业投资者的消费者预期房价会不断上升,购置房地产可以获得较高的资本收益,导致房地产市场上存在大量的投机行为,由于比较容易从银行获得贷款以及房地产供给短期无弹性，在市场中存在大量需求的情况下，房地产价格当然会急剧上升，这就从需求方面推动了房地产泡沫程度进一步加深。由于房地产业的发展对银行贷款有高度依赖性，如果决策层或银行本身预期房地产价格已经远远高出了其基础价值，市场已经高度泡沫化，决策层会强令银行或银行本身大幅降低金融支持力度，房地产业由此迅速进入萧条期。

关于房地产泡沫，很大一部分原因来自于金融机构的不受约束的赢利冲动和违规操作。在金融自由化和放松金融管制的情况下，新的信贷机构不断出现，形成了与银行相互竞争的态势。市场过度竞争使金融机构倾向于低估市场风险，过多地向房地产等部门贷款，而此时房地产投资者也会发现他们能够很容易地以较低的成本获取贷款，于是出现了过度借款和放贷行为。总的来说就是，金融机构违规借贷以及金融风险的累加，加速了房地产周期波动和房地产泡沫的形成与破灭。

第四节 房地产资本运动与城市发展

本书偏重于从积极的角度来看待房地产资本运动中出现的问题，是与笔者所认识到的房地产资本运动与城市发展的紧密关系分不开的。房地产资本运动由来已久，它是与城市发展共生共存的。在城市发展初期，房地产资本运动主要是以个人之间的资金借贷、房屋转让为主，规模很小，不足以对宏观经济造成大的影响。随着城市化和现代化进程，房地产金融①逐渐成为现代房地产资本运动的主要表现形式。房地产金融的介

---

① 本书定义的房地产资本运动与房地产金融是相互联系又有所区别的概念。房地产金融是现代房地产资本运动的主要表现形式。但房地产政策性融资（如住房公积金贷款）和投资（如单位集资建房）不归属于房地产资本运动的范畴，因为它们不是以追求利润和增殖作为资金运动的目的。反过来说，像私人建房、私人一次性付清房款这样的投资形式，却应归属于房地产资本运动的范畴。城市土地储备和"招、拍、挂"出让土地，虽然是政府行为，但有一定的逐利性，应归属于房地产资本运动的范畴。土地储备一般要借助金融机构的力量，因此又与房地产金融有交集。城市协议出让的土地，按法律规定，必须补交土地出让金后才能进入房地产市场，因此协议出让本身不属于房地产资本运动的范畴，但一旦该土地用于商业目的或按法律规定的程序转让，则又应纳入房地产资本运动的范畴。

第一章　关于房地产资本运动及其典型形式——住房金融的理论探讨

入使房地产资本运动循环的资源得到了极大的补充，并使其空间拓展、链条加长、效率提高，更使得房地产市场紧密地与整个国家的金融体系联系在一起，对宏观经济和城市发展造成复杂而深刻的影响。因此，从历史的观点看问题，会发现房地产资本与金融资本的深刻联系，也会发现它们之间的深刻差异。房地产资本可以被"符号化"，但绝不是"虚拟资本"，它始终是与城市发展休戚与共的。

为了使有兴趣的读者更好地把握房地产资本运动、房地产金融与城市发展、宏观经济的关系，下面把笔者在写作博士论文《论房地产资本运动——基于对住房金融理论与实践的考察》时所参阅的部分书目加以罗列。

一、国内外学者论中美城市经济与房地产发展

克拉克等的《牛津经济地理学手册》，藤田昌久、克鲁格曼、维纳布尔斯的《空间经济学：城市、区域与国际贸易》及藤田昌久等的《集聚经济学：城市、产业区位与区域增长》三部著作对经济的地理性、空间性做了精妙的论述，为我的博士论文的写作提供了最初的灵感。奥沙利文的《城市经济学》、周一星的《城市地理学》对城市经济活动、城市发展机制做了很好的阐述。美国经济史和城市史方面的文献非常丰富。刘绪贻、杨生茂总主编的《美国通史》（六卷本）、冈德森的《美国经济史新编》、陈宝森的《美国经济与政府政策——从罗斯福到里根》等著作对美国经济史有详尽的描述。伊利等的《土地经济学原理》和米勒斯等的《房地产开发：原理与程序》、秦明周等主编的《美国的土地利用与管制》叙述了美国房地产的发展历史、房地产开发利用的原理、程序及政府政策等。雅各布斯的《美国大城市的死与生》、王旭的《美国城市发展模式》和《美国城市化的历史解读》、孙群郎的《美国城市郊区化研究》等著作对美国城市发展史和城市规划有精到的分析。国内外学者在中国城市土地和房地产方面取得了很多值得参考的成果。赵冈、陈仲毅的《中国土地制度史》和马学强的《从传统到近代——江南城镇土地产权制度研究》对中国古代的房地产做了论述。黄小虎主编的《新时期中国土地管理制度》（上、下卷）、汪利娜的《中国城市土地产权制度研究》、陆大道等的《中国区域发

展的理论与实践》、许学强的《中国城市发展与城市化》、吕俊华等编著的《中国现代城市住房(1840—2000)》对新中国成立以来的城市建设和房地产发展历史做了细致的描述。国土资源部土地利用管理司、中国土地勘测规划院编撰的《城市地价动态监测理论与实践总论》对房地产价格问题提供了详细资料。杨东峰等(2006)以天津经济技术开发区为例,说明了开发区作为中国改革开放和经济增长特殊时期的产物,在土地利用开发上的粗放性及其必然遇到的困境。龙奋杰等(2006)指出,从城市角度研究住房市场与城市经济互动机理具有更重要的理论价值。何晓星等(2004)指出了中国土地资本市场化过程中的存在的利益分配问题值得关注。哈默等(1993)研究了中国的土地市场,指出中国城市的问题在本质上都是很相似的。这些作者指出了20世纪80年代所进行的各种土地市场改革的缺点,这些改革关注的是控制和限制城市的规模、保障最低限度的政府收益以及国有企业的土地需求。国外学者对城市房地产的分析特点在于精细,而且充分考虑到了房地产市场的特殊性。丹尼斯·迪帕斯奎尔等的《城市经济学与房地产市场》以房地产微观和宏观两种分析框架,对美国住房市场、写字楼市场、零售商业物业市场和工业物业市场进行了深入研究。怀特黑德在《城市住房市场:理论与政策》一文[①]中对美国和欧洲经济学家们关于住房市场的研究做了综述,特别说明了政策制度在住房市场中的作用,并指出住房经济学家能够提供的内容与政策制定者所需要的内容之间的缺口仍然相当大。结果,大部分研究看起来过于实际因而不符合技术规范,又过于抽象因而不能满足政策制定者的要求。这些问题,也许是因为住房作为社会和市场产物所具有的固有属性的缘故。这些预示着,靠传统的经济计量手段或抽象分析方法都似乎难以对住房市场做出恰当的描述。戴纳斯基(1986)[②]分析了土地和住房作为人们资产的特殊性,它的经济含义是,人们依附于其地产及家园,不会轻易以可能的市场价格将其出售,除非所提供的价格更高可以作为其

---

① 收录于保罗·切希尔等:《区域和城市经济学手册》第三卷《应用城市经济学》,经济科学出版社2003年版。

② 收录于保罗·切希尔等:《区域和城市经济学手册》第三卷《应用城市经济学》,经济科学出版社2003年版。

失去地产的一种补偿,而有些人声称在任何价位上都不出售其地产。这些预示着,对于住房的研究,不仅要注意地理空间,还要注意社会心理空间。国内学者(主要是城市规划学者)对房地产与中国若干城市空间结构的关系问题进行了不少研究。如黄志宏博士论文《城市居住区空间结构模式的演变》、黄怡的《城市社会分层与居住隔离》、王兴中等的《中国城市生活空间结构研究》等。这些成果虽然大多本身不是经济学研究,但对居住空间结构的主要影响因素,包括土地有偿使用制度和住宅商品化政策、居民收入差距扩大及城市政府的住房政策都有所涉及,对本书的研究颇有参考意义。

二、国内外学者论中美房地产金融

克劳瑞特等的《房地产金融——原理与实践》是美国房地产金融的经典教材,对美国房地产金融的历史、现状及运作原理做了很好的描述。米勒斯等的《房地产开发:原理与程序》、汪利娜的《美国住宅金融体制研究》也提供了大量关于美国住房金融的第一手资料。中国人民银行、建设部、日本国际协力事业团和日本野村综合研究所 2003 年推出的《中国住房金融报告》对住房需求做了分析,以上海、武汉、成都三个大城市为例说明了住房存量、流量的变化,提出了住房金融体制改革的思路,但其偏重于政策性住房金融的理论着眼点使其缺乏可操作性。中国人民银行的《中国房地产金融报告 2004》[①]对中国房地产金融的历史及现状以及房地产金融风险做了分析,指出房地产金融的市场风险、房地产开发企业的财务风险、"假按揭"凸显的道德风险、基层银行贷款的操作风险、土地开发贷款的信用风险以及房地产贷款的法律风险等。董藩等的《房地产金融》、张炜等的《住房金融业务与法律风险控制》对中国当前住房金融的现状、问题及风险(特别是法律风险)做了详细论述。应红的博士论文《中国住房金融制度研究》对中国住房金融制度的变迁路径、基本特征和制度缺陷等做了研究,对构建适合中国国情的住房金融制度也提出了看

---

① 该报告在 2005 年发表后,取消预售等内容引起业界强烈反应,其本身涉及的非房地产金融内容过多可能也是一个原因。

法。周京奎博士论文对北京、天津和上海房地产业的投机度做了实证分析,得到了中国这几大城市房地产业投机度仍处于较低的水平,说明经济的强劲增长,并没有过分助长这些城市房地产业投机行为,中国整体上不存在房地产泡沫的结论,并说明适当的投机度有利于城市经济发展。郝丁博士论文探讨了中国房地产金融支持方式存在的问题:一是开发资金过度依赖银行贷款;二是住房信贷存在违约风险;三是金融机构存在经营行为不理性、不科学、不规范等问题。李智博士论文对中国现行房地产法在引入 REITs 上的障碍做了分析,主要问题:一是现行产权登记程序过于复杂;二是现行产权转让规定过于模糊;三是现行法律对房地产的新型权利缺乏前瞻性。

三、房地产资本运动对城市发展乃至宏观经济运行的巨大影响

城市历来是人类物质财富和精神财富生产、积聚和传播的中心,全球化和后工业化时代的城市特别是大城市(都市区、都市连绵带)更是成为制造业和服务业的基地,成为投资、消费、商业竞争和激发人们创造力的主要场所。城市竞争力日益成为一个国家竞争力的主要标志。据美国市长暨县长协会 2000 年 5 月的一份权威报告统计,美国大都市区占全国总人口的 80.3%,占全国国内生产总值的 84%,占全国就业的 84%,占全国收入的 88%,占全国商品出口的 83%。如果把大都市区作为经济体计算单位,全世界前 100 个经济体中有 47 个是美国大都市区。美国克林顿政府在《2000 年城市状况年度报告》中说:"我们更应把美国经济看成是以大都市区经济为中心的'共同市场'。"事实上,美国现在已经更多地使用 GMP(大都市区生产总值)的概念,而不仅仅是 GDP,来反映经济增长的实际。在这种意义上,21 世纪国际竞争的基本单位既不是企业也不是国家,而是大都市区[1]。由此一例即可以看出,大力推进城市发展是发展中国家现代经济增长的不二选择[2],城市发展上升为国家战略目标是毋

---

[1] 参见王旭:《美国城市化的历史解读》,岳麓书社 2003 年版,第 3~13 页。
[2] 实际上,中国已经从近 30 年中的城市发展中积聚了巨大的经济能量,赢得了巨大的经济实惠,对海外资本产生了巨大的经济吸引力。

第一章 关于房地产资本运动及其典型形式——住房金融的理论探讨

庸置疑的。城市住房发展是城市发展最重要的组成部分,城市住房发展理应作为城市发展的头等大事。古人云,安居乐业,安居始终与乐业密不可分。国民财富的重要组成部分——城市住房的发展,和就业一样,是民生之本,它不仅影响家庭生活和社会心理,而且会对智力资本的培育和凝聚、对城市发展乃至整个国民经济造成深刻影响。

严格地说,房地产资本运动对宏观经济造成的影响应该与对城市发展造成的影响区分开来,因为前者是短期效应,而后者是长期效应。宏观经济的短期性使人们有时过于担心房地产市场的波动,从而做出不恰当的决策。对于房地产资本运动,长期的、历史的眼光是必要的[1]。资本运动的逐利性虽然有可能使宏观经济波动性增强,也可能对部分利益群体造成损害,但从城市发展和资本运动[2]格局的角度来看问题,就可以认识到,重要的不是阻碍资本运动,而是应更进一步地疏通资本运动的渠道,拓展资本运动的链条和空间[3],使资本运动对宏观经济的潜在威胁降至一定限度,同时,由政府出面对资本运动过程中的受损群体给予必要的补偿。这样,城市发展的活力才能较为持久,宏观经济的运行才能较为平稳。鉴于房地产资本运动对城市发展乃至宏观经济运行的巨大影响以及出于对国民财富和福利的重视,任何中央或地方政府都不能对房地产资本运动袖手旁观。

---

[1] 当20世纪90年代以前REITs市场低迷(1990年REITs市场资本总量只有87亿美元)之时,谁能预料到它后来的飞速发展呢?同样,CMBS贷款余额在1988年只有54亿美元,而到了1999年6月,CMBS市场资本总量达2250亿美元。

[2] 房地产资本运动充分地、大规模地进行,有助于资本市场的完善,进一步促进资本和财富的"平民化"。一个公平、公正、公开的资本市场,应该允许不同的交易主体和交易产品的进入,通过不同交易主体和交易产品之间的竞争,使资本合理流动、财富公平地分配。

[3] 樊纲认为,我们对资本市场的理解过于狭窄。一谈资本市场,以为就是证券市场,而资本市场是一个很大的概念。所谓市场,其实就是交易过程。发达国家的资本交易,不仅是证券市场的交易,而是存在大量的证券市场以外的交易,如场外交易、柜台交易、直接的产权转让等。中国资本市场的发展,实际上是整个社会资本重新配置的问题,这个配置的效率影响到整个中国经济的发展。如何建立一个多层次的、多种资本形成的资本市场,不仅对资本市场本身的发展起决定的作用,对中国经济的发展也意义重大。——《粤港信息日报》2001年10月30日。

第二章 房地产资本运动的历史源流：中美城市发展与住房金融史的考察

制度源于历史。制度经济学家关于制度的内涵和外延的理解并不一致，对其形成的过程也不尽相同，但在这一观点上逐渐趋于一致：制度是演化而成的，是经济过程参与者的历史痕迹的留存，是参与者自我实施的信念或行为规则[①]。通过考察中美两国城市发展与住房金融的历史，我们可以追寻房地产资本运动的源流，认识现代住房金融制度若干规则的演化过程，并有助于我们更深刻地观察房地产资本运动的格局与住房金融制度之间的逻辑联系。

第一节 美国城市发展与住房金融史的考察

美国城市化几乎从美国建国初期就开始了，但真正大规模的城市化始于20世纪20年代。作为美国梦最重要的标志，美国的房地产资本运动从30年代起，在政府推动下努力实现着"居者有其屋"的目标，取得了世人公认的成绩，极大地推动了美国的城市化和"郊区化"。当然，也有城市中心区贫困化、居住区隔离、公共基础设施老化等不少令人遗憾之处。

一、美国土地制度和城市规划的演变

美国的房地产资本运动历史的源头在于建国初期的土地制度和土地

[①] 参见[日]青木昌彦：《比较制度分析》，周黎安译，上海远东出版社2001年版，第11~15页。

政策。1862年颁布《宅地法》之前,主要是以拍卖形式公开出售公有土地,之后,土地分配的重点转到了向拓荒者免费(或象征性收费)赠送土地。美国独立后经过一系列殖民战争和购买,联邦政府所拥有的土地面积不断扩大。政府期望把出售土地作为其收入的主要来源。1785年第一个土地法令规定每英亩土地1美元,最小出售面积为640英亩。由于土地按公开拍卖出售,每英亩土地1美元只是底价,高昂的出价使地价远远超过在那些地块上耕作的农民的支付能力,因而遭到了当地农民的联合反对,使这一政策难以实施。最后政府不得不调整政策,主要表现在减少土地出售面积,降低地价,最后干脆免费赠地。为了鼓励西部开发,1862年的《宅地法》免费为西部每个成年移民赠送160英亩土地,用于定居经营。有些地方的土地产出少(如落基山以西的干旱土地),160英亩不足以维持一个农场的经营,在19世纪末20世纪初又出台了一系列对《宅地法》进行修改的法令,将赠送面积扩大到320英亩、640英亩。1909年实施的扩大宅地法规定,移民只需把80英亩干旱贫瘠土地成功地耕种5年就能取得所有权。美国宪法将土地使用的管理权赋予各州,而从19世纪20年代起,大多数州都将管理土地使用的大部分权力下放给地方政府(通常是县和市),这种广泛的权力下放几乎将决定权都交给了地方政府。这些政策法令导致了20世纪初落基山以西的移民高潮,也加速了美国土地的开发进程。

在美国早期历史上,由于人口和资本的缺乏,只有极少量的土地用于城镇房地产开发,更多的土地是用于耕种或其他必需的农业用途。随着19世纪城市的发展,越来越多的城市地区以及广阔的乡村土地逐渐成为建设用地,用于建设新的城市。城市社区中土地的首要用途是居住,居住用地的开发满足了稳步增长的人口的需求。由于有足够廉价的土地、建筑材料以及交通技术的不断创新,使得居住的扩散成为可能。19世纪早期的城市中,联体的成排房屋(由投机开发商在街区建造的典型房屋)、多户家庭公寓、步行上班等,造成了人口的过分集中。19世纪末其他类型的住宅开始登场,如豪华公寓、廉价公寓和1~4户家庭居住的住宅等,使城区的人口密度有所降低。

美国的土地所有制是多元化的。私人所有的土地约占60%,联邦政府所有的土地占近29%(其中1/3的土地在阿拉斯加州),州与地方政府的土地约占9%,其余2%为印第安事务局托管的印第安人保留地(见表2-1)。联邦、州、县、市政府在土地的所有权、使用权和受益权上各自独立,不存在任意占用或平调,如果确实需要,也要依法通过买卖、租赁等有偿方式取得。

表2-1 美国土地资源所有制类型及利用方式

(单位:百万英亩)

所有者	耕地	牧草地	林地	特殊用地与其他	总面积
联邦政府	—	152	247	248	647
州与地方政府	3	40	70	83	195
印第安人	3	36	11	6	55
私有	450	352	420	145	1366
总计	455	580	747	481	2263

注:表中的"—"表示少于50万英亩。
资料来源:秦明周、[美]Richard H. Jackson主编:《美国的土地利用与管制》,科学出版社2004年版,第17页。

美国土地利用的一个根本观念是私人拥有土地所有权。在19世纪后期以前,美国联邦政府的土地政策主要就是出售美国的公有土地,私人、公司所有的土地来自于国家的出售、授予或转让。截至2001年的统计,国有土地转让给私人、公司的土地累计达5.91亿英亩。值得注意的是铁路公司,从1850年到1976年,有9400万英亩的公共用地用于铁路事业,用于全国铁路网的扩展。尽管其中很多已经被铁路部门出售,但它们依然是主要的土地所有者。

美国国土面积有93615万平方公里,其中内陆水域占2%,排在俄罗斯、加拿大和中国之后,位居世界第四位。人口密度为30人/平方公里(约等于中国的1/5)。广阔的地域、稀少的人口使美国过去形成了这样一种观念:没有必要控制任何甚至是非常极端的土地利用。直到19世纪后期以后,联邦政府才开始关注水土保持和环境保护问题。而真正意义上的保护是在1960年以后,人们在"新边疆"思想的刺激下,才对资源保护和合理利用有了足够的重视。20世纪60年代,美国国会通过了一系列有关环境问题的重要法案,土地利用和环境保护从此才成为政府关注的对象。

科学规划是合理用地的灵魂。美国以"民主自由"和私有制为基础的政治、经济制度(包括土地私有制)决定了只有规划和税收是美国政府调控土地利用的重要手段。然而,美国建国初期对于城市规划几乎没有公共干预。19世纪末20世纪初,公共部门开始扮演现代角色。当时,城市变得越来越大也越来越复杂,公共场所和居民区日益分离,通勤、交通堵塞和运输技术成为关注对象,因此政府开始提供市政服务促进公共基础设施的发展,规范私人房地产开发,出现了国家干预私人市场的新形式以及城市规划管理。

美国基本上没有制定统一的国家级土地利用规划,各州一般也没有具体详细的土地利用规划,也不强求各级政府制定土地利用规划,但联邦政府通过相关法律、政策影响各级地方的土地利用及其规划。联邦政府没有受宪法保护的建筑开发的管辖权,其管辖权仅限于各州之间的贸易、联邦政府拥有的土地和私人土地涉及联邦政府主要公共工程的范围,而各州保留管辖权,并通常将该权利委托各地方政府。大多数州在20世纪20年代和30年代通过立法程序,将管辖权授予地方政府,让其以公众健康、安全和公共福利的目的来管理房地产开发,因此地方政府拥有制定有关房地产开发管理的法规的权力。开发商倾向于支持地方政府对开发的管理,因为他们认为州政府与地方社区开发的现实情况离得太远。但州政府日益主张在对开发程序的管理中扮演一定的角色,并且州对开发的管理拥有最终的合法权力。

美国公众高度关心城市环境,积极参与城市设计。城市设计审议委员会及主管官员权利大都来自民间,因此其体制既具弹性又有效力,而且各城市也依据自身状况建立了不同的体制。对于严格的政府管理,私人部门虽有不少抗议和争论,但总的来看,他们对管理城市开发以及土地使用的公共法律和规范是日益支持的。因为规划限制稳定了房地产市场,增加了物业价值,鼓励了私人投资,使开发商在更低的风险情况下建造和购买房地产。他们欢迎土地细分方面的控制,这种协调机制使民间的开发商和当地政府在计划、融资以及建设新的基础设施方面更加有效率。

这对房地产开发项目的成功来说非常必要。

公众参与对土地利用规划的决策民主化,对于提高规划的权威性、严肃性,保护权利人合法权益有很大帮助。但是,直接民主是一把双刃剑,其对土地利用规划的负面影响也是显而易见的。例如,多数市民的意见可以否决专家意见,而没有专业背景的多数人意见并非总是正确;多数人利益强加于少数人利益之上,侵犯弱势群体利益,违反平等原则;通过游说活动,一些利益团体可以通过合法途经谋取不法利益;土地利用规划是一项综合、全面的系统工程,而通常动议、复决甚至法庭判决都只是针对单一、个别的问题,往往导致土地利用规划"面多加水、水多加面"的被动局面。

公共决策从来就是美国政治的角力场,土地利用规划当然也不例外。一般来说,美国的公众参与土地利用规划有两个途径,除了上述民主化的途径外,法庭诉讼也是很常见的。在美国,越来越多的业主和开发商以地方政府土地利用规划中过于严格的土地利用控制导致其利益受损或成本增加、侵犯其合法权利为由,向法庭提出诉讼,并要求政府赔偿,而美国宪法和法律高度保护个人私有财产权,所以法庭判决政府败诉的案例屡见不鲜。根据"判例法"原则,法庭判决自然成为土地利用规划的法律依据,从而增加了政府土地利用规划的难度和成本,影响土地利用规划的编制和实施。

美国已经进入后工业社会时代,现代化、信息化、全球化使美国社会的价值观发生巨大变化,"以人为本"也就日益成为当代美国土地利用规划思想的主流。在土地利用规划中强调人的需要,主要是因为土地利用、城市建设中存在大量忽视人的需要的现象:

1. 常规的土地利用规划工具给生活环境带来的一系列问题[①]。尤其是强调单一用途的功能分区条例和过于死板的地块分割条例,导致商业、住宅、工业用途的畸形分隔,甚至在大规模的住宅小区内不能出现零售

---

① 简·雅各布斯的名著《美国大城市的死与生》对此有精彩而全面的描述。参见[加]简·雅各布斯:《美国大城市的死与生》(纪念版),金衡山译,凤凰出版传媒集团、译林出版社2006年版。

店,不但造成生活不便,还容易因为行人稀少而诱发街头犯罪。过分强调功能分区和独门独院,使"郊区化"畸形发展,造成居民对汽车的依赖,而且道路规划建设中也是重视汽车而忽略行人。排他型的功能分区还人为造成不同种族、不同阶层之间的隔离。

2. 地方政府追求经济效益而忽视社会效益,"中心城市病"积重难返。不动产税和销售税是美国地方政府的主要收入来源,因此地方政府的经济开发活动就是增加税基、扩张税源,导致城市建设中重视购物中心、写字楼等商业不动产项目的建设,而轻视住宅建设、开放空间保护、娱乐休闲设施配置和历史文化遗产的保存。即使住宅建设也只是注重独户住宅,而忽视中低收入居民需要的联体成排房屋、多户公寓等经济适用住房,使这类住房的供求关系紧张,很多城市多年不建新的经济适用住房,破旧的"贫民窟"严重影响城市生活环境。

3. 城市不规则扩张造成负面影响。世界上没有一个国家像美国这样依赖汽车和高速公路,然而高速公路和汽车的发展导致的城市建设沿高速公路蔓延不但大量占用土地,而且增加了基础设施、公共服务设施(例如供水、供电、排污、学校等)的投资成本,降低基础设施的利用效率,降低人们的生活质量。

二、美国城市房地产资本运动及住房金融的发展

美国城市早期的房地产资本运动有广泛的参与者。空置的建设用地只需要少量的定金就可以转手,使得大量的潜在购买者进入市场,其中包括想自己建造房屋的家庭、建造住宅供出售或出租的企业、试图通过土地转手快速获取利润或长期占有以获得收益的投资者(投机者)。多数住宅的承包商和转包商都是小规模操作者,经常在承包商和劳务提供者的角色之间转换。在房地产资本运动中,铁路公司扮演了重要角色。联邦政府不仅授予铁路公司修路的权力,而且将规划沿线的上百万英亩土地划拨给他们,以鼓励他们以极大的热情将资本投入到铁路建设中,同时也就使得他们自己拥有了巨额的土地资本。仅在1850~1871年这20年间,联邦政府就出让了13亿英亩的公共土地给铁路公司。除了销售土地外,许多铁路公司还把他们持有的大量土地抵押给银行以获得当时十分稀缺的资本(这在当时可以说是最大规模的抵押贷款),或者为买地者提供担保,使他们获得资本。在铁路建设的高峰期过后,铁路公司拥有了数量惊人的城乡土地的所有权。直至今天,在许多大城市中,铁路公司仍然是最大的私人土地业主,一些铁路公司还成立了房地产开发部门以使其资产得到更大的回报。

19世纪到20世纪20年代是资本稀缺的年代,相对其他投资来说,房地产投资的资本成本是很高的,因此融资方法对房地产投资者参与交易的能力以及项目的成败都非常关键。家庭住房贷款主要是通过土地所有者、房屋所有者、土地细分者以及投机营造商提供,或是由当地投资者(朋友、亲戚以及有钱个人的直接融资)网络提供。还有就是通过信托公司或抵押公司借款,通过成立或者参加辛迪加、有限合伙企业等提供权益资本。卖主——包括土地所有者、房屋所有者、土地细分者以及投机营造商——通常是信贷的重要来源。他们通过土地合同、抵押购买、二次抵押以及其他一些创新性的金融工具来回收现金资本。

到20世纪20年代,各种专业的房地产金融公司陆续出现。商业银行是参与建设贷款以及抵押贷款历史最悠久的。由于商业银行主要依靠短期存款来获得借贷资金,他们通常倾向于提供期限为一年以内的短期贷款。短期贷款通常可以续借,但一旦市场形势逆转,银行就要收回贷款或者拒绝再次提供贷款,这样做的结果是导致借款人拖欠还款甚至丧失抵押品赎回权。如此的制度安排当然不受公众欢迎,但在资本稀缺的年代也是迫不得已。金融恐慌和银行出现问题在19世纪是家常便饭,以至于当19世纪60年代联邦政府特许设立国民银行时,明确规定禁止其从事城市房地产抵押贷款业务。但州立商业银行不受此限制,继续成为主要的房地产贷款者。

人寿保险公司一直在房地产资本运动中处于重要的地位。从19世纪中叶开始,人寿保险公司的投资组合中有25%~50%的投资是投向房地产的。他们最早是参与大规模项目的融资和购买,例如写字楼、购物中心以及公寓综合体。20世纪20年代开始,人寿保险公司进入了家庭住房抵押贷款市场。其较雄厚的资本实力,使住房抵押贷款的融资环境得到了较大的改善。

第二章 房地产资本运动的历史源流:中美城市发展与住房金融史的考察

储蓄和贷款协会(S&L)在19世纪中叶发展很快。尽管他们比其他贷款人收取更高的利息,但其贷款条款有两点是很受欢迎的:一是更高的杠杆——以物业评估价值的75%的比例贷款,而其他贷款人在第一次抵押时一般只提供40%或50%的贷款;二是通过月付款的形式使得分期付款期限可以延长到12年,而其他贷款人采用的不是分期付款,而是每半年支付一次利息,在1~5年内返还本金。因此,至20世纪20年代,S&L成为了住房贷款中的领导者,尤其在独户住宅方面。

1929年的股票市场危机引发了20世纪30年代的大萧条,从1929年开始,产出和就业连续四年下降,到1933年降至谷底。学者们并没有拿出特别强有力的证据表明房地产市场拖累经济,最多只能说经济的萧条与房地产泡沫的破灭互为因果。史实能够证明的只是,从1926年开始,20世纪初以来一直繁荣的房地产市场出现了萎缩之势。房地产投资、建设和物业销售以及物业价值开始缓慢地持续下降,但尽管如此,比起前十年来,仍然保持在一个很高的水平,在一些市场(如新的写字楼或公寓建筑)仍然显得很繁荣。直到1929年后,由于银行面临不断增加的流动性危机,他们拒绝提供新的房地产贷款或者对当前的房地产项目进行再融资,才使房地产市场的颓势很快凸显出来。由于得不到新的融资支持,房地产价值骤然跌落。许多市场都冻结了,充斥着供销售和出租的房地产,即使其价格或租金疯狂打折也无人问津。至1933年,近半数的住房抵押贷款没有履约,每天有1000宗物业丧失抵押品赎回权。年新增住宅建设量从1925年的93.7万套下降到1933年的9.3万套[①]。

美国总统和国会应对这场危机的措施之一是在1932年建立了联邦住房贷款银行系统,合并和重组了S&L,鼓励创立联邦特许的新的S&L,使之有更好的资本结构和更好的管理。更重要的是,该措施为联邦或州的持续繁荣提供了流动性支持,使他们不再依靠传统的短期商业银行贷款。两年后,又成立了联邦储蓄和贷款保险公司。存款保险和储蓄银行管理的标准化,大大增加了S&L对于储户的吸引力。S&L还得到了政府

---

① 迈克·E.米勒斯等:《房地产开发:原理与程序》(第三版),刘洪玉等译,中信出版社2003年版,第165页。

在一系列所得税方面的优惠和法定利益,以作为要求他们继续为住房抵押贷款提供服务的补偿(这个强制性要求一直持续到 1982 年里根政府的财政改革)。

1934 年成立了联邦住房管理局(FHA),FHA 的互助抵押保险系统减少了贷款人的风险,将 S&L 的两个原则(抵押贷款的长期分期付款和高贷款价值比)带入了商业银行、人寿保险公司、互助储蓄银行以及抵押公司等。在 FHA 政策的鼓励下,贷款人将抵押贷款额和住宅价值的比例提高到了 80%~90%,将还款期限延长到 20~25 年,取消了二次抵押,并大大降低了贷款利率以及总贷款费用。FHA 推动了估价方法和实务操作的标准化和合理化,他们提供担保的抵押贷款,成为标准化产品和安全的投资,从而在全国范围内建立了一个抵押市场,替代了原来差异很大的当地子市场。整个住房抵押贷款系统从主要关注于抵押物业丧失赎回权的安全性,转移到借款人的预期收入和还款能力,这是贷款理念的重要变化。FHA 还促进了面向中等收入家庭、成本效益好的小型住宅可支付自有产权住宅的建设。FHA 使开发商能够获得债务融资,从而能从容地将住宅建成、安装好室内设备,达到入住条件。具有一定储蓄,能够支付首付款的家庭,加上 FHA 担保的住房抵押贷款,就可以购买这种住宅。

联邦国民抵押贷款协会(Fannie Mae,俗称"房利美")成立于 1938 年,其资本来自联邦政府的复兴金融公司(RFC),为 FHA 担保的抵押贷款建立了一个强有力的二级市场,它从主要的贷款人手中购买贷款,使这些贷款机构的资金具有足够的流动性,同时也为他们发放新贷款、增加业务量获得额外收入创造了条件。这个全国性的二级抵押市场的建立,减弱了房地产周期循环波动的强度,同时也缩小了在获得抵押资金方面的地区差异。现代抵押银行公司也因此快速发展起来,他们将 FHA 担保的贷款出售给房利美、人寿保险公司、储蓄银行或其他贷款人,以增加资金的流动性,不断拓展他们的业务规模。由于这些政府机构和中介组织的努力,美国经济和住房市场在 20 世纪 30 年代末期就已经逐渐得到了复兴。

1944 年,美国国会通过了《退伍军人再就业法案》,成立了退伍军人管理局(VA),建立了 VA 住房贷款担保计划。通过此计划,一个符合条件的老兵可获得一笔低利息、高杠杆的抵押贷款用于购房,在有些情况下甚至不用支付首付。通过此方式,购房者的支付能力得到提高,从而引致了真实的住房需求。第二次世界大战后的几年内,数十亿美元被批给联邦住房管理局(FHA)、退伍军人管理局(VA)和房利美。《1949 住房法案》的通过更具有划时代意义,该法案把"为每个美国家庭提供合适的住房和舒适的居住环境"作为国家目标提了出来。新竣工的住宅数量达到了前所未有的规模,20 世纪 50 年代,有 1500 万套住宅和公寓建成,超过了 20 世纪 40 年代的两倍,比 30 年代的 5 倍还要多。

多项政府政策的扶持,极大地促进了美国住房金融及住房业的发展。第二次世界大战之后的 20 年中,以储蓄机构和商业银行为中介的住房金融业获得了长足的发展。以储蓄机构为例,1940 年其资产规模为 29.26 亿美元,吸纳存款 22.07 亿美元;到了 1950 年,其资产规模达到 136.91 亿美元,存款达到近 113.74 亿美元;到 1960 年,其资产规模达到 674.30 亿美元,存款则达到 586.62 亿美元,分别是 1940 年的 23 倍和 26 倍多。对独户住宅的抵押贷款也从 1940 年的 23.4 亿美元猛增至 1960 年的 568.12 亿美元,占抵押市场份额的 40% 左右。住房信贷资金充裕,也大大改善了居民的借款条件,住房信贷从过去的短期逐渐延长为 25~30 年,贷款房产价值比也提高到 80%。所有这些,都大大刺激了居民的购房需求[1]。居民收入水平的提高,城市郊区化和住房郊区化的浪潮,以及战后新生的一代开始步入成家立业的年龄,也都增加了对住房消费信贷的需求。良好的经济环境、庞大的住房需求、稳定的利率、优惠的经营条件和廉价的资金来源,使得以居民储蓄为主要资金来源的储蓄机构获得了百年难遇的扩张机遇。

到 20 世纪 60 年代,联邦政府成立了美国住房与城市发展部(HUD),这个部门的成立,使联邦政府在资助住宅方面的政策出现了明显的变化。1968 年的全国住房行动提出,要在今后 10 年中每年建设 60 万套有政府资助的住宅和公寓。在解决住房困难的同时,对美国经济的

---

[1] 这个自然段的数据参见汪利娜:《美国住宅金融体制研究》,中国金融出版社 1999 年版,第 53~54 页。

增长起到了重要的促进作用。60年代的"城市更新"项目给城市经济发展带来了急需的投资,创造了就业机会,改善了自然、文化、娱乐环境,使城市更富时代气息。但是城市更新工程也意味着小型商业设施和中低收入居民家庭的大量搬迁,从而引起了广泛争议。

由于与城市更新相关的成片土地清理和置换工作变得越来越有争议,费用也越来越昂贵,许多社会活动家和城市政策制定者开始寻找替代方法来挽救和改善现有的存量住宅。他们计划保持和复兴目前的居住和商业邻里结构。邻里保持和住宅复兴计划加速了城市中心区复兴的进程,给房地产开发带来了意义深远的影响。1974年尼克松政府制定了第八条款中的存量住房计划,与面向住房供应方的住房建设补贴政策不同,这是一个面向需求方的补贴计划,使有效需求大大提升。它取代了1968年住房法案的计划,是美国住房政策在20世纪70年代中的一项战略性的选择。

业务的平稳发展并不能掩盖传统住房间接融资体制固有的缺陷,住房金融作为整个金融体系的一部分,更无法规避经济和金融环境的变化所带来的冲击。20世纪70年代,随着金融自由化和金融创新逐渐展开,住房抵押贷款市场不断有新的参与者进入。此外,1974年和1979年两次石油危机,更使美国经济陷入周期性的萧条之中。利率前所未有的大幅度波动,给传统的住房金融体系带来了灾难性的冲击。80年代后期,各能源生产州大规模的房地产萧条,引发了房地产资金链的断裂,从而使本来因为金融"脱媒"而已经四面楚歌的节俭机构(Thrifts,包括S&L和共同储蓄银行)大量破产。然而,节俭机构的衰落并没有对住房金融市场造成很大的冲击,因为在过去的30年中,债券和抵押银行获得了急剧的增长,二级抵押市场也迅速扩展。

从20世纪70年代开始,房地产投资信托(Real Estate Investment Trusts,REITs)形成一个新的产业,从公共资本市场获得了大量资金用于房地产投资,并成为90年代中期美国股票和共同基金市场扩张的重要因素。通过大型的、具有政府背景的机构以及大量私人债券公司,抵押公司可以从大范围的机构投资者(如保险公司、退休基金、企业年金、全球投资者等)那里获得资本。房地产抵押贷款的证券化进一步加速了房地产资本集聚的进程,并将全球资本也引入了房地产金融市场。同时,大公司也纷纷进入房地产市场,开始重视他们所拥有的土地和建筑物的潜在价值,与房地产开发商进行各种形式的合作。房地产机构和房地产开发公司的规模也在不断扩大之中。

第二节　中国城市发展与住房金融史的考察

一、旧中国的土地制度及房地产交易

中国土地制度历来被视为中国政治、社会和经济的根本,中国历朝的治乱,基于土地制度的兴废;国民生计的安危,基于土地制度的正确与否。中国历史上是否存在土地私有制？历史学家对这个问题有过许多争论,究其原因,主要在于中国之"私有"不同于西方之"私有",而且在中国漫长的封建社会历史上,土地所有制还经过了多次变迁。大体说来,笔者认为中国封建社会的土地制度可从两个层次来分析:一是从政治意义上考虑的土地制度,"普天之下,莫非王土"是历朝历代封建帝王根深蒂固的观念,政治意义上的土地产权肯定是属于皇家("朕即国家",皇家的就是国家的),无论是王侯、地主还是自耕农的土地,最终产权都归于国家,这是由国家机器和封建社会的法律制度所决定的。二是从经济意义上考虑的土地制度。中国封建社会之所以能创造辉煌灿烂的文明,一个重要原因在于其制度的灵活性。虽然从政治上看"普天之下,莫非王土",但封建统治者很早就认识到,要把土地耕种好,要尽可能多地拓荒,必须发挥臣民的积极性,所以在皇家(国家)土地之外,又有了地主土地、自耕农土地、军垦土地等多种形式,也允许民间进行相应的土地产权交易来调整资源的配置。国家的"公田"也只是所有权意义上的,不可能由皇家或官府直接耕种,也是分派给农民去耕种。比较复杂的是朝代的更替经常打乱土地所有权的归属者,使后人看起来好像所有土地都是没有"产权"的;然而,在相对稳定的朝代之内,土地买卖是遵循"产权"交易规则的,必须经过一定的交易过程,土地才能易手,仅仅用一个"巧取豪夺"是难以概括的。

关于土地制度和土地交易,中国历史上一个重要的现象是土地兼并,

许多历史学家认为这是农民起义和改朝换代的重要原因。然而,经济学家不能满足于这样的解释,而只有从经济上认识土地兼并现象在中国封建社会普遍存在的原因①,才能为当代土地制度的改革提供某种借鉴:

1. 土地兼并除了在战乱时期或政治因素外,主要不是靠强权实现的。

2. 农民为了逃避过重的田赋或人头税,自愿放弃土地,投靠富户大姓。

3. 商业资金流入农村,商人或官僚买地置业(在中国古代,土地始终是最重要的投资对象,而经商致富在人们看来始终不是长久之计,即所谓"以末致富,以本守之")。

土地兼并是常见现象,而土地分散的因素也是存在的:

1. 商业发达、人口增多,从而增加土地市场的需求与竞争程度,使耕地日趋分散于中小业主手中。

2. 每一次改朝换代,新王朝往往将前朝王室与贵族的财产没收。有的时候,新王朝会把没收得来的土地分配给原来在此土地上耕种的佃户,例如清朝初年所实行的"更名田",这种政策也是有益于地权的平均化的。

3. 中国的多子继承制具有减缓耕地集中的作用。

4. 历朝历代都有奖励拓荒之举,对于开拓荒地之人,政府承认其土地所有权,并且在一定年限内,免缴赋税或补助种子、耕牛、农具等。开荒之人大多是无田产的贫民,因此这种政策有促进土地分配平均化的作用。

中国古代城市经济比较发达,有学者认为早在春秋战国时期,城镇中就已经出现了土地买卖。"春秋已入市镇经济时代,至战国更发生大都市,商业繁盛,交易益为发达,土地自必随之渐可买卖。土地既可买卖,则私有制之性质全备矣。"②但是,对于城镇土地的交易情况,不可估计过高。中国古代早期的城市,其主要功能在"城"而不是"市",也就是政治、

---

① 虽然有土地兼并,但土地高度集中于少数富户大姓之手并不是常见现象,由于缺乏详细资料的记载,历史学家经常犯以偏赅全的错误。

② 万国鼎:《中国田制史》(上册),正中书局1934年版。转引自马学强:《从传统到现代——江南城镇土地产权制度研究》,上海社会科学院出版社2002年版,第33页。

军事功能大于经济功能。受政治、军事功能的限制,城内居民按不同身份严格规范在不同的居住区内,甚至根据各自职业进行什伍编制。居住区与市场分离,大多采取封闭式的里制与坊制,市场囿于固定场所。这种按等级、身份、职业所构造的城市社会结构,深刻制约着城市经济功能的实现,从而制约着城市的自我拓展。对人口流动的限制多,普遍意义上的土地买卖与转让自然无从谈起。

唐宋以后特别是宋朝都城南迁以后,中国古代城市的性质发生了较大的变化,逐渐形成了居民住宅与商铺交错杂处的新型"坊巷"式的聚居格局。当时的杭州和苏州等城市,繁华富丽,四方辐辏,客贩往来不绝。城内,坊巷桥道、院落纵横,"盖经纪市井之家,往往多于店舍"。店铺坊市到处都是,一些经营得好的茶坊、酒肆、店铺,经过岁月的累积,地基房产达到了相当的规模。这样的城市布局已能反映商业发展的特点,按经济活动来布置城市建筑,专门用于商业贸易的街市愈来愈多,城市容量也逐渐扩大。这种城市布局的变化带来了房地产交易的逐渐活跃。其时,不仅土地转让频繁,而且房屋租赁也很普遍。到了清代中叶,随着人口增加和商业贸易的扩大,江南城乡置产之风更是日益盛行。人们把置办不动产作为一种安全的储存方式,私人土地和房产的占有量逐渐提高。房地交易的扩大,直接刺激了江南城镇的拓展,不少地区由此出现了新兴商贸区,吸纳了大量人口。当然,受多种因素限制,那时的房地产交易零散无序,在众多行业中,房地产经营并没有成为一个独立的行业。

以出售、出租土地房屋或为交易牟利而建造房屋的房地产业的兴起,是步入近代以后的事情。江南房地产市场首先是在通商开埠最彻底的上海发展起来的。具有讽刺意味的是,最早的现代意义上的房地产市场是在上海的租界产生的,而且主要是因为战乱的难民涌入租界,改变了"华人与狗不得入内"的秩序所致。从1853年的上海小刀会起义到1864年的太平天国倾覆,大量难民涌入租界地,向外国承租人租赁房屋给外商带来丰厚的收益。在这些外商的压力下,1854年,英、美、法三国领事擅自修订了《土地章程》,承认华人定居租界的事实。上海道台也于1855年颁布"华民住居租界内条例",允许华民在租界租地赁房。"华洋分居"的禁令打破后,短短几年间,租界内的华人增至十几万人,租界建造起大量的房屋。到1865年,租界内外国人住房只有382幢,中国人住房则达到了1.76万幢。地皮价格猛涨,从最初每亩地卖200两白银,到后来涨到了2500多两白银。当时的外国房地产商把西方那套比较成熟的交易方式引入了中国,他们经常采用发行股票或公司债券的方式来融资以扩大经营①,金融业、建筑业相互渗透,律师、会计师、建筑师及金融从业人员都兼职做起了房地产的生意。一些到上海避难的大地主、大商人以及原来就在上海和外国人打交道的大买办,也在房地产市场上投入了巨额资金,取得了丰厚的回报。上海房地产市场虽然也有过起伏,但繁荣的景象持续了数十年,到1931年达到了巅峰。从1909年到1931年,仅公共租界工部局核准建造的房屋就有12万幢以上。法租界在1915～1931年间新建中西住房3万多幢。上海租界的"成功"房地产经营方式很快传播到上海租界以外的地区,不久又传播到天津、汉口等城市。

二、新中国建立50年间(1949～1999年)一波三折的房地产资本运动历程

房地产作为支撑人们生活和生产的重要资本存量,是城市化不可缺少的基础,也是工业化不可缺少的基础②。应当说,新中国成立之初的决策层对此是有考虑的,在解放战争时期的若干历史名城的和平解放,解放初期又采取赎买、经租、收权等方式使旧官僚和私人的房地产逐渐变成公有房地产,保护了数量巨大的房地产资本③。但和迅速建立并逐渐僵化

---

① 业广公司是当时上海最大的房地产公司之一,它从1888年起曾9次增资,并先后发行公司债券达30次之多,总金额达2000万元以上。其他如美商普益、中国营业等房地产公司也曾发行过数百万元公司债券。——参见董藩、王家庭编著:《房地产金融》(第二版),东北财经大学出版社2004年版,第26页。

② 工业化必然使大量产业工人进入城市,进城农民和新进城其他职工的住房问题本来是应该一并考虑的,但进城农民的住房建设至今仍然只在个别城市领导人的考虑范围。

③ 从1949年至1956年期间,政府对于城市中小房地产主采取了保护政策。所以,直至1956年,城市住宅中公有房屋仍只占很少一部分,而私有房屋占了绝大多数。根据北京建设史书编辑委员会1985年编的《建国以来的北京城市建设》,解放初期北京市区房屋约120万间,其中公有房屋只有28万间,而私有房屋有92万间,其中一半是出租房屋。当时北京市居民共有41万户,租住房屋的有33万户。这一时期国家经济力量有限,不可能大规模建设住房,私有住宅交易与租赁市场的存在,缓解了当时城市住房短缺的压力。

的计划经济体系以及片面重视工业化(而且主要原因是重工业)的建设思路相对应,城市土地全部收归国有,城市住房进行福利化分配,城市房地产资本运动的渠道很快就被堵塞了。从"大跃进"到"文化大革命"期间,政府主导的"工业城市化"进程历经几次波折,不能不说与城市房地产资本运动渠道的堵塞有直接关系。没有足够的住房——哪怕是极差的住房,进城的人就只能回到乡下去[1]。新中国成立初至改革开放前30年的计划经济体系没有使城市房地产资本运动起来,不仅因为使这些资本增殖的渠道几乎没有,而且因为资本折旧没有得到及时的补充而贬值了不少。

城市土地收归国有,实行单一行政划拨制度:国家通过征(拨)方式,调配建设用地,将土地使用权无偿、无限期地提供给用地者,而且限制土地使用权流动,不允许转让、出租或抵押。这种土地使用制度在国家资金缺乏的年代,有力保证了国家机关和企事业单位的用地,当然这不失为一种"高效率"的举措,但是从长远看,由于城市土地并不是无限度的,城市扩张会受到耕地、环境、人口多方面的制约,所以无偿、无限期、不可流通的土地使用政策必将带来城市土地的低效使用和某种程度的浪费。这一过程简单地回顾如下[2]:

1953年12月,中央人民政府政务院发布《关于国家建设征用土地办法》规定,"凡征用之土地产权属于国家。用地单位不需要时,应交还国家,不得转让"。因为土地不得转让,用地单位交还国家的事也极少出现,所以土地一旦征用,实际上就成了用地单位的"私有"土地。

1956年,中共中央发出《关于目前城市私有房地产基本情况及进行社会主义改造的意见》,标志着政府对城市房地产中的私人所有制将采取逐步改变其产权的措施,总的政策趋势是向国家所有制推进。

1958年1月6日,国务院在"大跃进"号角声中发布了《国家建设征用土地办法》。这个办法要求按照所征用农地的年产值的倍数来测算给

---

[1] 20世纪70年代末的知识青年返城之路之所以十分艰辛,当然也与城市住房困难有直接关系。

[2] 关于中国土地管理制度的演变历史,参考了汪利娜的《中国城市土地产权制度研究》(社会科学文献出版社2006年版)和黄小虎主编《中国土地管理研究》(上、下卷,当代中国出版社2006年版)。

农村集体组织的补偿费标准，实际是不考虑被征用土地的增殖收益，"涨价归公"的思路由此沿用至今。该办法还规定："已经征用的土地，如果用地单位因计划变更或者是其他原因不使用或者不全部使用，必须把不使用或多余的土地交由当地县级人民委员会拨给其他用地单位使用，或者交给农民耕种"，同样存在的问题是，既然征用土地是无偿、无限期的，哪个用地单位会轻易交还土地呢？

1958年以后，国家土地管理机构的职能归属也发生了变化，原来的地政部门、农业部、水利部等分头管理的体制受到极大的冲击，实际上形成了各用地单位自用自管的格局，最多也就是用地单位与当地政府有关部门私订协议，或"一平二调"，任意占用。这一时期土地浪费、乱占滥用现象十分严重。根据统计数据，1958~1960年3年共占地2.18亿亩，平均每年占地7200多万亩，是新中国成立以来占地最多、耕地减少最快的年份。

"文化大革命"时期，城市地政机构撤销，人员下放，工作停顿。这一时期城乡"一平二调"的"共产风"重新抬头，一切由"革命委员会"说了算，乱占滥用土地的现象更加严重。原有的地产档案资料散失，加上大量的机关、企事业单位搬迁，致使土地权属混乱，管理陷入无序状态。直到1986年国家土地管理局成立，土地管理工作才重新走上正轨。此时，距原内务部地政司[①]撤销（1954年）已经过去了32年。

与城市土地国有相一致的，是城市职工住房的福利分配制度：住房供应完全掌握在政府（具体由机关、事业单位和国有企业实施）手中，住房的产量、标准、消费量和分配等都由政府决定，住房的产量住房分配后以极低的租金由职工使用，住房标准和租金可以根据经济运行情况及时调整。1956年5月8日，国务院颁布了《关于加强新工业区和新工业城市建设工作几个问题的决定》，强调"为了使新工业城市和工人镇的住宅和商店、学校等文化设施建设经济合理，应逐步实现统一规划、统一设计、统

---

① 1950年中央人民政府设立内务部，下设有民政司和地政司，分别管理全国的房产和地产。许多城市地方政府设立地政局或地政处，加强各地公有房产管理委员会工作。一些城市还成立了房地产经营公司、房屋修建公司、房地产交易所等。1953年起，有些城市将地政局与房产处合并成立房地产管理委员会，后改为房地产管理局。

一投资、统一建设、统一分配和统一管理"。并明确了各工业主管部门和地方政府的责任与权限,规定新建厂区及生活区和区外专用的基础设施、道路房屋建设由项目主管部门负责投资建设,此外公共使用的基础设施、道路与服务设施由地方政府投资建设。这样的"条块分割"投资体制开始指的是新工业区和新工业城市的新建项目,而实际上,后来所有机关、事业单位和国有企业都照此办理,从而形成了长久以来在中国城市居民生活中占支配地位的所谓"单位社会"。

住房建设的"条块分割"投资体制下,各个单位、企业负责建设各自的职工住宅[①]。一般的做法是通过列入部门年度基本建设计划,获得上级部门划拨的资金,土地由地方政府无偿划拨,单位内部成立专门的机构来负责职工住宅的建设与分配。在这种体制下,地方政府一般不能获得足够的资金发展公共文化、教育和医疗卫生设施,从而使得每个单位无论其居住区规模的大小,都要考虑建立一整套基本的生活福利设施,以满足本单位职工的基本生活需要。这样一来,整个城市就由一个个自给自足的"单位社会"所组成。对于这样一种"单位社会",用历史的眼光来看,是有其合理性的,而且在某些方面也是有效率的,比如厂区和生活区一般较近,避免了职工远距离上下班的奔波和城市交通拥堵;单位内部的住房及相应的文化、教育和医疗卫生设施虽然档次不高,但毕竟能够满足职工的基本生活需要,在当时的投资资金分配体制下,各个单位之间也没有太大的差距。但从房地产资本运动的角度看,"单位社会"使房屋及其附着的土地成为了职工福利的一部分,彻底失去了资本的内涵,当然也就无所谓资本运动了。

改革开放推动了企业制度和资本运动方式的变革,从而不可避免地使房地产资本运动再次进入中国人的生活中。1979年7月1日,第五届全国人民代表大会第二次会议通过《中华人民共和国中外合资企业经营法》,明确了中外合资企业在中国的合法地位。由于中外合资企业是一种不同于公有制经济的特殊经济成分,它们无偿使用国有土地的权利自

[①] 参见吕俊华等编著:《中国现代城市住宅(1840—2000)》,清华大学出版社2003年版,第117~118页。

然就受到了质疑。该法规定:"中国合营者的投资可包括为合营企业经营期间提供的场地使用权。如果场地使用未作为中国合营者投资的一部分,合营企业应向中国政府缴纳使用费。"这就把中外合资企业的土地有偿使用原则明确提出来了。接着,土地的有偿使用原则在有的城市①扩展到了公有制企业,北京、上海、济南、烟台等城市开始研究土地使用费的征收标准。1987年9月,新成立的国家土地管理局在北京召开了深圳、上海、天津、广州四个城市的土地使用制度改革试点工作座谈会。9月9日,深圳率先将一块5321平方米的地块,采用协议出让的方式出让给中航技术进出口深圳工贸中心作为职工宿舍用地;11月,又将一幅46355平方米的土地以招标方式出让;12月1日,以拍卖方式出让了一块8588平方米的土地使用权。同年11月,国务院批准了国家土地管理局等部门的报告,确定在深圳、上海、天津、广州、厦门、福州进行土地使用制度改革试点。试点城市按照土地所有权与使用权分离的原则,国家在保留土地所有权的前提下,通过拍卖、招标、协议等方式将土地使用权以一定的价格、年限及用途出让给使用者,出让后的土地可以转让、出租、抵押。试点城市取得成功经验后,全国许多城市纷纷仿效,但此时土地出让的比例还很有限,大量的建设用地尤其是国有企业用地,仍然以划拨方式供应。1990年5月,国务院以总理令的形式颁布了《中华人民共和国城镇国有土地使用权出让和转让暂行条例》,对国有土地使用权出让和转让的各个环节、各项工作作了具体规定。从此,中国的国有土地出让、转让走上了有法可依的轨道,国有土地使用制度改革步伐大大加快。据不完全统计,从1985年到1995年年底,全国共出让国有土地使用权27.6万宗,总面积达15.2万公顷。全国依法出让的土地占新增建设用地供应总量的比例,由改革开放初期的1%上升到25%左右。到1995年年底全国累计收取土地出让金2450亿元。这些资金是房地产资本运动的结果,大部分又返回来用于城市基础设施建设和土地开发,进一步促进了房地产资本

---

① 辽宁抚顺市于1984年颁布了《征收土地使用费的暂行办法》,规定除了免收的土地外,凡在城市规划区以内的国有土地上进行工业生产、建设和经营商业、服务业以及个人建设用地,一律缴纳使用费。

运动,同时改善了投资环境,促进了经济的发展,为20世纪末21世纪初的中国城市做好了起飞的准备。城市土地有偿使用制度改革的重要意义还在于,它重新肯定了城市土地的商品属性,培育建立起了城市土地商品市场,极大地促进了城市土地资源的优化配置和合理利用。不仅如此,土地出让达到一定规模后,土地转让也就有了市场,土地资源的资本化和市场化就有了必要的基础①。

20世纪90年代,中国的国有土地出让与划拨并存带来的土地价格"双轨制"引发了划拨土地的隐形交易问题,促使政府加强了对划拨土地的管理。1992年3月发布的《划拨土地使用权管理暂行办法》,规定划拨土地使用者,不得擅自转让、出租、抵押土地。划拨土地使用权转让、出租、抵押必须具备以下条件:(1)土地使用者为公司、企业、其他经济组织或个人;(2)领有国有土地使用证;(3)具有合法的地上建筑物、其他附着物产权证明;(4)依照《城镇国有土地使用权出让和转让暂行条例》和本办法规定签订土地使用权出让合同,向当地市、县人民政府交付土地使用权出让金或者以转让、出租、抵押所获得收益抵交土地使用权出让金。

划拨土地使用权管理很大一部分涉及国有企业的划拨土地。国家土地管理局于1998年颁布了《国有企业改革中划拨土地使用权管理暂行规定》,国土资源部于1999年颁布了《国土资源部关于加强土地资产管理促进国有企业改革和发展的若干意见》,对国有企业的划拨土地出让与转让进行了若干制度性规定或创新。一是通过补缴出让金,补办出让手

---

① 当然,土地的私下运作和公开炒作也产生了严重的腐败问题和一定程度的经济无序。随着土地的资本化和市场化,土地资产的价值日益显现,人们由此窥到了"以地生财"的"商机"。为吸引外来资金凸显政绩,一些地区的城市政府纷纷"筑巢引凤",兴办开发区、大量批租土地。同时,由于土地划拨与出让"双轨制"的存在,以及出让多种方式产生的价差,许多亿万富翁被"凭空"制造出来了。先期入市的开发商以很低的价格获得土地,转手高价卖出从中牟取暴利;房地产业的高利润很快吸引银行资金大量进入房地产市场,在很短的时间内形成房地产市场的繁荣,例如海南、北海等地迅速出现泡沫。

经营土地暴富的神话,使房地产开发成为人们追逐的热点。1992年,全国房地产公司由1991年年底的3700家一下子增加到1.24万家,与此相关的物业管理公司达4700多家,从业人员250万人。开发热带来了圈地热,1991年至1993年间新增的开发区数目达到了8700多个,占地面积1.3万平方公里,相当于当时全国500多个城市建成区面积。

续,转入出让制。二是租赁制①。三是通过土地使用权作价出资或入股转入出让制②。四是授权经营③。五是继续保留划拨方式。保留划拨方式主要针对的对象是非经营性划拨土地使用权,而且保留期限不超过5年,其适用性受到很大的限制。

  房产制度的改革实际上还早于国有土地使用权制度的改革。1979年,西安、南宁、柳州、梧州四个城市率先开始了全价向个人出售住宅的试点。到1982年,此类试点城市扩大到50个,共出售住宅4000多套,每平方米售价在120~150元之间。此时一套住宅的售价相当于一个职工10~12年的工资总额,一个城市家庭5~6年的家庭总收入。1984年,国家总结了前一段时间房改售房的经验教训,结合企业改革全面展开后企业活力大增的情况,提出了"三三制"的出售模式,即政府、企业、居民个人分别承担房价的1/3。售价仍按土建成本价,即每平方米150~200元,一套住房支出相当于一个职工3~4年工资总额或两年的家庭收入。这项改革在四平、常州、郑州、沙市四个城市试点,不到两年的时间即出售1797套住宅。但麻烦的是,在供不应求的背后,政府的负担却因此而加重了,实际投入1400万元,收回的资金却只有240万元。

  前述两项改革试点都不太成功,1987年10月,蚌埠、烟台和唐山等市又开始了新的试点。为配合这次房改试点,1987年8月,国务院召开专题会议,决定同意在烟台、蚌埠组建成立住房储蓄银行,标志着新中国房地产金融的开端。成立专业住房金融机构的目的是配合房改,建立住房基金制度、办理住房券结算;同时支持商品房的开发经营,开办个人买房贷款业务。

---

  ① 据国土资源部统计数据,截至1999年,全国土地资产出租的企业数2031家,土地面积1.05亿平方米,土地价格约125亿元。这些企业平均每个企业占地5.2万平方米,土地价值平均每平方米119元,年均地租6.2万元。
  ② 据国土资源部统计数据,1992~1999年,共有501家作价入股企业,土地面积5575万平方米,土地资产价格约113亿元,平均每个企业占地11.1万平方米,土地价值平均每平方米202元。
  ③ 据国土资源部统计数据,1992~1999年上市企业中按授权经营方式配置土地资产的企业有77家,占上市企业土地资产配置的0.6%;总面积1160万平方米,土地资产价格约13亿元,平均每个企业占地15万平方米,土地价值平均每平方米114元。

新中国成立初,房地产金融几乎是空白。直到1984年国务院在《关于改革建筑业和基本建设管理体制若干问题的暂行规定》中指出:发展房地产业,推行住宅商品化,建设周转资金可以通过建设银行贷款及企业、事业单位筹资多种渠道解决。该文件明确要求由建设银行办理房地产信贷业务,从而使国有商业银行的住房信贷业务应运而生,标志着新中国成立以来银行信贷资本首次介入住房产业。由于住房分配体制、住房建设主体和金融机构的经营机制尚未发生根本性的转变,住房分配货币化还未开始,住房需求和投资数量有限,金融机构向承担住房建设的城市管理部门和城市综合开发公司投入的贷款规模比例很小。根据资料统计,1978~1984年的6年间,由建设银行累计发放的商品住房开发贷款不到15亿元,低于同期城镇住房建设投资的2%。

1990年4月,广东省江门市建设银行经过试点后推出"供楼"(住房抵押贷款)方案。佛山市建设银行1991年2月也开始"供楼"。1991年11月广东省建设银行推出《房地产信贷部购房借款分期还款试行办法》。1992年9月,建设银行总行颁布了《职工住房抵押贷款暂行办法》,并在全国推行。1994年,国发〔1994〕43号《关于深化城镇住房制度改革的决定》,明确城镇住房制度改革的基本内容,其中包括把住房实物福利分配的方式改变为以按劳分配为主的货币工资分配方式、建立住房公积金制度等,将全国住房制度改革继续推向深入。中国人民银行银发〔1994〕313号《政策性住房信贷业务管理暂行规定》和银发〔1994〕220号《商业银行自营性住房贷款管理暂行规定》对不同资金来源的政策性业务与自营性业务进行界定和规范,并扩大了承办政策性住房金融业务的商业银行范围。同时,商业银行的住房金融业务开始逐渐向个人消费领域转移,该阶段政府建设住房金融市场的侧重点也由单纯的配合房改转向了引导资金在住房投资和消费之间进行分配以及安排公共住房投资的地区配置结构。但是,这一阶段的住房金融仍然存在一些问题。例如,在逐步扩大个人消费信贷的同时,如何化解银行自身的风险、增强资金的流动性和保障银行长期债权的安全等问题没有引起金融机构的关注。金融机构对与住房有关设施的融资也不积极,致使住房基础设施滞后,住房服务功能不足。

1997年5月,中国人民银行公布《住宅担保贷款管理试行办法》,为按揭业务提供了法律依据,房地产资本运动的发展可以说从此取得了历史性的突破,通过金融杠杆的作用,居民的住房可支付能力大大提高。至1998年年末,中国建设银行、中国工商银行、中国农业银行等国有商业银行个人住房贷款余额达710.05亿元,其中自营性贷款余额490.64亿元,较1997年年末增长151%。1999年至2002年个人住房贷款余额分别达到了1357.71亿元、3376.92亿元、5597.95亿元和8253亿元。个人住房新增贷款逐年增长,到2004年达到了4037亿元。

1998年,住房体制改革的纲领性文件《关于进一步深化城镇住房制度改革,加快住房建设的通知》(国发〔1998〕23号)文件出台,决定自当年起停止住房实物分配,建立住房分配货币化、住房供给商品化的住房新体制。这项重大改革举措取消了福利分房,使购房行为完全市场化,对中国房地产业的发展产生了巨大的推动作用。在此前后的一段时间里,由于人们急于赶"最后一班车",不仅存量住房被分配一空①,新住房的集团消费需求也在短期内迅速增加,拉动房地产市场走向繁荣。1999年2月,中国人民银行下发《关于开展个人消费信贷的指导意见》;4月,《住房公积金管理条例》②发布;建设部发布《已购公有住房和经济适用住房上市出售管理暂行办法》及《城镇廉租住房管理办法》,从政策上保证为房地产领域注入大量资金,降低住房贷款利率,放开住房二级市场。1999年下半年开始,上海等地开始放开住房二级市场,允许房改房上市交易,之后迅速在全国推广。放开二级市场后,两者之间的差价由购房职工个人获得,从而极大地增加了个人购房的支付能力。个人抵押贷款制度的推行,更增加了个人的住房需求和支付能力。加上1999年后,中国股票市场和债券市场都不景气,大量社会游资找不到投资渠道,纷纷看到房地产市场的高利润而进市场淘金,使房地产市场的"泡沫"成分不断增加。

---

① 1991年以来,通过房改,约有80%以上的公房以优惠价格出售给职工,优惠价格一般只是或不及市场价格的1/3。各单位以低廉的价格把存量住房出售给职工,相当于福利性"分配"住房。

② 1991年,上海在全国率先借鉴新加坡的模式建立了住房公积金制度,到1993年年末全国地级以上城市中有131个城市建立了住房公积金制度,占地级以上城市总数的60%,归集公积金110亿元。1998年6月底,全国归集公积金总额已达980亿元。

房地产资本运动由此进入了活跃而纷乱的时期。

第三节 当代中国的房地产市场和住房金融概况

中国的个人住房消费信贷早在20世纪90年代初就开始尝试。但是,当时中国的住房制度改革还不深入,居民还没有成为真正的住房需求主体,因此,那时的个人住房消费信贷发展十分缓慢,也就是说,房地产资本与金融资本还没有开始融合,房地产资本运动的链条极短,房地产市场因而也就不可能达到真正的繁荣[①]。1998年中国住房制度改革把居民个人住房需求推向房地产市场,从而为房地产资本与金融资本的融合提供了良好的契机。随着居民个人住房贷款增长的巨大潜力逐步释放,房地产开发商预售住房的资金来源充足(主要也来自于银行对个人住房消费的贷款),商业银行对房地产开发贷款的积极性也大大增加,当代中国的房地产市场呈现出斑斓的色彩,住房金融也呈现出与其他国家不同的明显特征。

一、房地产开发对银行贷款的依赖

房地产开发贷款,是指贷款人向借款人发放的用于个人住房开发、商业用房开发、房地产土地开发和配套设施建设的贷款。按中国目前的法律法规规定,对房地产开发企业的贷款主要有三种,即商品房开发贷款、住房项目储备贷款、经济适用房开发贷款。

在中国目前的资本运动格局下,房地产开发的资金仍然主要来自于商业银行。《中国房地产金融报告2006》[②]指出:据国家统计局统计,

---

① 1992年至1993年的"房地产热"像昙花一现一样,没有个人住房消费信贷支撑的房地产市场出现"泡沫"的可能性是很大的,因而也就很容易受到政策因素的影响而迅速挤破"泡沫"。如果没有商业银行对个人住房消费的金融支持,近十年国内房地产不可能得到迅速发展。而个人住房消费信贷的迅速发展,又受到多方面因素的影响,如政府用管制的方式采取低利率政策、1998年前后以行政力量推动公有住房的低价"私有化"所带来的财富效应、几十年来中国人受到压抑的住房需求能量在房改后的集中释放、城市人口结构的变迁以及民众消费观念的巨大变化等。

② 中国人民银行金融市场司房地产金融分析小组:《中国房地产金融报告2006》,中国金融出版社2007年版。

2006年房地产开发投资资金共筹措2.69万亿元,其中第一大资金来源是房地产开发企业自筹资金,为8587.08亿元,比上年增长22.7%,占房地产开发投资资金来源的31.9%;第二大资金来源为"定金和预收款",达到8135.58亿元,比上年增长17%,占房地产开发投资资金来源的30.3%;第三大资金来源是银行贷款,为4915.31亿元,占资金来源的18.3%[①]。但实际上,房地产开发资金来源中,自筹资金主要由商品房销售收入转变而来,"定金和预收款"也有约1/3的资金来自银行贷款。而上述三项正是目前房地产企业资金来源的主体部分(见表2-2)。

表2-2　中国房地产企业的资金来源(1997~2006年)

(单位:亿元,%)

年份	本年合计	国家预算内资金	国内银行贷款	债券筹资	利用外资	自筹资金	其他资金来源
1997	3817.07	12.48	911.19	4.87	460.86	972.88	1454.79
	100	0.33	23.87	0.13	12.07	25.49	38.11
1998	4414.44	14.95	1053.17	6.23	361.76	1166.98	1811.35
	100	0.34	23.86	0.14	8.19	26.44	41.03
1999	4795.91	10.05	1111.57	9.87	256.60	1344.62	2063.20
	100	0.21	23.18	0.20	5.35	28.04	43.02
2000	5970.62	6.87	1358.08	3.47	168.70	1614.21	2819.29
	100	0.12	22.75	0.06	2.83	27.04	47.22
2001	7696.39	13.63	1692.20	0.34	135.70	2183.96	3670.56
	100	0.18	21.99	0.004	1.76	28.38	47.69
2002	9749.94	11.80	2220.34	2.24	157.22	2738.44	4619.90
	100	0.12	22.77	0.02	1.61	28.09	47.38
2003	13196.92	11.14	3138.27	0.34	170.00	3770.69	6106.05
	100	0.08	23.78	0.003	1.29	28.57	46.27

① 对照表2-2提供的数据,在近年来宏观调控政策的影响下,房地产企业的自筹资金部分占比有了提高,银行贷款部分占比则下降了,但幅度不大。表2-2中的其他资金来源实际上主要就是"定金和预收款",这些年一直在全部资金来源中占比40%上下。

年份	本年合计	国家预算内资金	国内银行贷款	债券筹资	利用外资	自筹资金	其他资金来源
2004	17168.77		3158.41		228.20	5207.56	8562.59
			18.40		1.33	30.33	49.87
2005	21397.84		3918.08		257.81	7000.39	10221.56
			18.31		1.20	32.72	47.77
2006	27135.55		5356.98		400.15	8597.09	12781.33
			19.74		1.47	31.68	47.10

资料来源：王希迎、丁建臣、陆桂娟主编：《房地产企业融资新解》，中国经济出版社2005年版。国家统计局：《中国统计年鉴2007》，中国统计出版社2008年版。

中国房地产融资渠道单一，多元化融资格局远未形成，信托、上市、债券、基金等融资渠道发展业缓慢。商业银行支撑着房地产业的资金需求，而房地产信托规模小，功能单一，股权融资和债券融资缺乏，住房抵押贷款证券化刚刚起步，房地产产业基金等金融产品还在探索阶段。房地产金融市场上专业化的房地产抵押贷款机构、投资机构、担保机构和保障机构缺位问题严重，资产评估、信用评估、金融担保、法律咨询等专业化中介服务机构发展薄弱，缺乏独立有效的房地产金融市场中介服务体系。目前房地产金融市场以一级市场为主，二级市场尚未真正建立起来。一级市场体系中虽已包括商业银行、住房储蓄银行、非银行金融机构、住房公积金中心等机构，但仍以商业银行为主，其他机构发展并不充分或仅处于起步阶段，没能构成多元的支持体系和风险分担体系。

长期以来，中国房地产直接融资渠道狭窄。截至2006年年末，在内地股票市场（A股和B股）上市的房地产开发公司共计52家。2005年没有一家房地产公司的内地股票市场融资，2006年房地产开发的股票融资重新趋于活跃，但融资规模也只有146.49亿元，占开发融资的比重不到1%。其中，IPO融资56.93亿元，再融资89.56亿元。房地产企业债券自2000年以后再未发行，原有的少量债券也已兑付。2006年，房地产上市公司在内地证券市场发行可转换债券①筹集资金19.4亿元。房地产

---

① 其实，只发行了两只可转换债券，即招商转债和华发转债。

中美住房金融理论与政策:房地产资本运动的视角

信托业务从 2002 年 7 月起步,截至 2006 年年底,54 家信托公司办理自营房地产贷款 47.63 亿元,占公司自营资产 677.25 亿元的 7.03%;办理房地产类信托贷款和信托投资分别为 386.59 亿元和 77.67 亿元,合计起来,只占全部信托资产 3617.04 亿元的 12.74%[①]。截至 2007 年 10 月 31 日,集合信托产品数量为 500 个,发行规模达 811.3 亿元。

现阶段,房地产企业的自有资金中财政和主管部门拨款寥寥无几,主要为企业投资人最初投入的资金和开发过程中积累的利润,以及股权性融资。房地产开发企业多为民营企业,其注册资本和利润积累较少,自有资金主要为股权性融资。2001 年年初以来,房地产投资资金中自有资金占比逐渐提高,房地产企业自有资金占比大幅度提升,由 2003 年的 13.5% 提高到 2004 年的 15%。2006 年自有资金达到 5025.14 亿元,占全部资金的 18.7%。

2003 年后,随着国家宏观调控对房地产信贷规模的控制,房地产贷款增长趋缓,房地产企业开始寻求新的融资途径,如机构投资者开始参与房地产投资,房地产基金开始运作,信托资金开始进入房地产业,海外融资也发展较快。虽然以投资和投机为目的的社会资金及海外热钱逐渐成为推动房地产投资快速增长的重要资金来源,但房地产投资资金仍然主要是银行贷款。在当代中国,房地产开发商成了人们既爱又恨的一个特殊群体,连同银行给予他们的开发贷款也成了备受争议的对象。而从以上数据可以看出,在当前的资本运动格局下,有什么力量能够阻止开发商取得银行贷款呢?又有什么必要一定要让开发商的资金链断裂呢?事实上,如果不让充裕的银行资金直接贷给房地产开发商,他们的资金也会从各种渠道间接来源于银行。

二、住房抵押贷款成为银行黄金资产

从总体趋势看,发展住房金融可以降低金融风险(第四章还要专门论述)。对商业银行而言,居民按揭贷款的资产质量很高,是商业银行的黄金

---

① 这一段的数据均来自央行《中国房地产金融报告 2006》,中国金融出版社 2007 年版。

资产,金融业在支持房地产业发展的同时,自身资产质量和收息率都得以提升。从上市银行2007年半年报来看,上半年银行个人住房贷款规模快速增长,占银行贷款业务总额的比重近1/5,同比增速为10%~30%。上市银行都对个人住房贷款业务的发展倾注了很大的关注。以中国银行为例,上半年个人住房按揭贷款金额为3916.17亿元,占所有贷款的18.03%,同比增长15.92%。中国银行全面推广了"直客式"个人贷款服务模式,充实专业化营销队伍,有效扩大了个人贷款业务的覆盖范围。在上市银行各类贷款中,个人住房按揭贷款的利息收益率最高。上半年深圳发展银行贷款、贴现、个人贷款平均利率分别为5.57%、4.59%和6.21%。而中国工商银行披露的这三项数据分别是6.12%、3.27%和6.21%。房贷由于有住房作为抵押,违约率比较低,一向被认为是优质资产。招商银行半年报披露,上半年该银行个人住房抵押贷款的不良贷款率仅为0.31%[①]。

三、住房金融政策目标多变带来多方面的后果

美国在提出解决居民住房和发展住宅产业的政策目标后,持续稳定的住宅融资政策保障着政策目标的实现,而且政府对房地产业的支持和鼓励使其迅速成长为支柱产业。住房市场的不断发展需要住房金融政策的一贯支持,但住房金融政策多变是中国近年来的一大特点。

1. 政策时松时紧,造成房地产信贷增长的人为波动。自1998年以来,房地产开发贷款余额一直保持着两位数的增长率,年均增长率为25.78%,高于同期全部金融机构贷款余额年均增长率(12.82%)12.96个百分点。2004年后,房地产开发贷款和消费信贷增长率均呈下降之势,与2003年相比,2004年房地产开发贷款增长率下降了32个百分点,消费信贷增长率下降了22个百分点。而到了2006年年末,房地产开发贷款1.41万亿元,比年初增加2996亿元,比上年末增长27.04%,增速比上年末快10.01个百分点[②]。也就是说,近几年,房地产开发贷款的增速

---

① 这一自然段的数据参见上述各银行的2007年半年报。
② 这一自然段的数据均来自央行《2004中国房地产金融报告》和《中国房地产金融报告2006》。

在10个百分点以上波动,这样的波动可能是出于宏观调控整体的考虑,但对开发商的行为造成严重影响。在宏观经济形势很好和住房需求很旺盛的前提下,开发商的自有资金不足,对日后取得贷款的信心也不足,自然要在拼命增加利润上下工夫。

2. 把潜在的金融风险显性化,并制定出现行的政策来针对不一定会出现的金融风险。从四家国有商业银行(中国工商银行、中国农业银行、中国银行和中国建设银行)对房地产业贷款情况来看,全部贷款的平均不良率较低,从2004年年底到2005年第一季度末一直维持在4.5%~4.6%之间;远远低于四大银行全部贷款的不良比率13.69%;房地产贷款的质量要好于其他行业贷款的平均水平。特别是个人住房贷款的质量更好,四大银行2006年不良贷款率平均为1.8%。然而,这些年不断有人在提醒政策制定者,个人住房贷款的不良率增加有三五年的潜伏期,要注意"潜在的"金融风险。从2001年以来,央行不断出台限制个人住房贷款的政策①。2001年6月19日,中国人民银行印发了《关于规范住房金融业务的通知》(银发〔2001〕195号),2003年6月13日发布了《关于进一步加强房地产信贷业务管理的通知》(银发〔2003〕121号),这些政策的目的之一是规范个人住房贷款按揭成数,严禁"零首付"个人住房贷款,提出按揭成数最高不得超过80%,对购买第二套或两套以上住房的,适当降低按揭成数。另外,对房地产价格上涨过快的城市或地区,个人住房贷款最低首付款比例可由20%提高到30%。具体调整的城市或地区,可由商业银行法人根据国家有关部门公布的各地房地产价格涨幅自行确定,不搞一刀切。

---

① 事实上,中国居民的个人住房消费信贷直到1997年以后才有所发展。1997年1月,中国人民银行发布的《个人住房担保贷款管理试行办法》,对贷款抵押、房屋保险和抵押物的处置分别做出了规定,标志着中国的住房金融业务开始进入正常发展的轨道。1997年年底,工、农、中、建四家国有商业银行住房贷款余额2643亿元,其中委托性贷款731亿元,商业性贷款1912亿元。1998年,当时贷款基准利率超过10%,个人购房意愿不强,住房制度改革没有根本性进展,人民银行决定对居民住房贷款实行优惠利率,1999年为刺激国内消费需求,又进一步扩大优惠幅度,对拉动国内消费需求发挥了重要作用。截至1999年9月,工、农、中、建四家商业银行住房信贷总额为823亿元,其中个人住房贷款477亿元,首次出现个人住房贷款超过开发贷款。

2005年3月17日,中国人民银行调整了商业银行自营性个人住房贷款政策,将住房贷款优惠利率回归到同期贷款利率水平。商业银行自营性个人住房贷款基准利率1到3年期(含3年)为5.76%,5年以上为6.12%。同时人民银行实行下限管理,下限利率水平为相应期限档次贷款基准利率的0.9倍,商业银行可根据具体情况自主确定利率水平和内部定价规则。以5年期以上个人住房贷款为例,其利率下限为贷款基准利率6.12%的0.9倍(即5.51%),仅比原优惠利率5.31%高0.20个百分点。新规定实行后,对首次购买住房的消费者,四家国有商业银行均执行下限利率。2007年9月27日,央行、银监会联合下发了《关于加强商业性房地产信贷管理的通知》[①],文件要求,对已利用贷款购买住房又申请购买第二套(含)以上住房的,贷款首付款比例不得低于40%,贷款利率不得低于中国人民银行公布的同期同档次基准利率的1.1倍。

个人住房贷款的首付比例及利率政策如此多变,政策目标是为了打压住房投资者。然而,由于政策投资者和消费者难以区分,首付比例和利率的提高对居民的购房能力产生了很大影响,从而进一步影响了居民购买住房的预期。"第二套住房"政策,在中国重视亲情友情的文化氛围中是否能够限制住住房投资者,还有待于观察。

3. 把全社会房地产投资增长速度与住房投资的增长速度相混淆,政策打压的对象不清。正如在REICO 2004 报告[②]中指出的那样,一些学者和政策制定者经常将固定资产统计中"房地产(业)开发投资"增长速度误认为是全社会房地产投资增长速度,并认为这个"超常规"增长速度造成了全社会投资过热。但造成房地产投资快速增长的客观经济背景没有纳入其视野。房地产投资的"超常规"增长源自其对传统住宅建设方式的替代,即以市场化、产业化的生产方式替代业主(机关、工商企业、个人)自建的方式,而房地产开发信贷的高速增长也正是对这种市场化产业化方式的积极支持。而且,这种产业化的增长方式有强烈的住房需求

---

① 银发(2007)359号,也称"359号文"。
② REICO报告是由房地产开发商出资,若干研究院所的人员以私人名义加入的一个研究团队撰写的,他们的基本导向有利于房地产开发商,但是有些方面的客观分析也不可否认。

中美住房金融理论与政策：房地产资本运动的视角

的支持。从制度层面看，中国从1998年开始取消原先的单位福利房，实行住房商品化。这样，居民通过个人按揭贷款进行住房的商品化购置。因此，住房贷款的快速增长是原有住房潜在需求在银行信贷支持下的短期剧烈释放①。从经济层面分析，中国经济的高速增长不仅提高了当期的开支，更重要的是增加了居民未来收入增长的预期，这种预期也造成了居民住房信贷的快速增长。

由于宏观经济背景、资本运动格局和数据统计方式的不同，直接拿当今外国的数字来评价中国的房地产市场就会因坐标的错位形成数字的失真，从而误导决策。对"楼堂馆所"投资和住房投资不加区分，一起打压，这是造成房地产信贷人为波动的主因。

4. 没有明确建立住房金融体系是政府的基本职责，没有一整套成体系的住房金融政策及相关的财政支持政策。如前文所述，美国在购房资金来源、政府信用担保和减轻贷款返还负担方面为城市居民提供了带有政府福利性质的住房金融支持，并没有采取完全市场化的态度。中国目前商业性金融体系承担着各种收入结构居民的住房融资需求，但商业性金融机构作为市场化运作的主体，不可能长时期承担对政策性住房融资的责任，难以满足偿付能力较弱的低收入人群；而政策性住房金融除了住房公积金制度②外几乎空白。在解决中低收入群体的住房问题上，单纯依靠金融部门的支持是不够的③，还需要发挥财政部门的作用，尤其是对于低收入阶层，国家预算直接拨款资助比金融部门的支持更有效果。配套的住房金融政策体系及相关的财政支持政策都处于探索之中，政策多

---

① REICO报告指出，到2020年，中国GDP平均年增长率如达到10%，意味着房地产业在未来十几年里，将维持在1.3%或者1.4%的水平，房地产增长速度将持续高于固定资产投资速度。城镇住宅投资将快速增长，年均增长率达到13%，占总投资的比重将从2005年16.7%增加到2020年的20.4%，城乡合计住宅投资将占到总投资22%以上。城镇住宅存量的面积将达到330亿平方米，城镇人口人均建筑面积将达到32.4平方米，年均改善率1.8%。2005～2020年累计新建面积将达到120.4亿平方米，新建面积年均增长5.5%，未来15年每年新建平均量为12亿平方米。

② 关于住房公积金制度的利弊得失，将在后文论及。

③ 不加分辨地对个人消费信贷提供金融支持，是金融危机产生的一大根源。美国次级债危机在这方面有深刻的教训。

变是情理之中的事,但这种多变确实在特定的环境中对居民住房需求和对价格的预期产生了重大影响。

第四节 当代美国的房地产市场与住房金融概况[①]

从20世纪40年代起,美国政府对包括住房金融在内的金融、财政、税收各类制度做了修订,致力于推动住房金融体系的建设,拓展房地产资本运动的空间和渠道。其中,住房金融创新和发展对当代房地产资本运动新格局的形成起到了最重要的作用。

一、美国房地产市场概况

回顾美国半个多世纪的发展,城市化其实就是以房地产业发展为重要动力的城市扩大化和"后城市化"(即所谓郊区化和大都市区化)过程。[②] 从历史统计数据看,20世纪的美国发生过两次人口迁移高潮:第一次是20世纪30年代到60年代初,美国人口大规模地从乡村向城市迁移;第二次是20世纪60年代末到90年代,由于城市交通、污染和犯罪等原因,大量城市人口又从中心城市向四周逐渐都市化的郊区迁移。大城市资源日益集中的同时,也提升了生活成本、房屋价格,推动人流、物流向非大城市迁徙,在这一过程中同时完成了郊区化(乡村城市化),进而实现了大都市区化[③]。因此,美国房地产市场实际是由中心城市(Central cities)、郊区(Suburbs)和非大都市区域(Non-metropolitan area)这三大市场组成。

由于经济社会发展水平不同,美国房地产的地域分化比较明显,东北

---

① 本节内容参见沈洪溥、陈玉京:《近期美国房地产市场的基本特征和走势》,《宏观经济研究》2007年第6期。

② "郊区化"过程实际上在20世纪初就已开始。由于美国城市郊区的住房建设长期以来比中心区的速度快,从而造成了一定程度上的城市"空心化"和"贫困化"现象,进而导致了某些地区出现了严重的城市社会问题。

③ 统计数据显示,居住在美国所有大都市区的人口,1940年时占美国人口的47.6%,2000年时达到80.3%;而居住在百万人口以上大都市区的人口,1940年时只占25.5%,2000年达到了57.5%。——王旭:《美国城市化的历史解读》,岳麓书社2003年版,第18页。

中美住房金融理论与政策：房地产资本运动的视角

部、南部、西部、中西部等各区域间，房地产价格和交易量的差别也很大。纽约作为中心城市，是纽约—费城—波士顿、芝加哥—底特律—克里夫兰、旧金山—洛杉矶等几大片大都市区域的中心，它不仅包括高度繁华的曼哈顿商住区，还包括类似皇后区、布鲁克林区和布朗克斯区等普通的商住区域（District），而长岛的纳桑等县（County）就是纽约这一大都市的郊区。与东北部、西部大都市云集不同，美国中西部和南部有许多远离发达经济圈和大城市的乡村，属于非大都市区域。

美国地域广阔，美国人的人均居住面积是全世界最高的，约为60平方米/人（2006年的统计资料显示，家庭住房面积平均170平方米）。①与中国房地产市场销售中新建部分比重较大不同，美国人由于迁徙率较高，房屋换手率也较高，美国市场上二手房占房屋销售市场的绝大部分。以2006年为例，美国内全年共售出约765万套房屋，其中二手房占到86%。伴随着人口流动，房屋反复换手，而农村逐步变为郊区，再渐次进化为城市。这样，地价带动房价、人工成本和建筑成本累加，推动了美国房地产，特别是住宅价格不断攀升，地区级差逐渐放大，这一趋势从20世纪90年代以来尤其明显（见图2-1）。

据2000年的统计资料，当时美国中西部和南部平均房价在15万美元左右，东部和西部海岸郊区平均房价为25万美元左右，两者差距不足一倍；而在1970年，两者则分别为2万美元和2.5万美元，差距实际只有1/5，可见美国房产在部分地区的升值速度②。尽管如此，根据统计，30年中（1970~2000年）绝大多数年份（18年）美国房价年增长幅度仅为2%，甚至低于当时的消费品物价指数（CPI）涨幅，只有很少的年份超过5%。③ 这也令进入20世纪90年代后的房地产价格上涨凸显"蓄之既

---

① 由于占销售总数大约87%的住宅是独立屋（Single Family Residence），因此，住宅房产统计的单位（unit）往往用"套"而很少用"平方米"。
② 1970~2000年这30年中，美国绝大多数人（占总人口的66%）居住的房价平均价格似乎上涨了近10倍。
③ 30年中原来房价比较高的东北部（以纽约为中心的大都市区域），房价上涨比较快；原来房价比较低的中西部和南部，房价上涨比较慢，显示出房地产价格具有"强者越强，弱者越弱"的基本走势。

(单位：万美元/套)

图 2-1　1990 年以来的美国房屋均价走势

久，其发必速"之势。

20 世纪 90 年代开始的此轮房地产价格上涨，不仅涨幅较大（至今均价几乎翻了一番多），还大有捆绑宏观经济的趋势，这使得经济、金融界和理论界对其高度关注。相关性分析显示，在美国经济总体明显衰退的 2001 年，房地产市场的发展使经济增长率提高了 0.5 个百分点。很显然，如果没有房地产市场保持繁荣，2001 年美国经济的增长率就不是最终统计的 0.3%，而是全年负增长。

2000 年网络股泡沫破灭后，正是美国建筑业、房地产业为主的一些行业的繁荣，才使其经济景气得以持续。房地产市场的持续走强，还带动了建筑、建材等相关行业快速增长，确实对网络泡沫破灭后的美国经济保持强势起到重要的支撑作用。但是从 2006 年中期开始，持续升温的美国房地产市场开始降温。由于房地产市场逆转，曾经繁荣的住房按揭贷款和结构化产品市场中，潜在风险也开始逐渐暴露，一些曾经经营良好的金融机构甚至濒临破产边缘（见图 2-2、图 2-3）。

中美住房金融理论与政策:房地产资本运动的视角

(单位：万套)

图2-2　1990年以来的美国房屋销售情况

图2-3　美国房地产市场指数(对单个家庭的买售意向抽样)

二、近年来美国房地产市场的基本特征

1."需求饱和"与"局部泡沫"

近年来,美国房地产市场"需求饱和"与"局部泡沫"是最具代表性的特征。

首先,数据显示,到 2006 年年底,美国的人口已达到 3 亿,平均每个家庭 2.6 人,平均约 2/3 的家庭拥有自己的住房。这对于生活保持较高流动性的美国人而言,如此之多的人已拥有住房,对新建住宅的需求必然下降。同时,由于美国部分传统产业衰退在持续,失业率扩大,二手房交易日益不活跃,使持续上涨的房价体系更因缺乏基础而呈现出脆弱性。

其次,美国的局部地区房价明显过高,在旧金山、纽约等地,一套住宅平均价早已在 100 万美元以上,而此轮上涨恰恰是东北、西部等地的高市值品种推动的。与之相比,美国内其他地区的价格涨速明显乏力。因此,市场很难认同美国各地的房地产价格级差继续高速扩大。

2. 政策支持和资金成本下降促进房地产业繁荣

事实上,2005 年时,美国房地产已开始出现需求下降的信号,但在大量新建住宅不断高价上市的带动下,房价得以维持在高位。① 在 2000 ~ 2005 年期间,美国住房开工数不断创出新高,每年平均为 200 万套,成品住宅销售超过 600 万套,2005 年的住房装修开支甚至达到创纪录的 1620 亿美元。

此轮美国房地产热潮的推动因素有很多,比如人口分布调整、产业重心迁移、各种对借款人很有利的选择条款、婴儿潮(Baby Boom)一代对住房的特殊喜好、大量的外来移民需求以及股市总体表现不佳等等。不过,所有的资产价格攀升几乎都和资金成本下降有关,对于美国房地产市场的热络而言,税收优惠和利率下降可能起到了决定性作用。

(1)税收优惠间接降低资金成本

美国政府一直采取各种优惠措施,鼓励居民拥有自己的住房。② 2000 年美国住房发展预算达到 280 亿美元,占政府总预算的 16%,这一年也成为楼市快速上涨的一个转折点之一(见图 2-4、图 2-5)。

美国早期税法在规定征收个人所得税时,对所有抵押贷款(如购买

---

① 据路透社新闻当时系列的报道,美国一些房屋建造商表示,2005 年时,他们的订单就已经开始减少,这种状况一直持续到了 2006 年。

② 早在 1934 年,美国就设立了联邦住房管理局,20 世纪 70 年代起,该局开始为民众的住房建设抵押贷款提供担保。1965 年美国又成立了联邦住房与城市发展部,专门制定住房发展计划的财政预算,每年编制预算并拨款 150 亿美元,用于补贴住房建设。

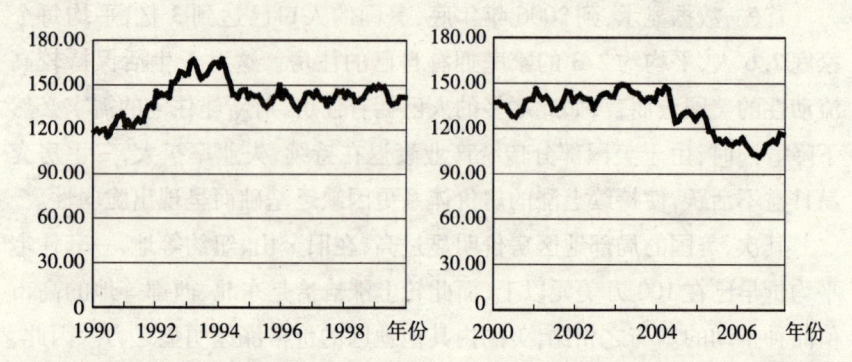

图2-4 20世纪90年代美国消费者月度购房能力指数

图2-5 2000~2006年美国消费者月度购房能力指数

注:该指数高表明房价收入比较高,房价相对较高,该指数走低表明房价总体水平回落。

耐用消费品)的利息支出均可减免税收。但从1986年起,此项法律改为只有用于购买、建造和修缮住房的贷款利息支出才可减免税收,这一规定刺激了新住房的建设和人们买房的积极性。1998年,美国在修正的税法中,出台了更为有利于拥有住房者的规定,即房屋主人在缴纳个人所得税时可进行税前扣除,每户家庭每年可扣除2750美元,而租住房屋的人则不能享受这种税收优惠,这进一步鼓励了居民购房。

美国税法还规定,如果是房主自己住满两年以上的住宅,"单身者在售房时价格与购房时的价格差不超过25万美元、已婚者家庭在售房时与购房时的差价不超过50万美元的,都免缴收入所得税"。而在美国大部分地区,美国住房的价格一直相对稳定,这使得美国人出售房屋所得基本上免缴收入所得税,在一定程度上更刺激了二手房市场的发展,促使房屋交易和投资更加活跃。

(2)利率降低直接降低资金成本

持续的利率下降更是对2000年以来的房地产持续繁荣产生了巨大影响。从2000年下半年开始,美联储的货币政策开始从加息周期进入减息周期。2001年1月,联邦基金利率下调50个基点后,到2003年6月,联邦基金利率降低到1%,联邦基金利率达到46年以来的最低水平(见图2-6)。

低利率政策使美国房地产市场有了过度宽松的金融环境。伴随基础

第二章 房地产资本运动的历史源流：中美城市发展与住房金融史的考察

（单位：%）

—— 美国联邦基准利率

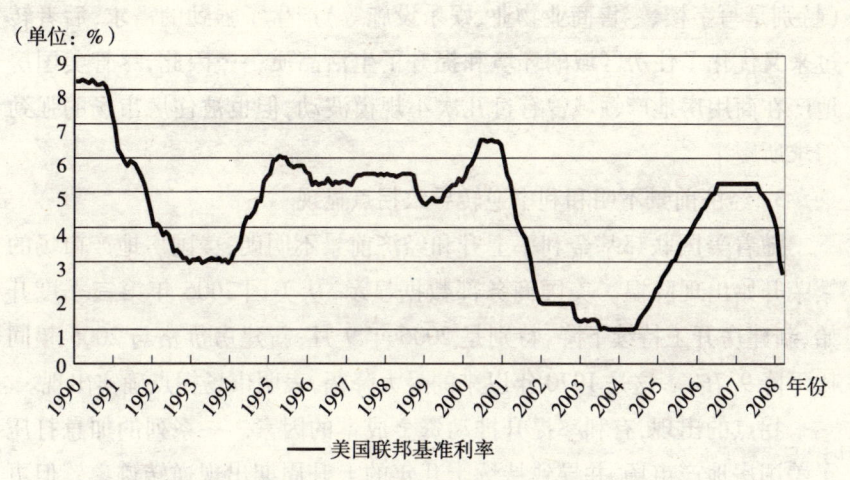

图 2-6 美国联邦基准利率走势

资料来源：美国联邦储备委员会官方网站。

利率降低，按揭贷款利率也随着宽松的货币政策持续下降。30年固定按揭贷款利率从2000年年底的8.1%下调到2003年的5.8%；一年可调息按揭贷款利率也从2001年年底的7.0%下调到2003年的3.8%。虽然从2004年6月开始，美联储低利率政策开始逆转，连续调高利率，但此后一段时间内，按揭贷款利率仍然保持在较低的水平上。由于房屋贷款利率低，伴随着房价的不断上升，实际购房者每月偿付的贷款额并没有多大的升幅（如后文中的住房拥有成本模型所示）。

世界各地的投资者对于按揭贷款证券化和结构化产品的需求，也让美国贷款机构可以发放更多的、更高风险的住房按揭贷款。通过贷款分级和次级类贷款证券化，不仅提升了美国贷款机构的流动性，而且通过下游利润帮助维持了直接房贷的低成本。资金成本降低推动资金的涌入，资金涌入又带来价格高企，价格高企放大赢利效应，赢利效应和低资金成本引诱了更多资金……一系列正反馈效应使房地产价格持续上升，并保持高位运行。

由于资金成本低，业内的存量资金得以在商用房地产和住房两类产品上从容切换，房地产整体的价格水平从而稳中有升。比如，住房市场持续繁荣，推动了大都市区化的形成以及第三产业的发展，对商用房地产

87

(特别是写字楼、零售商业物业、娱乐设施等)产生了强劲的需求,后者转过来又优化了住房区域的环境和提升了生活品质……因此,尽管美国房地产在商用房地产领域曾有过几次小规模波动,但也被住房市场的强劲需求所熨平。

3. 经济前景不明和利率逆转导致拐点显现

随着美国联邦基金利率上升和经济前景不明朗,美国房地产市场的繁荣开始出现降温。美国商务部数据显示,从美国2006年第三季度开始,新建房开工持续下降,特别是2006年9月,新建房价格与2005年同比下降9.7%。这是1970年以来的最大降幅,表明市场拐点确实出现。

拐点的出现,有利率提升推动资金成本的因素。一系列的加息打压了美国房地产市场,并导致持续十几年的上升周期出现逆转迹象。但更重要的是,在原油、贵金属、基本金属、农产品等商品价格剧烈波动的环境下,美国经济总体走向正变得越来越难以把握,从而挫伤了投资者对经济前景的信心。基础商品价格上升带动了物价上涨,也使得公众不得不压缩像房屋这样的大宗物品的开支。

2006年是美国房价拐点出现的重要年份,不过,就此简单来看,认为美国房地产市场将面临不断地、快速地下跌也并不理智。虽然美国房地产面临内需不足的问题,但当时来自亚洲及其他地区的流动性过剩仍没有得到根本解决,对美国房地产的外部需求仍然存在。这种需求的支撑会起到一定的效果,但随着美国次级债危机的扩散,外国投资者的信心可能会受到更大的打击,从而减少外部需求。美国房地产市场已经结束了上一轮快速上涨,步入了一个较长的而且可能是痛苦的调整期[①]。

第五节 中美城市发展史上的房地产资本运动特点

历史是不容割断的,在城市房地产资本的积累上,中国和美国存在着

[①] 美国次级债危机的扩散,使美联储不断采取行动,其中重要的措施之一就是不断调低利率,如图2-6所示。然而,利率的降低以及其他的"救市"措施没能像以往一样迅速推动房地产市场的升温,这使得房地产金融市场的信心受到侵蚀,以往的一、二级市场完整体系的链条断裂,引起了严重的后果。次级债危机逐渐演变成一场全面的金融危机。

巨大的不同点:中国是文明古国,有相当大一笔资本存量的城市房地产遗产①,而美国是在"新大陆"上建设城市,只砖片瓦都是新的;中国人数千年前就有千百万人居住在自己建设的城市里,而美国在1920年在城市生活的人口才达到5000万②。虽然多年的对内对外战争使中国城市的房地产资本遭受严重损失,新中国所继承的房地产资本存量仍然是可观的③。

考察中华人民共和国成立以来的房地产资本运动与城市住房发展,可归纳出以下主要特点:

1. 新中国成立至改革开放前的30年间,房地产投资降到最低限度,百姓住房极为短缺④,直到20世纪90年代,房地产资本运动的链条极短,资本增殖的渠道几乎没有,当然也不可能有高的效率,不可避免地严重制约了城市经济和社会生活的活力。

---

① 在这里,中美城市房地产的比较是以新中国成立与美国建国的时间点所做的比较。

② 1920年美国成为一个城市化国家,总人口达1亿,城市人口占总人口的51.2%。——王旭:《美国城市化的历史解读》,岳麓书社2003年版,第17页。

③ 1948年,北京市有各类房屋2050万平方米,其中住房1354平方米,平房占93.8%。——北京市地方志编纂委员会:《北京志市政卷·房地产志》,北京出版社2000年版,第38页。

④ 1948年,北京市有各类房屋2050万平方米,其中住房1354平方米,平房占93.8%,人均居住面积4.75平方米。而到了1960年,由于城市人口比1949年增加1.6倍,人均居住面积下降到3.24平方米。直到1990年,人均居住面积也才达到7.72平方米。——北京市地方志编纂委员会:《北京志市政卷·房地产志》,北京出版社2000年版,第38~39页。

据1978年对192个城市的普查,人均居住面积为3.6平方米,只计算居室面积,不包括盥洗室、厨房、楼梯等(可能是因为当时多数住房楼都是公共盥洗室、厨房)。——参见《红旗》杂志,1980年第2期,转引自华揽洪:《重建中国:城市规划三十年(1949—1979)》,生活·读书·新知三联书店2006年版,第142页。

在新中国成立近三十年的时间里,住房投资(基本上是由国家计划投资)严重不足。在"一五"计划期间,住房投资占基本建设(工业和非工业建筑的总和以及公共工程)投资的9.1%,到了第二个、第三个五年计划期间这一比例降到了4%,到20世纪70年代末才又上升到5%~7%。——华揽洪:《重建中国:城市规划三十年(1949—1979)》,生活·读书·新知三联书店2006年版,第150~151页。

2. 政府主导的"工业城市化"进程历经几次波折①。住房的历史欠账太多,相应的城市基础设施也不够,从而使中国改革开放后很长一段时间内,进城农民或新进城职工的住房根本不可能成为较大规模城市的政府关注的对象,进而使城市化进程演变成了"城镇化"进程,大力建设小城镇的思路成为一时的主流。

3. 20世纪80年代末90年代初逐渐推开的城市土地出让,使地方政府拥有了一定的财力,并使房地产资本运动逐渐活跃起来,同时使地方政府从土地资本的增殖中得到更大的财力支持。地方政府"以地生财"、直接推进城市发展成为中国城市化进程的重要特点,其中的是非功过值得详细剖析,最值得关注的是土地出让的"多轨制"导致的不公平地价和政府部门对城市公共住房发展的漠视。

4. 住房改革使大部分城市居民拥有了产权不一的住房。从城市发展战略的观点看,以某种方式解放这些住房的产权束缚,可以得到事半功倍之效,城市居民的住房需求升级将得到巨额的资本支持;而且,也只有二手房市场的活跃,才能真正促进房地产资本运动进入合理循环。

5. 地理空间和社会心理空间的互动,促成了城市居住空间的隔离渐趋明显,也促成了上海、北京、杭州、广州等大都市以及主要旅游城市住房需求的"泛区域化"②。除了空间因素之外,中国大中城市房地产价格的急剧上升,还与改革开放30年后金融资源的大量积累(特别是富裕阶层人口比例和总数的大量增加)、信息的大量输入、制度的变革导致的整个经济增长格局的变化相关。

---

① "大跃进"时期,全国城市人口从1957年的9949万人猛增到1960年的1.31亿人,3年中净增31.4%,从而不得不实施世界上最严格的户籍管理制度。而三年自然灾害时期,又通过动员规劝和行政手段将2600万人送回农村,城市人口净迁移率为-30%。"文化大革命"时期又通过知识青年上山下乡和将城市干部下放农村等方式,从城市向农村转移2000多万人。——陆大道等:《中国区域发展的理论与实践》,科学出版社2003年版,第194~198页。

② 这些城市住房需求的"泛区域化",主要来自于国内其他地区居民对于该城市某些方面(如北京的基础设施健全、文化教育发达、安全环境好等)的向往,而自发产生的自住需求;也有部分来自于国内其他地区资本以及外资看到该城市住房的投资价值,而产生的投资需求。

6. 1999年以来的中国房地产市场持续繁荣是由城市住房的供给和城市居民的需求同时扩张而推动的。从需求方面来看:一是"房改房"的便宜出售使大量城市居民资产量猛增,特别是放开"央产房"二级市场后,私人卖掉旧房后获得大量资金;二是住房金融特别是抵押贷款制度的推行,增加了私人买房的积极性及其支付能力;三是税费政策的刺激,主要是降低了房屋买卖交易契税,上海等地还实行抵押贷款利息抵扣个人所得税办法,大大刺激了高收入家庭的买房需求;四是投资性资金和投机性资金进入房地产市场,主要表现是购买第二套住房和买房出租。从供给方面来看:一是土地供应加大,有的地方甚至出现了无序供应。虽然国土部门规定超过一定限额必须经省级以上国土部门批准,但有些地方政府为逃避监控,将土地划为小块分批出租,使这一政策难以得到落实。地方政府对土地开发没有实施有效的监控,使很多土地批到开发商手里后并未得到有效的开发,开发商囤积待时倒卖获利,或以土地作为抵押获得大量开发现金。二是银行的贷款条件较为宽松,使大量资金进入了房地产市场。从买地到项目建设,再到销售,很大一部分都是银行在买单。

房地产资本运动在美国的特点及其对美国城市发展的作用主要表现在:

1. 美国城市发展史上每一次大的阶段性变化都与房地产资本运动紧密相关,如早期移民的土地购买和租约,19世纪铁路公司沿路建设铁路城镇和进行镇址投机,20世纪初的合同建造房屋和预制房屋,大萧条之前的保险公司开发城市公寓以及家庭住房抵押贷款的盛行,"新政"之后FHA(联邦住房管理局)的兴起和住房开发的职业化,第二次世界大战后的VA(退伍军人管理局)住房贷款担保计划和"莱维敦"式廉价住宅,1977年的CRA(社区再投资)法案鼓励金融机构对中低收入地区发放住宅开发、重建和消费贷款,联邦税法鼓励拥有自住住房和对低收入住宅实施税收减免计划,1976、1981、1986年税法改革之前房地产开发投资的税收优惠,从20世纪70年代开始的一系列公共住宅改革计划,如此等等。房地产资本运动特别是住房金融的发展,为美国的城市化以及"后城市化"的推进提供了不竭的动力之源。

2. 美国政府的立法和政府机构的积极参与,使公私资本都对"居者有其屋"的美国梦的实现十分热衷,而且信心十足。特别是20世纪80年代以来,各种机构投资者对住房金融市场的深度参与①,使房地产资本运动的资源更加丰裕,资本运动的速度和效率都有很大的提高。

3. 近年来美国房地产市场时起时伏,对宏观经济却没有造成大的波动②,主要由于其房地产金融体系趋于成熟,特别是CMBS(商业抵押贷款支持证券)和REITs(房地产投资信托)等金融创新工具的引入③,在很大程度上分流了房地产金融一级市场的风险。房地产资本运动的活跃,使美国商用房地产市场多年来持续繁荣,推动了大都市区化的形成以及第三产业的发展,而20世纪80年代以来的美国产业结构、就业结构和人口分布的变化,又对商用房地产(特别是写字楼、零售商业物业、娱乐设施等)产生了持久的强劲的需求,期间商业房地产市场有过几次短暂的波折,但被住房市场的强劲需求所弥补④。这一趋势直到2006年才开始逆转。

4. 房地产资本的逐利性,使美国城市郊区的住房建设长期以来比城

---

① 1998年房地产资本流量中,人寿保险公司、银行和抵押贷款公司、S&L以及互助储蓄银行、退休基金合计私人债务199.6亿美元,商业抵押贷款694.9亿美元。1999年6月30日商用房地产资本来源中,人寿保险占债务融资的12.7%,退休基金占22%,人寿保险占权益融资的10%,退休基金占38.6%。——迈克·E. 米勒斯等:《房地产开发:原理与程序》(第三版),刘洪玉等译,中信出版社2003年版,第70~71页。

② 2007年以来美国次级债危机的出现,使全球金融市场产生了不小的震荡,接着又逐渐演变成全面的金融危机,然而,这场金融危机对美国实体经济本身的影响可能并不像人们想像的那样大,目前尘埃尚未落定,众说纷纭,此处不能做出具体的评论,但从美国的储蓄协会危机、得州房地产危机的历史经验看,房地产金融危机并不足以撼动美国经济的根基。当然,如果美国政府和国会没有积极应对,引起全世界对美国金融体系的信心崩溃,美国经济的走势就堪忧了。

③ 截至1999年6月,REITs市场资本总量达1420亿美元,占债务融资的0.9%,权益融资的37.7%。CMBS贷款余额达2250亿美元,占债务融资的16.9%。——迈克·E. 米勒斯等:《房地产开发:原理与程序》(第三版),刘洪玉等译,中信出版社2003年版,第101~102页。

④ 期间发生的S&L危机,给新建商业开发融资留下了短暂的真空,但其对融资购买住房带来的冲击很小,因为在过去30年中债券和抵押银行获得了急剧的增长,二级抵押市场也迅速扩展。新的资本来源为一级抵押贷款市场上的借贷双方提供了充足的基金。——迈克·E. 米勒斯等:《房地产开发:原理与程序》(第三版),刘洪玉等译,中信出版社2003年版,第99页。

市中心区具有较高的速度和规模,从而造成了一定程度上的城市"空心化"和"贫困化"现象,进而导致了某些地区出现了严重的城市社会问题,有些问题(特别是黑人居住区的问题)成了像牛皮癣一样难以治愈的顽症,美国政府和社会组织发起的多次城市治理运动都见效不大。

5. 美国政府是自由市场经济的倡导者,但自从罗斯福新政以后,它们深深地介入了房地产资本运动。联邦政府、州政府以及各级地方政府并不像中国的各级政府一样直接推动城市建设和发展,它们是通过推动房地产资本运动间接地推动城市建设和发展的①。美国拥有比较完善的、相互衔接的住房抵押贷款一级市场与二级市场。发达的住房抵押贷款市场和机制大大改善了住房的可支付性,使拥有城市住房的人群越来越多,推动了城市中间阶层力量的发展壮大。几十年来,美国新建建筑物投资稳定在 GDP 的 5%～7%,住房自有率长期稳定在 60%～70% 之间(见表 2-3)。在美国的总资本中,房地产占 60% 左右,而且房地产在总资本中的比重在长期内是稳定的。

表 2-3　美国的住房自有率　　（单位:%）

年份	1980	1985	1990	1995	2000	2001	2002
住房自有率	65.5	63.4	64.1	65.1	67.5	68	67.6

资料来源:美国商务部:《美国经济发展的现状》,载 CNN 网站,2002 年 7 月 26 日。

中国和美国一样,资本存量已经达到了相当大的规模,金融和人口资源丰富,地域空间具有很大的发展余地,改革开放 30 年造就的信息和制度条件也有一定的优势,特别是经济全球化使中国的城市发展得到来自全世界的产业资本和金融资本的强力推动,房地产开发投资受此激励,近年来迅速增长,已经在 GDP 总额中占有相当比重(见表 2-4)。产业资本、金融资本与房地产资本之间相互转化的渠道更多,也必然会更加畅通,当然,与此同时,各种资本之间的矛盾冲突也会更加激烈,对城市发展

---

① 美国政府虽然采取积极支持一级市场发展的政策,但不是通过直接参与一级市场,即不是通过直接向居民发放贷款的方式,而是通过向住房抵押贷款提供担保,通过积极支持二级市场发展的方式来支持一级市场的发展。

和宏观经济运行产生更加复杂的影响。在新的经济增长格局中,资本运动是难以阻遏的,横加阻遏的政策措施将会产生严重后果①。中国新的经济增长格局下资本运动呈现许多新的特点,阻遏资本运动既不可取,也不可行。

表 2-4 2003~2006 年中国房地产开发投资占 GDP 比重

(单位:亿元)

年　份	2003	2004	2005	2006
GDP	135822.756	159878.3379	183867.8827	210870.9949
房地产投资	10153.8	13158.25	15909.25	19422.9174
房地产投资/GDP	7.48%	8.23%	8.65%	9.21%

资料来源:国家统计局:《中国统计年鉴 2007》,中国统计出版社 2008 年版。
"房地产":《年鉴》"6-1 全社会固定资产投资"中"房地产开发"统计项。
"金融资产":银行业金融机构总资产,来自中国银监会网站上的统计数据,http://www.cbrc.gov.cn/chinese/info/twohome/index.jsp? itemCode=9。

第六节　国际因素开始对中国住房金融市场产生影响

外资对中国房地产市场的参与涉及开发、中介和销售等各个环节,主要是境外房地产投资基金和风险投资基金以及大量的个人资金,通过直接购买房产、进行项目合作、直接参股房地产公司等方式,集中投资首都经济圈和长江三角洲等热点区域。《2004 中国房地产金融报告》指出:"受房价快速上涨和人民币升值预期的影响,境外资金通过多种渠道进

---

① 仅就城市住房发展而论即是如此。中国现有城镇居民 4.9 亿人,到 2020 年,中国城市化率将达到 55%~60%,城镇居民将增长到 8 亿~8.5 亿人。在此期间约有 3 亿~3.5 亿的新增城镇人口需要解决住房问题。同时,原有城市人口同样存在改善住房条件的需求。2003 年年末中国城镇居民人均住房面积为 23.8 平方米。根据国外相应发展水平的经验,根据中国过去城镇居民住房改善的速度,根据中国城市化的进程等多方面因素和目前的统计资料初步测算,中国 2020 年城镇居民的人均住房面积将达到 35 平方米。两项合计,到 2020 年,中国城市还需增建住房 160 亿平方米以上。如此巨大的住房需求,当然主要依靠住房市场上的房地产资本运动来解决。——参见建设部政策研究中心课题组:"怎样认识当前房地产市场形势",2004 年。

入上海、北京等热点地区房地产市场,一是直接设立外资房地产投资公司或参股境内房地产开发企业,2004年全国房地产开发利用外资228.2亿元,同比增长34.2%,占开发资金来源的1.3%。二是间接投资,购买房地产开发企业的债券或外资房地产中介公司以包销的方式批量买入楼盘,再进行商业性销售。三是外资银行对房地产开发企业和个人发放贷款。四是非居民外汇流入,结汇购买房产。据中国人民银行金融市场司调查,上海境外资金占全部购房资金的比例从2003年1季度的8.3%上升到2004年4季度的23.2%。据人民银行上海分行统计,2004年1~11月,境外资金流入上海房地产市场的总量超过222亿元,较2003年增长13.5%,其中用于房地产开发的约150亿元,占全年房地产开发总额的12.8%;用于购房的外资约70亿元。境外资金购房集中于别墅、公寓等高价位商品房,2005年前两月,境外资金购买上海单价1.10万元/平方米以上新建商品住房的面积和金额同比增长47.6%和73%;购买单价1.10万元/平方米以上二手住房面积、金额同比增长2.8倍和3.1倍。"①

从现有资料看,外资进入中国房地产,资本的主要流向是商业房地产(包括酒店式公寓)领域。一些外资在中国房地产行业的活动相当活跃,其中2004年最重要的案例包括:(1)新加坡凯德置地投资于中国房地产的资金估计不少于60亿元,主要集中于北京、上海、深圳;(2)摩根斯坦利公司投资于中国房地产的资金估计不少于50亿元,主要集中于上海;(3)瑞安地产投资于中国房地产的资金估计不少于45亿元,主要集中于上海;(4)荷兰ING集团投资于中国房地产的资金估计不少于35亿元,主要集中在上海和北京;(5)新加坡GIC投资于中国房地产的资金不少于15亿元,主要集中在上海和北京。

如摩根斯坦利在中国的投资项目:2003年7月,参股10%开发酒店式公寓锦麟天地雅苑,投入资金900万美元;2004年7月,与美国雷曼兄弟公司共同投资永业公寓二期2亿元左右;2005年2月,整体收购世界贸易大厦9000万美元;2005年6月,整体收购上海广场商场部分8.46亿元;2006年7月,以19.6亿元的价格接手了位于上海市南京西路的写字

---

① 《2004中国房地产金融报告》,中国人民银行网站。

中美住房金融理论与政策：房地产资本运动的视角

楼东海广场。再如雷曼兄弟在中国投资的部分房地产项目：2004 年 7 月，联手摩根斯坦利共同投资永业公寓二期，各自入股 25%，这是雷曼兄弟首次试水中国房地产市场；2004 年年底，与中海地产合作，各出资 5000 万美元成立房产发展基金，开发深圳龙岗一个 10 万平方米的地产项目；2006 年 11 月，联手香港资本策略投资 (0497. HK) 以 4.16 亿元人民币的价格拍下了位于上海市虹口区的福海商厦大楼，这是一座烂尾近 10 年、曾遭 3 次流拍的项目；2007 年 12 月，向天津融创集团注资 2 亿美元，拟取得后者 35% 的股份；2008 年 5 月，雷曼兄弟公司关联企业 alam 与中铁二局 (600528. SH) 设立合资公司，雷曼兄弟出资约 1.5 亿元人民币，占该合资企业 49% 的股份。在北京，外资的大手笔也有不少：2005 年 2 月 2 日，美林集团宣布出资 3000 万美元，入股位于北京 CBD 中心建造的大型综合房地产项目——北京银泰中心。2 月 25 日，富力地产集团与以摩根斯坦利（占 56% 的股份）、上海盛融投资有限公司为首的投资财团组成的北京富盛利投资咨询有限公司签约，将富力双子座 TOWER II 整体出售给北京富盛利投资。此举标志着摩根士丹利房地产基金在北京的最大一笔地产投资落户富力城。3 月 1 日，新加坡凯德置地以 5.476 亿元人民币拍得位于东直门占地 1.4686 万平方米的综合性开发用地。

对于高中档商品房，外资也逐渐表现出浓厚的兴趣。如摩根斯坦利 2004 年 1 月，投资 5000 万美元参股复地集团住宅项目复地雅园；2006 年 4 月，耗资 1.9 亿元买下了陆家嘴中央公寓的一幢毛坯住宅。2006 年 5 月，购入陆家嘴公寓项目中的 3 幢物业，涉及资金约为 5.1 亿元；2006 年 6 月，7.58 亿元购得位于上海徐家汇的华山夏都苑 A 栋楼 116 套物业；2007 年 1 月，5.3 亿元成功收购位于徐汇区的高档住宅项目永新城。2007 年 4 月，雷曼兄弟还持有香港上市公司鸿隆控股 (1383. HK) 6% 的股份，2008 年 7 月，增持到 13%，鸿隆控股主要在广东省从事中档房地产项目的开发和租赁。2006 年，凯雷曾以 1.2 亿美元的总价购进上海中房·森林别墅 110 套高级独栋别墅。2007 年 4 月，凯雷又以近 20 亿元的价格从印尼三林集团手中购得上海济南路 8 号西苑项目。

从投资者的身份来看，最早进入中国房地产的外资是零散的投资客或自住户。自 2003 年以来，国际资本以机构投资者进入为主，投资领域

96

第二章 房地产资本运动的历史源流：中美城市发展与住房金融史的考察

逐步从住宅物业转向商业、工业等非住宅物业,选择投资的重点分别为甲级办公楼、优质服务型公寓、五星级酒店、高档商用物业和工业地产项目以及产权分散的住宅物业。从经营领域上来看,外资逐步从房地产开发领域延伸到物业管理、中介服务、租赁经营和金融投资等业务。早期的房地产企业主要从事房地产的直接投资业务,而近年来的海外机构投资者已经全面进入房地产设计、开发、经营、中介服务和投融资等各个环节,甚至更偏好于整体收购,适时进行租赁经营或套现。从投资地域上来看,外资从北京、上海、深圳等一线城市逐渐向南京、武汉、哈尔滨等二线城市扩展。随着一线城市优质商业物业资源的下降,大量外资逐渐开始向二级城市渗透。据权威机构统计,2008年一季度,上海地区房地产企业获得的外资投资金额最多,达到4.4亿美元。而"2008年通过商务部备案的外资房地产企业名单"显示,截至5月30日,400余家获批备案企业中,常州、成都、重庆、大连、无锡等城市成为获批企业集中所在城市。国家统计局数据显示,2007年中国房地产开发利用外资高达650亿元,增长64.8%,整体高出其他渠道资金增长的26.2%,这表明,2007年,在中国从紧的货币政策下,有大量的外资涌入中国楼市。

外资深度进入中国房地产,这不是偶然的,而是与近年来发生的一系列的国内及国际大事息息相关。

第一,2003年以来,中国城市房地产价格持续上扬。大部分城市住房销售价格上涨明显,并带动写字楼等物业价格上涨。房价上涨幅度明显高于居民消费价格和住房租赁价格的涨幅。房价的大幅上升,给投资中国热点地区房地产带来丰厚回报,这是吸引境外资金的直接原因。目前,尽管国内房地产市场处于调整期,外资仍看好我国房地产发展的前景。尤其是东部大城市中心区域的优质物业具有长期增殖潜力,被外资普遍看好。

第二,自2003年以来,越来越严厉的宏观调控措施使国内开发商受到抑制,国内房地产企业由于受到资金和政策的限制而减少了开发速度,"拿地"逐渐变得谨慎,地价开始降低,为外资进入让出了空间。银行提高了房地产企业贷款的自有资金比例,审批趋向严格,国内开发商资金链面临很大的困难,想方设法寻求新的资金来源。

第三，人民币升值预期仍在释放。自2006年7月21日人民币汇率机制改革以来，人民币已经累计升值超过10%。这意味着美元与人民币的相对价值正急剧下降，在该时间里持有美元资产就承受美元相对贬值引起的损失。目前人民币在短期内的升值潜力仍很巨大。投资公司一方面为了转移持有美元的风险，另一方面想从人民币升值中赚取利润的动机加速了它们将美元转换成人民币的步伐。但是人民币在国际市场不可自由兑换，美元转换成人民币的最好方法就是收购境内固定资产。

第四，央行连续调高存款准备金率，紧缩了市场货币供应量。自2006年7月5日至2008年6月25日，央行将商业银行的存款准备金率由7.5%调高到17.5%。如此大的调整使得商业银行大量减少了商业贷款，尤其是房地产商业贷款。房地产开发企业的资金流转陷入困境，销售其持有的土地或固定资产以获得流动资金，成了解决其开发资金来源问题的首要选择。资金问题一方面加速国内开发商向市场销售固定资产，另一方面削弱国内开发商的谈判资本，从而使得国际投资机构大动作收购国内固定资产得以顺畅进行。

第五，2006年7月，六部委出台了《关于规范房地产市场外资准入和管理的意见》。在该意见中，禁止投资者以境外直接持有中国物业的方式投资中国房地产；同时规定境外人士只有在境内工作、学习时间超过1年，才可以购买符合实际需要的自用、自住商品房，但不得购买非自用、非自住商品房。其目的主要为了限制个人炒房和堵住外资以股权投资直接向国内投资。但国家六部委联合发布的"限制外资炒房"的"171号文件"并没有完全禁止外资炒房，仅仅是起到限制作用。比如股权收购方式，虽然"171号文件"中有规定："境外投资者通过股权转让及其他方式并购境内房地产企业，或收购合资企业中方股权的，须妥善安排职工、处理银行债务，并以自有资金一次性支付全部转让金。"但是并未禁止外资在房地产市场的股权收购。"171号文件"只是提高了收购的要求、规范外资收购的流程而已。由于房地产本身是中国内地市场上最具有保值、升值潜力的资产之一，而"171号文件"并没有堵死外资炒房的门，在巨大的收益诱惑下，近年来有不少外国投资机构大手笔介入内地中国房地产市场。

第六,从国际因素看,美国次级债危机的蔓延,使各国投资者特别是机构投资者不得不改变资本的流向,至少是在像中国这样的新兴市场加大投资,以改善投资组合,规避可能出现的重大风险。

外资进入中国房地产规模的扩大,引起了国内经济学界对于"热钱"的热议。2007年广东省社会科学院产业经济研究所完成的《境外热钱在国内非正常流动调查报告》指出,"大量境外热钱在国内进行非正常流动和投机已经成为事实,流入量在2500亿至3000亿美元之间,并且还有继续扩大流入量的发展趋势。境外"热钱"具有明显的投机赌博特征,其主要投资方向是房地产和股市等高利润增长行业"。该课题组表示,由于我国房地产市场发展时间不长,还没有形成有效的市场定价机制,境外"热钱"趁机通过操纵市场,提高房价。又由于境外"热钱"在房地产市场具有明显的"标杆效应",境内外很多民间资金在其影响下,纷纷跟风入市,房价越炒越高,房地产价格与真实价值脱离,出现了明显的"效用失真"问题,价格泡沫一旦破裂,就会对房地产行业造成长期低迷的影响。另外,由于境外"热钱"主要集中于高端市场,如高档住宅和其他豪华地产,而我国居民需要的廉价房子的供应反而减少。同时国内游资与境外"热钱"相互汇集,通过银行杠杆的放大效应,刺激了房地产市场上的资本逐利行为。因此,投资需求正取代居民需求而成为房地产投资重点。此后,北京、上海等地的学者纷纷撰文,对流入中国的所谓"热钱"规模进行推测,这里不一一列举。但笔者在这里要表明的一种观点是,目前来看,由于中国房地产金融市场并不发达,外资进入中国房地产的方式基本上是置地、购房、入股房地产开发或中介公司、为购房者贷款等,这些都不应算是"热钱"的作为①。从资本运动的角度看,外资进入中国房地产带入了新的房地产资本运作模式,拓宽了人们的视野,对中国房地产资本运动的规范化、国际化、现代化有促进作用。外资的进入还减轻了国内银行对房地产贷款的压力,使严厉调控下的房地产开发资金链没有出现大规模的断裂。这些积极的作用应给予肯定的评价。外资进入北京、上海、深

---

① 所谓"热钱",是人们对国际套利资本的通俗说法,是在有套利机会的时候迅速流入某个市场,获利后再迅速流出的资金。

圳、青岛等一线城市,短期内确实推高了当地的房价①。但中国国土辽阔,回旋余地大,外资进入引起房地产泡沫的可能性不大,况且还有大量的二、三线城市,它们完全可以吸纳一线城市容纳不下的需求②。

---

① 这是事实,但这主要还是以中国人的住房需求为前提,外国人在中国盖房给外国人用,他们的需求毕竟太少。如果出现普通百姓因此而住不起房的情况,由于外资进入得到了更多税收的政府有义务、也有条件帮助他们解决。

② 全世界包括中国的富裕人群在美国各大城市购买房产,从来没有因为买房人太多而出现房地产"泡沫"。

第三章　房地产资本运动的"符号化"与住房金融工具创新

在现代市场经济和金融体系中,房地产资本之所以能成为运动且能增殖的资本,在于它与金融资本的联姻。借助金融资本的力量,房地产资本也成为了一切产业资本所依赖的,而且像金融资本一样,可以与产业资本相互转化的资本形态。这就是说,房地产资本也在很大程度上实现了"符号化"①,从而从产业资本中分离和独立出来了,具有了一般资本的性质。这种"符号化"使资本运动过程的各方参与者更清晰地了解和计量自己的权益,众多参与者的参与又促进了"符号化"过程的顺利进行,从而使得房地产资本运动的规模迅速扩大,本质特征也有了很大的改变,使工业化初期及其之前的房地产资本运动与现代房地产资本运动的特征有了本质的区别。

---

① 关于金融资本的"符号化",经济学家们有过许多争论,集中体现在对"面纱"论的争论上。以马歇尔为代表的新古典经济学家认为货币是中性的,是覆盖在实体经济之上的"面纱"。凯恩斯不同意这样的理论,他认为符号即货币与信用贷款,拥有纯粹经济性的控制能力,从而对经济活动有实质性的影响。以货币、股票为代表的价值符号会对实体经济中的消费、投资和就业等产生影响,而且符号经济的出现及其支配地位使得利率、信用规模等一系列货币量可以达到一般均衡。德鲁克继承了凯恩斯的理论,基于对经济运行过程的全面把握,他把整个经济分为符号经济与实体经济两个有机组成部分。一方面,他强调了"符号经济"(资本的流动、汇率以及信用流通)相对于"实体经济"(产品与服务的流通)的独立性;另一方面,他反对凯恩斯的"符号决定论"和新古典经济学的"货币面纱论"主张在重视实体经济发展的同时,适度发展"符号经济"。

第一节 房地产资本运动的现代形式
——"符号化"的房地产资本

一、现代资本运动与资本(资产)的"符号化"

资本(资产)"符号化"是现代市场经济社会的基本特征之一。财富的构成包含金融资产和房地产等,它们是有内在价值的,其增殖的依据是实实在在的。无论债券收益、股权收益还是其他资本(资产)拥有者应得的收益,都是其所有者放弃完整所有权而获得(或要求获得)的报酬,是实际的资本运动过程中产生出来的。金融衍生工具则由货币、债券、股票、住房抵押贷款等基本金融工具派生而来,与实际的资本运动有间接关系,但它们依然是权益凭证,只不过与实际经济运行距离更远一些。因此,"符号化"资本(资产)的特性并不是指自身价值的虚无,其作为权利的载体是有价值的。资本(资产)的"符号化"越深,与单个实际资本运动的联系就越微弱,而与整个社会资本运动的联系就越紧密。"符号化"程度依赖于信用关系的社会化。"符号化"资本(资产)是体现信用关系,建立在价值关系基础上的社会财富。

传统的理论认为,所谓资本积累实质是"生产能力"的积累。生产能力增长之所以标志着社会进步,其根本在于生产能力增长是人们生活水平提高的唯一保证,因此,传统积累理论是在"固定资本形成"的判断标准下来考察投资,考察储蓄与投资的关系,以及长期积累过程中可能对人们的生产水平和生活水平造成的影响。从前文述及的古典经济学家们对资本的各种定义可以看出,他们总是试图说明"古典资本理论历来以无意涉及纯金融领域的投资为特征"[①]。其资本积累理论主要是指实物型的资本积累方式,其所积累的资本也大多是一些以物的形式存在着的资财。随着现代社会市场经济和金融体系的构建,积累作为生产能力的积累,不再是直接地从生产工具和生产性资源的角度来表现,如农具的改

---

① [英]约翰·伊特韦尔、默里·米尔盖特、彼得·纽曼编:《新帕尔格雷夫经济学大辞典》,经济科学出版社1996年版,第394页。

第三章　房地产资本运动的"符号化"与住房金融工具创新

进、铁犁的应用、可耕地和劳动人口增加等等,而是通过价值形式来完成①,如储蓄和储蓄率、投资品的价格形成、投资的预期收入与投资的各种机会成本之间的关系等。社会不再是仅仅通过直接扩大生产能力,而是通过一整套价值运作体系(这一体系当然包含生产和流通的过程)来完成实际的资本积累。

人们愿意进行资本的积累,当然是因为资本是可以定价的,实物资本(资产)的定价与"符号化"资本(资产)的定价方式有很大的不同。"符号化"资本(资产)的定价就是所谓"资本化定价"。拥有预期的现金流是资本化定价的特点,根据这一特点确定的资产共有五类②:

1. 股票、债券等金融产品。金融产品是一种产权的凭证物,本身没有价值,它只是一张纸或者银行账户上的一个数据,通过人们对市场未来的预期,将其资本化而确定其价格。

2. "知识产品"。知识产品的人性化特点使其以人为载体,与主体不可分割,强调产品的个性化和创造力的非继承性。"资本化定价"使知识产品价格可能价值连城,而它们的成本却可能很低,甚至与其价值相比显得微乎其微。知识产品的成本核算具有非完整性和弱对应性。

3. 无形资产。无形资产是以资本化定价的。例如商标权,一个著名的商标,它代表企业的商誉,商标的内涵标示着商品的内在质量信誉,这种资产实际上包括该商品使用的特种技术、配方和多年的经验积累,它带来的收入往往是持久的,高于其他同类产品的收入部分的资本化。但从会计角度看,其成本核算只是商标设计费用、登记注册费。

4. 各类艺术品以及其他收藏品。它们带来的直接享受不足以成为其拍卖价格的基础。由于这些资产是不可再生的,供给永远固定,所以其价格也就与生产成本无关。这些资产除了人们对其在未来市场将要获得的价格预期外,在当前的市场上没有其他价格来源。博彩业的资本化定

---

① 有兴趣的读者可参阅[美]托马斯·J.萨金特:《宏观经济理论》,中国经济出版社1998年版。

② 这也是所谓"价值化积累"的主要内容,参见刘晓欣:《虚拟经济与价值化积累》,南开大学出版社2005年版。此处把房地产单列出来,是考虑到本书的实际需要,也是因为房地产与其他"价值化积累"的财富内容有很大的不同。

价更为明显,人们总是以极少的投入期望更高价值的回报。

5. 房地产。房地产的空间独占性和供给限制,使其不再适用于普通商品的成本定价法,而更适用于资本化定价。房地产资本的"符号化"使许多金融创新产品由此衍生,这些衍生品的定价更是脱离了成本定价的约束。

作为与实物资本(资产)相对应的"符号化"资本(资产),有着与实物资本(资产)不同的特征,主要表现在:

首先,"符号化"资本(资产)作为财产的有形形式——纸质的凭证,它没有任何实际效用或其实际效应已经显得不再重要,它纯粹或主要是以价值形式存在的财富。存款、各种金融资产都是纯粹以价值形式存在的财富;房地产被当做财富的时候,它的使用价值也仅仅是一个次要的财富考虑,房地产拥有者主要考虑的还是其价值量。

其次,"符号化"资本(资产)有其独特的收益形式与收益的量的规定。它体现的是资本所有者与资本使用者之间的债权、债务关系,从根本上说,体现的是信用关系;而实物资本体现的是对剩余价值分割的平等关系。在平均利润起作用的条件下,实物资本的收益形式表现为平均利润,而"符号化"资本的收益形式却是利息、股息等资本所有权收入。

最后,"符号化"资本(资产)增殖与实际价值增殖过程在相当程度上出现了背离。这主要包括两方面的含义:一是它们虽然与实际价值增殖有关(如企业债券和股票),但其本身的增殖过程却是相对独立的,可以在一定程度上脱离实际增殖过程;二是有相当一部分"符号化"资本(资产)根本没有或已经找不到相对应的实际资产。例如,一些政府债券、消费信贷的证券化衍生金融产品,其发行债券获得的资金被消费掉以后很长一段时期,这些债券仍然在流通,表现为价值增殖的形式;许多金融资产实际是靠未来收入支撑的,一些金融物的发行本身就是没有任何实际资产做抵押的(如指数期货、期权等)。

从美国1945～2007年美国总资产及其主要构成(见表3-1,有年度跨越)可以看到,"符号化"资本(资产)的积累早已成为财富积累的重要形式,而且越来越重要。当代中国的房地产资本价值总量非常大,房地产资本(资产)"符号化"的潜力巨大(见表3-2,房地产价值总量在GDP总量的5倍上下),但已经与金融资本融合的只占极小的一部分(见表

3-3,商业性房地产贷款余额只占GDP的20%不到)。

表3-1 1945~2007年美国总资产及其主要构成

(单位:10亿美元,%)

年份	总资产	房地产	金融资产	金融资产和房地产/总资产	房地产/总资产	金融资产/总资产
1945	741.60	134.80	560.20	93.72	18.18	75.54
1950	1114.90	278.30	736.00	90.98	24.96	66.01
1955	1569.05	414.71	1015.29	91.14	26.43	64.71
1960	2072.55	547.88	1349.01	91.52	26.44	65.09
1965	2868.97	696.53	1955.83	92.45	24.28	68.17
1970	3894.44	1025.18	2531.06	91.32	26.32	64.99
1975	5902.41	1684.20	3665.04	90.63	28.53	62.09
1980	10916.10	3413.99	6556.36	91.34	31.27	60.06
1982	12588.48	3990.42	7535.95	91.56	31.70	59.86
1984	14763.47	4717.91	8817.24	91.68	31.96	59.72
1986	18319.84	5766.38	11077.73	91.94	31.48	60.47
1988	21355.62	6736.37	12880.90	91.86	31.54	60.32
1990	23967.83	7381.35	14612.85	91.77	30.80	60.97
1991	25770.79	7540.16	16178.36	92.04	29.26	62.78
1992	26972.86	7823.19	17016.54	92.09	29.00	63.09
1993	28622.59	8080.67	18298.32	92.16	28.23	63.93
1994	29729.36	8387.53	18972.37	92.03	28.21	63.82
1995	32791.55	8757.92	21557.96	92.45	26.71	65.74
1996	35742.00	9181.68	23983.15	92.79	25.69	67.10
1997	39756.67	9693.97	27385.52	93.27	24.38	68.88
1998	43585.50	10589.04	30188.87	93.56	24.29	69.26
1999	49098.29	11555.72	34573.50	93.95	23.54	70.42
2000	49054.51	12610.10	33284.55	93.56	25.71	67.85
2001	48680.14	13626.27	31754.99	93.22	27.99	65.23
2002	47900.62	14894.61	29564.33	92.81	31.09	61.72
2003	53961.72	16349.83	34048.11	93.40	30.30	63.10

105

年份	总资产	房地产	金融资产	金融资产和房地产/总资产	房地产/总资产	金融资产/总资产
2004	59127.94	18267.83	37096.06	93.63	30.90	62.74
2005	63971.15	20486.42	39543.69	93.84	32.02	61.81
2006	69254.66	21931.75	43218.01	94.07	31.67	62.40
2007	72092.54	22483.32	45333.04	94.07	31.19	62.88

注：以上数据为现值数据。

资料来源：Flow of Funds Accounts of the United States（1945~2008），网址：http://www.federalreserve.gov/releases/z1/Current/data.htm。

表3-2 1990~2001年中国房地产价值总量与当年GDP之比值

年份	房地产价值总量（万亿元）	GDP（亿元）	房地产价值总量/GDP（%）
1990	6.5	18667.8	3.5
1991	9.4	21781.5	4.3
1992	13.0	26923.5	4.8
1993	19.1	35333.9	5.4
1994	24.0	48197.9	5.0
1995	29.2	60793.7	4.8
1996	34.1	71176.6	4.8
1997	37.2	78973.0	4.7
1998	41.8	84402.3	5.0
1999	45.0	89677.1	5.0
2000	50.0	99214.6	5.0
2001	52.8	109655.2	4.8

资料来源："房地产价值总量"，刘洪玉、张红：《房地产业与社会经济》，清华大学出版社2006年版。"GDP"，国家统计局：《中国统计年鉴2007》，中国统计出版社2008年版。

表3-3 2003~2006年中国商业性房地产抵押
贷款余额及金融资产占GDP比重 （单位：亿元）

年份	2003	2004	2005	2006
GDP	135822.756	159878.3379	183867.8827	210870.9949

年份	2003	2004	2005	2006
房地产	21327	23800	27700	36800
金融资产	276583.8	315989.8	374696.9	439499.7
房地产/GDP(%)	15.70	14.89	15.07	17.45
金融资产/GDP(%)	203.64	197.64	203.79	208.42

资料来源：国家统计局：《中国统计年鉴2007》，中国统计出版社2008年版。
"房地产"：商业性房地产贷款余额，中国人民银行货币政策分析小组：《货币政策执行报告2003—2007》，中国人民银行网站。高校财经数据库，网址：http://www.bjinfobank.com。
"金融资产"：银行业金融机构总资产，来自银监会网站上的统计数据，http://www.cbrc.gov.cn/chinese/info/twohome/index.jsp?itemCode=9。

二、房地产资本与金融资本的融合

房地产资本"符号化"的过程实际上就是与金融资本相融合的过程，你中有我，我中有你，但毕竟还是可以区分的两种资本，所以我们用"联姻"来对这种关系进行表述。房地产资本与金融资本之所以能实现联姻，根本前提在于房地产非常适合作为金融资本借贷所需要的长期信用担保品：

1. 这是由房地产的自然特性所决定的。房地产也被称为不动产，具有位置的固定性、寿命耐久性等特征，对其进行保存和监管比较容易实现。一旦担保债权到期不能收回，债权人可以处置房地产来保证债权的实现。

2. 这是由房地产的经济特性所决定的。房地产特别是城市区域的房地产不可能随着人口的增加无限增加，而且由于房地产的空间因素受到人们的特别关注，某些区域的房地产稀缺性更加显著，因此，房地产总的来说具有价值不断上升的趋势，具有良好的保值增殖特性。

3. 房地产具有自偿性，即受信人（借款人）可以通过对房地产的经营获得一定的收入，从而增强其还本付息的能力。

由于上述特性，房地产资本顺利地进入担保金融领域，而且随着其规模的日益增加，房地产金融的本质也发生了改变，从产业金融的一部分更多地转向为担保金融，也就是说，房地产资本开始从产业资本中独立出来,成为与产业资本、金融资本相联系又相区别的资本形态。

从根本上说,房地产金融就是以购买或者改善房地产为最终目的,资金从贷款人向借款人,尔后从借款人向贷款人的流动过程。房地产是实实在在存在着的,当然是"实体经济"的一部分,但资金流介入的同时,又不断改变着其"实体经济"的本质,使其出现了"符号化"。"符号化"使资本运动过程的各方参与者更清晰地了解和计量自己的权益,也更有利于各自权益的出让并从中获益①。像所有自愿签订的合同一样,参与者都会从这一"符号化"的过程中获益。因此,"符号化"成为各方欢迎的一种新的制度安排。

同时,由于交易涉及的资产(或其"符号")从一方转移到另一方是在不同的时间段内发生的,双方的协议中不可避免地包含了由一方或双方承担的风险。这不同于类似货物与现金交换这种双方都没有未来义务的交易。贷款人控制抵押物的时间和权利对于风险的最小化十分重要。出于金融风险防范和管理的需求,房地产资本的"符号化"过程不断加深,而"符号化"的加深在一定程度上、在一定的环境中又加剧了金融风险,这种矛盾的过程一直在持续。

"符号化"的房地产资本具有了与金融资本相类似的特征:

1. 相对独立于"实体经济"之外,用于交易的客体有时并不是房地产本身,而是其"符号",如房地产抵押贷款的证券化,就是把各个银行机构的房地产抵押贷款集中起来进行证券化,而且是把抵押贷款还款的现金流作为证券收益的保证。

2. 房地产资本运动开始以资本化定价为主,即房地产及其"符号"的价格的确定与波动既不主要取决于房地产本身的价值,也不主要取决于房地产的供求变化,而主要取决于人们对宏观经济、政策制度、时局的看法以及对未来获利的信心和心理预期等。因而,决定房地产市场运行走势的因素也不仅仅是当地房地产的供求关系,还有市场信息的供需状况(如市场信息的质与量、市场信息的传播方式和速度)、投资者的投资偏

---

① 参见张晓晶:《符号经济与实体经济——金融全球化时代的经济分析》,上海三联书店、上海人民出版社 2002 年版,第 17~19 页。

好、投资者的投资心理、市场中介服务的质与量、市场的总体运动趋势、国家的房地产政策导向、国内国外的政治经济形势的重大变化等。

3. 房地产资本运动开始出现"社会化"、"泛区域化"的趋势,即房地产资本运动再也不主要是个体与个体之间的交易,甚至不主要是个体与房地产公司之间的交易,而是社会化的资本深深介入其中,使房地产资本逐渐消减其鲜明的区域化特征[①]。

4. 房地产资本的积累越来越呈现为一种价值化积累的形式,即人们不一定要买很多的楼房来进行房地产资本的积累,有时只需要购买其"符号"——如抵押贷款的证券或 REITs 的股份,就可以像房产出租一样获得收益。

然而,房地产资本毕竟是人们生活和工作的消费必需品,其价值有着不可消除的实在性,无论怎么样"符号化"都不会改变这种实在性,所以与金融资本相比,房地产资本"泡沫"膨胀到一定的程度,从而对人们的实际生活和工作造成显著影响时,就会引起世人的高度关注[②]。同样,由于其价值的实在性,风险偏好较弱或中性的人都更愿意持有房地产资本形态的资产,而不是金融资本形态的资产,特别是在经济形势不明朗的情形之下,持有房地产比持有现金、股票之类的资产更受青睐。

住房抵押贷款及其证券化是房地产资本运动"符号化"的主要途径之一,是人类最精巧的金融制度安排之一。以往学者们常常认为设定抵押物是出于风险防范的目的,这是从贷款人的角度来说的,当然是对的;但从资本运动的角度看,住房抵押贷款及其证券化的目的绝不止于此。前面已经提到住房金融的"无转移抵押"性质,住房抵押贷款借款人仍然是合法的拥有者,保留对房地产的所有权和支配权,而贷款人仅仅享有抵押品的受押权或衡平权,一旦贷款被偿清,这种权利也就随之消失。因此,住房抵押贷款,无论对借款人还是贷款人,都有大的收益,借款人可以

---

① 如"温州炒房团"、"煤老板"和"外资军团"等境内外资本集团,在 21 世纪初的中国大城市表现了其雄厚的实力。

② 房地产"泡沫"无限扩大的情形往往出现在一些"弹丸之地",历史上有日本东京、中国香港等。

中美住房金融理论与政策：房地产资本运动的视角

预支未来的消费能力,贷款人可以得到优质的①投资渠道;住房抵押贷款的证券化,则进一步把贷款人的风险转移到愿意承担风险以取得收益的投资者身上。这样一种制度安排,使房地产资本运动的各个主体都有自己愿意承担的风险和希望得到的收益,从而促进了房地产资本运动的"符号化"。随着住房金融工具创新的逐步深入,房地产资本运动的可持续性因此增强,而且渠道十分通畅;越来越多的主体参与到这种制度安排中来,抵押贷款及其证券化、REITs、住房金融衍生产品的规模日益扩大,进而改变了整个资本运动的格局。

第二节 美国的住房抵押贷款及其证券化

抵押贷款是现代商业银行运用较广的一种贷款方式,指借款人以自己或第三人的资产做抵押而从银行取得的贷款,当借款人不能按期归还贷款时,银行有权处置其抵押财产,并优先受偿,从而保证贷款的收回。抵押贷款包括财产抵押和质权抵押两种。住房抵押贷款是抵押贷款的一种重要形式。住房抵押贷款由于其稳定的现金流、低违约率、贷款契约的标准化、数额小、易组合等特点而成为最适合证券化的资产。

住房抵押贷款证券化是指金融机构(主要是商业银行)把自己所持有的流动性较差,但具有未来现金收入流的住房抵押贷款打捆成为抵押贷款包,由证券化机构以现金方式购入,经过担保或信用增级后,以证券的形式出售给投资者的融资过程。这一过程将原先不易被出售给投资者的,缺乏流动性但能够产生可预见性现金流的资产,转换成可以在市场上流通的证券。

一、住房抵押贷款证券化在美国的发展

20世纪70年代以来,美国金融市场上高且波动性大的通货膨胀率使利率提高并且波动性增强,其结果是,标准的固定利率贷款变成了弱势

---

① 毕竟,从历史上看,住房贷款大量违约的情况很少发生,少数几次都是发生在经济特别萧条或动荡的时代,在那样的时代,所有企业和居民的日子都不好过。

第三章　房地产资本运动的"符号化"与住房金融工具创新

工具,原来稳定的储蓄机构也面临巨大的利率风险。利率风险导致亏损,亏损又导致投机和冒险的贷款行为,这些冒险和投机行为的失败导致了节俭机构大范围的破产。受融资方式所限,住房市场特别容易受到利率波动的影响。节俭机构提供了其中大部分贷款,但这些机构在资本结构上存在"期限失配"的,而且由于存款利率的管制,不能保证稳定的资金来源(Q条例一直持续到20世纪70年代才结束)。20世纪70年代初期至中期,标准固定利率抵押贷款依然在住房贷款中占据主导地位。为了减轻利率波动的影响,必须发展二级抵押贷款市场。

1968年,住宅和城市开发法案设立了国民抵押贷款协会(Ginnie Mae,俗称"吉利美"),成立于20世纪30年代的联邦国民抵押贷款协会(房利美)被私有化。1970年,成立了联邦住房贷款抵押公司(Freddie Mae,俗称"房地美")。1970年,由"吉利美"担保的第一笔转递证券发行成功,从而开创了抵押贷款证券化的先河。1972年,"房地美"发行了首笔称为参与证书(PC)的转递证券;1981年"房利美"也加入了抵押贷款证券化的行列。1979年,私营金融机构,如S&L机构、抵押贷款公司以及大型的投资银行开始通过保险公司或以信用证为担保,发行抵押贷款证券。至1990年,房地产抵押贷款证券已占美国从事市场债券总额的19.87%。

20世纪90年代,美国二级抵押贷款市场迅速发展,抵押银行成为主导的贷款发起人。1990年抵押银行发起贷款占住房贷款总额的34%,而S&L机构占64%,到1995年,抵押银行的贷款发起总额已占54%,而S&L机构下降到45%[1]。到1997年,历史上第一次出现了大部分抵押贷款被证券化的情况。20世纪80年代初,美国住房抵押贷款证券额不到1000亿美元,到1997年年底,全美4万多亿美元未清抵押贷款余额中,已经有50%以上实现了证券化[2]。如表3-4所示,MBS是抵押贷款证券化的主要产品。1991年开始,MBS市场超过了公司债券市场规模;到1999年,MBS市场超过了国债市场规模(国债余额3.28万亿美元),成为

---

[1] 汪利娜:《美国住宅金融体制研究》,中国金融出版社1999年版,第22~23页。
[2] 汪利娜:《美国住宅金融体制研究》,中国金融出版社1999年版,第170页。

111

美国第一大证券市场。如表3-5所示,美国住房抵押贷款的总规模已经和GDP规模相当,抵押贷款证券化的潜力还很大。

表3-4　美国MBS与住房抵押贷款余额　(单位:亿美元,%)

年份	MBS余额	住房抵押贷款余额(L)	MBS/L
1994	22516	43928	51.2
1995	23521	46040	51.1
1996	24861	48683	51.1
1997	26802	52041	51.5
1998	29552	57372	51.5
1999	33342	63860	52.3
2000	35647	68900	51.7

资料来源:美国债券市场1994~2000年数据,转引自应红:《中国住房金融制度研究》。

表3-5　1955~2007年美国抵押贷款余额与GDP比值

(单位:亿美元)

年份	1945	1950	1955	1960	1965	1970	1975
抵押贷款余额	357	728	1298	2084	3345	4692	7855
GDP	2231	2938	4148	5264	7191	10385	16383
与GDP比值	16.00%	24.78%	31.29%	39.59%	46.52%	45.18%	47.95%

年份	1980	1985	1990	1995	2000	2001	2002
抵押贷款余额	14578	23667	37979	45451	67864	74944	83993
GDP	27895	42203	58031	73977	98170	101280	104696
与GDP比值	52.26%	56.08%	65.45%	61.44%	69.13%	74.00%	80.23%

年份	2003	2004	2005	2006	2007		
抵押贷款余额	93951	106648	120963	135004	145571		
GDP	109608	116859	124339	131947	138413		
与GDP比值	85.72%	91.26%	97.28%	102.32%	105.17%		

资料来源:"GDP"来自:BEA美国国家经济分析局网站。"抵押贷款余额"来自:Flow of Funds Accounts of the United States(1945~2008),网址:http://www.federalreserve.gov/releases/z1/Current/data.htm。

住房抵押贷款证券化的基本思路是,以一定数量的在期限、利率、贷款类型等方面具有相似性的住房抵押贷款,构成一个抵押贷款组合,并以此组合的未来现金流为依据发行抵押贷款支持证券(MBS)。该过程的主要参与者包括:

1. 住房抵押贷款的放款人

放款人是作为 MBS 发行依据的抵押贷款的创造者,包括 S&L 机构、商业银行、抵押贷款公司、互助储蓄协会、人寿保险公司等。它们可将自己发放的贷款进行组合后自行发行 MBS,也可将其出售给其他 MBS 的发行人。

2. 住房抵押贷款的管理人

管理人主要包括出售抵押贷款或自行发行 MBS 的放款人及其附属机构。它们负责收取到期的本息,追缴逾期的贷款,并向受托人或 MBS 的持有人提供有关抵押贷款组合的年度报告。

3. MBS 的发行人

发行人除上述部分放款人外,还包括房利美和房地美等联邦政府机构,以及大型的投资银行、私营金融机构。后两者在市场上购买抵押贷款并加以组合后发行 MBS。

4. MBS 的承销人

主要是投资银行或商业银行从事投资银行业务的分支机构。发行人一般通过它们以公募方式将 MBS 出售给投资者。

5. MBS 的担保人

为 MBS 寻求担保,能够降低投资者的风险,提高证券的信用评级。因此,MBS 的发行人都采取多种形式为 MBS 提供担保。除由房地美、房利美和吉利美对贷款本身提供担保外,发行人还可采取超额担保、优先—附属结构等形式,强化 MBS 的信用。超额担保是指发行人所发行的 MBS 总额低于抵押贷款组合的价值,并且一旦该组合的价值低于事先规定的水平,发行人有义务追加抵押贷款。优先—附属结构是指将发行的 MBS 分为优先部分及附属部分,并规定优先部分一般占总数的 90% 左右,出售给投资者;剩下的附属部分由发行人持有,其本息被用做优先部分本息的保证金。

6. MBS 的受托人

受托人是介于发行人和投资者之间的中介机构,负责收取向投资者支付管理人转来的本息,负责检查管理人所提交的各种报告,并有权在向投资者支付本息前进行再投资。

此外,证券化过程还涉及为 MBS 评级的各种评级机构。

住房抵押贷款证券化是一项专业分工极为细致的技术工程,是以住房抵押贷款为基础,通过提供银行的信用(包括自身信用和衍生信用如其他银行的信用证担保和保险公司的保单等)进行构建的证券设计、发行和兑付的全过程。住房抵押贷款证券化一般通过以下程序进行运作:

1. 剥离贷款,形成贷款组合。由银行等机构作为项目发起人,通过对现有信贷资产进行清理、估算和考核,选择一定数量的住房抵押贷款作为证券化目标,并从资产负债表中剥离出来,形成一个贷款组合(即资产池),作为证券化的基础资产。

2. 出售贷款组合。项目发起人通过合同的方式向作为证券发行人的 SPV 出售所选定的贷款组合。作为基础资产的贷款组合,一般不通过银行直接出售给投资者,通常是将贷款组合卖给专门从事资产支持证券的设计和发行的 SPV。

3. 对贷款组合进行信用评级和信用增级。SPV 在与相关的证券化过程参与者签订了一系列确定权利、义务的法律文件后,根据规范化的证券市场运作方式,聘请信用评级机构对贷款组合的信用风险进行信用评级,以揭示证券的投资风险及信用水平,作为拟定发行证券的定价和证券结构设计的依据。如果信用评级机构的评级结果没有达到目标投资者的要求,为了吸引更多的投资者并确保证券的顺利发行,SPV 还必须采取提供超额抵押等方式的自我增级,或寻找信用级别更高的银行、保险公司等信用增级机构为其出具信用证或保单进行增级,以提高拟发行的资产支持证券的信用等级。通过必要的信用增级后,再次聘请信用评级机构对准备发行的证券进行正式的发行评级,并将最终评级结果向投资者公告。信用增级这一环节根据担保形式的不同,可能会涉及附属贷款协议、担保函、保证协议、抵押协议、信用证、保险单据等法律文件,所有这些文件应分别遵循合同法、担保法、保险法等法律的规定。

4. 发行并销售证券，支付贷款组合对价。SPV 通过对贷款组合的信用评级、增级后，以这些资产作为抵押，发行贷款抵押证券。SPV 可以直接在资本市场上通过私募的方式发行证券（债券），或者通过信用担保的方式，由其他机构组织证券发行。发行后，由 SPV 向发起银行支付所购买的贷款组合的对价，发起银行利用筹得的资金用于其他业务。然后，贷款抵押证券进入二级市场，通过证券公司等中介机构把经过证券化的住房抵押贷款销售给投资者，从最终投资者那里取得销售贷款抵押证券的资金。

5. 对贷款组合到期日前取得的现金流资产进行投资管理，并于证券到期日向投资者支付本息。证券发行后，SPV 将委托一定的机构（一般仍为商业银行）负责管理贷款组合预期收回的现金流，并负责进行证券登记和向投资者发放证券本金和利息。如果按照证券的设计，并非在贷款回收日支付证券本息的，将由受托人对收回的现金流资产进行再投资管理，再投资收益在 SPV 和受托人之间分配。

如图 3-1 所示，通过一系列的运行机制，需要资金的发起银行获得了资金的补充，以对新项目进行投资或发放新的贷款。住房抵押贷款证券化形成了多方共赢的格局，特别是对于金融机构（银行）而言更是如此。通过将自己手中的贷款按照证券化的要求进行选择、重组，并在二级市场上变现提前收回贷款，金融机构改善了贷款资产的流动性，缓解了流动性压力。同时，金融机构把剥离出来的贷款作为证券发行的担保，然后，通过信用增强发行具有明确保障的资产支持证券，就可获得充裕的低成本资金。因此，通过抵押贷款的证券化，银行不仅得到了现金收入，而且减少了长期贷款，提高了资本利用水平和信贷资金的流动性。通过住房抵押贷款证券化，金融机构将贷款资产出售给 SPV，然后由 SPV 把每一份贷款合同分为若干份抵押证券，最后通过二级证券市场销售，由不同的投资者持有。这样，就可在相当大的程度上分散和转移存在于贷款中的利率风险、违约风险、不动产价格波动风险、通货膨胀风险以及政策风险等。

住房抵押贷款证券化促进了美国住房二级证券市场的发展和完善。证券的初始投资者（放款人）更愿意发起能够按其内在价值迅速转售的

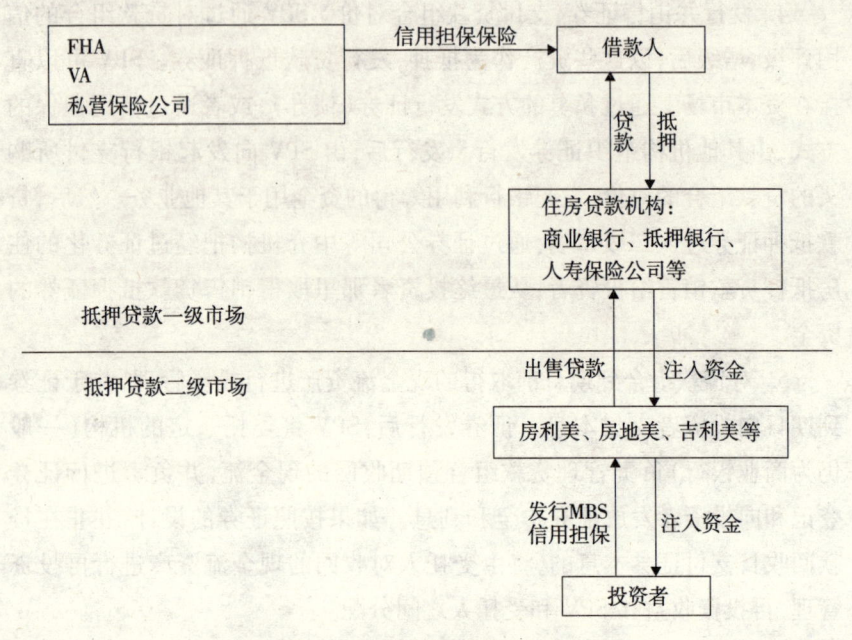

```
┌─────────────┐
│ FHA         │      信用担保保险      ┌─────────┐
│ VA          │─────────────────────→│ 借款人  │
│ 私营保险公司 │                       └─────────┘
└─────────────┘                         贷│ ↑抵
                                        款│ │押
                                          ↓ │
                                    ┌─────────────────┐
                                    │ 住房贷款机构：  │
                                    │ 商业银行、抵押银行、│
                                    │ 人寿保险公司等  │
                                    └─────────────────┘
抵押贷款一级市场
─────────────────────────────────────────────────────
抵押贷款二级市场           出售贷款 │  ↑ 注入资金
                                   ↓  │
                              ┌──────────────────┐
                              │ 房利美、房地美、吉利美等 │
                              └──────────────────┘
                             发行MBS │  ↑ 注入资金
                             信用担保 ↓  │
                                ┌─────────┐
                                │ 投资者  │
                                └─────────┘
```

图 3-1　美国抵押贷款融资模式

贷款。这间接地使首付比例和利率要求得以降低,给抵押贷款的借款者带来了好处。而没有一个大规模的有组织的二级市场,这是不可能做到的。

美国二级抵押市场的创新和所具有的功能将住房抵押贷款转成具有证券流动性的贷款。节俭机构、商业银行的抵押资产卖给二级抵押市场的交易商,再由传导人将其转为转递证券,抵押资产换成现金。二级抵押市场的发展提高了存款机构资产负债表的流动性,缓解了存款机构"短存贷长"的资产、负债配置结构和资本充足的要求,增强了存款机构的资金来源,有利于消除住房金融在地区间和机构间的资金不匹配。抵押贷款证券化和住房金融工具的创新,有机地将分隔的地区性住宅抵押市场与统一的现代化的资本市场联系起来,使得住宅融资打破了传统的地域的局限,可以从全国性和国际的金融市场上得到充足的资金支持。抵押市场与资本市场的统一,促进了资金从丰裕地区向短缺地区的流动,有效地降低了资金成本和贷款利率。

对于投资者而言,住房抵押贷款证券化将银行缺乏流动性的资产转变为流动性强、信用风险低、收益相对稳定的证券,这为投资者开辟了新的投资空间,增强投资机会。并且,通过这种证券化,可产生按贷款种类、期限、等级和收益分类的不同证券,让不同的投资者有更广泛的投资选择。

二级市场减少了与"期限失配"相关的利率风险。二级市场不发达时,放款人对自己发起并只能在自己的投资组合中持有的贷款,将要求较高的利率,以补偿流动性风险。放款人可以将贷款出售给其他投资者,从而得到充足的资金,继续发起新的贷款。其他投资者也没有"期限失配"的问题,因为他们不依赖短期贷款融资,他们可以发行长期债券为抵押贷款的购买融资。

二、住房抵押贷款的担保和保险机制

对于住房抵押贷款的风险,贷款机构采取了许多单方面的防范措施,如对借款人进行严格的资信调查,加强对抵押物的评估和管理等,但这些措施对于防范房地产领域的系统性风险不管用。而且,借款人的信用状况和抵押物的价值都是在不断变化的,贷款前的工作做得再细,也难以保证贷款的安全性。事实上,多年来,美国各类未清抵押信贷余额一直占全社会债务总额的 25% 左右,其中,住房信贷约占未清抵押贷款余额的 85%[①]。如此庞大的未清债务,并没有给美国的金融系统造成重大困扰,这与美国的住房抵押贷款担保、保险机制的设计是分不开的。

在 20 世纪 30 年代以前,美国购房抵押贷款的借贷条件很苛刻:一般住房抵押贷款的期限通常只有 10~12 年,首付比例高达 40% 以上。这样苛刻的条件制约了房地产资本运动,但对防范借款人的信用风险和由于利率波动而形成的流动性风险并没有太大的用处。20 世纪 30 年代经济大萧条时期住房贷款违约率急剧上升,住房金融方面所出现的问题,成为危及美国社会稳定和银行业安全的事件。为此,1934 年,罗斯福政府

---

① 汪利娜:《美国住宅金融体制研究》,中国金融出版社 1999 年版,第 148 页。

依据《联邦住宅法》，成立了联邦住宅管理局(FHA)，专门致力于为普通居民住宅提供抵押贷款担保。1944年又成立了退伍军人管理局(VA)，提供有关官兵住宅的抵押贷款担保。FHA和VA两个联邦机构直接干预住房市场，并为符合条件的抵押贷款提供保险和担保，大大增强了住房抵押贷款一级市场上金融机构的信心，吸引了更多的投资者进入这一市场，贷款条件也大大放松。从20世纪40年代下半叶开始，抵押贷款逐渐从短期和浮动利率转变为30年期和固定利率，首付比例也下降到了20%。

美国私营抵押保险业于20世纪50年代开始发展，20世纪70年代起飞，并持续增长至20世纪80年代初，这期间，行业利润丰厚，私人抵押贷款保险相对于总抵押贷款市场的份额也从20世纪70年代的15%发展到1983~1984年的30%。然而，从20世纪80年代中期开始，美国通胀压力加剧，市场利率上升，房地产市场的波动使抵押贷款违约率上升。私营保险公司为金融机构提供的抵押贷款保险赔偿额高达50亿美元，保险行业赢利下降了，进而遭受了承保亏损。根据穆迪公司的资料，至1985年，该行业整体亏损额超过了保费收入，净亏损达10亿美元。1985年至1988年4月间，该行业几乎半数停止开立抵押贷款保险。进入20世纪90年代，随着美国经济的复苏和持续发展，私营抵押保险业，无论是保险的绝对值还是新增保险合约的数量，都呈现出稳步增长的趋势。私营抵押保险业逐渐形成了一整套资本储备、资产管理和风险防范机制，并在住房抵押贷款信贷市场上作用越来越大。到1997年，私营保险在住房抵押贷款保险总额中占比已达到了54.5%[①]。

美国政府机构担保与私营保险公司担保在抵押保险品种、服务对象和运作方式等方面有一定差异。联邦住宅管理局为抵押贷款提供100%的担保，但担保的贷款多为常规抵押贷款，即固定利率、期限长达15~30年、贷款与房价之比为70%左右的贷款，并根据购房者收入水平及国民经济和房地产市场行业状况经常对担保的最高限额进行调整。而私营抵押贷款保险公司只对非常规抵押贷款(如贷款与房价之比超过70%的贷款)提供保险，如贷款房价之比为80%~85%时，贷款保险为贷款额的

---

① 参见汪利娜：《美国住宅金融体制研究》，中国金融出版社1999年版，第155页。

17%；贷款房价之比为90%~95%时，贷款保险则为贷款额的25%。另外，在运作方式上，政府提供的抵押贷款保险，审批程序较为复杂，只有购房供款支出占家庭收入为29%~41%的中低收入居民才有资格获得政府的抵押贷款担保；而私营抵押贷款保险经营方式较简便、灵活，凡有一定支付能力的购房者，其购房贷款的20%~30%均可购买私营抵押保险。私营保险公司在借款人违约须向金融机构提供赔偿时，可以采取两种方式：一是向贷款机构支付全额贷款，并拥有抵押房屋的产权；二是按保险合约，向贷款机构支付20%~30%的贷款额，让贷款机构拥有抵押房屋的产权。

相比之下，目前中国的抵押贷款担保机制发展还相当薄弱，主要有三种方式：(1)第三方担保(由购房者所在单位或其亲朋好友等个人提供担保)；(2)由开发商提供阶段性或全程担保；(3)保险公司或专门的保证公司提供担保。

这三种担保方式中，第三方担保由于与《担保法》冲突及担保单位或个人无力担保、不愿担保，常常无从落实，银行一般都要求开发商提供担保。开发商为了尽快把房子卖出去、回收资金，而与银行签订按揭协议，承担起本不应该由他们承担的风险，这种风险一旦发生，其后果可能是大量住房积压在开发商手中。保险公司只提供有限的财产险，不足以防范因购房者无力偿付造成的风险。

政府机构出面提供担保，可以解决中国目前发放抵押贷款时存在着的担保主体难以落实的问题。为了推动住房抵押贷款业务的开展，可以参照美国的做法，由政府建立担保机构来为抵押贷款充当担保人。政府机构在一级市场上提供担保，实际上充当了一种"最终贷款人"的角色，成为贷款风险的最终承担者。由政府提供担保，对于稳定住房抵押贷款市场有重要的作用，同时也促进了住房需求。

政府实行住房抵押贷款担保的资金可以考虑以下来源：一是建立住房担保投资基金。可以改变房地产投资因额度大、周期长、流动性差，广大中小投资者难以参与的局面。住房担保投资基金由专门公司经营，把投资者范围扩大到最大限度。二是发行抵押担保债券。即将抵押贷款作为抵押的再发行且利率固定但期限不同的组合债券，它是抵押债券的主要形式。发行人根据集中的银行债权抵押合同,按到期日的长短分类组合,形成不同期限且具有固定利率的债券,在资本市场上向投资者发行。抵押担保债券到期还本付息。三是收取担保费。结合国外经验,担保费一般为贷款额的1%左右。保险费支付方式一般分一次支付和分期多次支付两种。还有就是向贷款机构发行长期债券,以取代现金方式支付抵押贷款的赔偿。这种融资机制可用在抵押贷款证券化试点城市,也可以用在全国推行住房抵押贷款担保的初期阶段。通过央行、国家证券管理机构等发行长期债券,可以较快实现政府担保的承诺。

第三节 中国开展住房抵押贷款证券化的困境

从美国住房抵押贷款证券化发展过程可知,充裕的资金流、顺畅的资本运动渠道、较大的住房抵押贷款规模是发行抵押贷款证券的前提条件。在西方发达国家,个人住房信贷一般占到银行信贷总量的30%以上[1]。经济决定金融,金融服务于经济。住房抵押贷款证券化在中国的发展,必然要伴随着房地产市场(包括一、二级市场)的发展而逐渐进行,这将是一个较长的过程。

一、市场环境和条件不成熟

住房抵押贷款证券化的过程即建立抵押贷款二级市场的过程。在此过程中主要涉及房地产市场、证券市场、抵押贷款市场及担保机构等,它们的成熟与否,直接制约着住房抵押贷款证券化的实现。

---

[1] 不可忽略的是,近年来,中国个人住房贷款呈现高速增长态势,2002~2004年,全国个人住房贷款余额分别达到8258亿元、约1.18万亿元、约1.59万亿元(参见中国社会科学院城市发展与环境研究中心编撰、社会科学文献出版社出版的《2006年房地产蓝皮书》)。

据人民银行《2006年第一季度中国货币政策执行报告》公布的数据显示,截至2005年3月底,国内商业银行房地产贷款余额3.2万亿元,在全部人民币贷款余额中的占比为15.7%。个人住房贷款余额达到1.9万亿元,占比9.4%。

《中国房地产金融报告2006》指出,截至2006年年底,个人住房贷款余额达到1.99万亿元,占整个购房贷款余额2.27万亿元的87.38%。

首先,作为基础条件的房地产市场是保证交易标的合法性的关键,也是购买产权清晰房屋的保证。中国城镇现存住房产权格局中,除住房制度改革前残存下来的"私房"外,产权形式大多处于"混沌"状态,这些年来出售给居民的解困房、安居房、经济适用房和合作建房等准商品房,由于政府在土地、配套和相关政策上的投入,因而有政府的部分产权在其中。居民、开发商和政府到底各占多大产权比例[①],处于不清晰状态,而住房抵押贷款证券化的基本前提便是清晰的产权界定。

其次,虽然中国的证券市场经过十余年的发展。但仍然存在很多问题需要解决,如市场化程度低、市场规模小、功能不完备、管理不规范等。不成熟、不规范的证券市场进行抵押贷款证券化,在一定时期可能筹到一定量资金。但其缺乏发展后劲和所需的市场载体,并且会随着证券化的深入发展,而出现不适应、阻碍其发展甚至导致证券化进程的停滞。只有成熟的证券市场,能保证股票、债券价格与资产价值相一致,能保证证券交易的规范化,能保证抵押担保人的利益不受侵犯和贷款人的资金安全。

再次,抵押贷款市场也很不成熟。虽然已经开展了十余年,但抵押贷款市场还处在初期阶段。目前中国推行的主要是担保贷款,住房贷款中纯粹的抵押贷款比例并不高,多为保证加抵押或质押抵押的混合型贷款。

[①] 中国关于住宅的产权五花八门,带有明显的过渡经济的特色,不利于住房抵押贷款市场的拓展,从而间接加大了住房抵押贷款证券化的成本。中国的住宅产权大约有以下层次:1)市场价产权,指居民按照市场价格购买住宅,居民享有完整的住宅所有权,住宅可以进入市场。2)成本价产权,指居民以成本价格购买的住宅,产权归个人所有,一般住用5年后可以进入市场,但需补缴土地适用权出让金或所含有的土地收益和按规定缴纳有关税费。3)标准价产权,即居民以标准价购买的住宅,拥有部分产权,即占用权、使用权、有限的收益权和处分权,可以继承,产权比例按照售房当年标准价占成本的比重来确定,一般住用5年后可以依法进入市场。在同等情况下,原售房单位有优先购买权、租用权,原售房单位撤销的,当地人民政府房产管理部门享有此优先权。租售收入在补缴土地使用权出让金或所含土地收益和按规定缴纳有关税费后,单位和个人按各自的产权比例进行分配。4)乡镇产权,指乡镇与房地产商合作参与住宅开发,乡镇出土地,房地产商出资,住宅不允许进入市场交易,要想进入市场,必须由住宅购买者补缴各种税费,并完成其他繁琐的法律程序。中国住宅产权的混乱,使保险公司难以开展产权保险,而且大大增加了商业银行在发放住房抵押贷款中对住房产权调查的成本,也不利于未来发生产权纠纷时对商业银行的保护,对搞活借款人原有住宅的流通市场也是一个较大的障碍。

这样复杂的债权关系不利于抵押贷款的证券化。

还有,各商业银行为保障抵押贷款的安全性和分散银行风险,一般要求抵押贷款有一个统一的、权威的担保机构为抵押贷款担保。目前中国这样的机构还很少。

二、缺乏相应的市场主体、中介机构和服务

住房债券的发行与交易涉及发行人、投资者、中介服务机构三方市场主体和证券市场的监管者等四个方面的证券关系主体。针对中国当前的状况,使现有的机构投资者介入抵押贷款二级市场成为需求主体有一定难度,机构投资者是住房按揭债券投资的主力,保险基金、社会保险、保障及养老基金、证券投资基金、信托基金投资基金等,均可以将住房按揭债券纳入其投资组合,而成为投资者。但这些机构投资者购买住房抵押贷款债券相应的法规条例需放宽对其限制。在债券发行主体中,将有两类:一类是政策性发债机构,如住宅局、公积金管理中心、住房保险及保障机构等;另一类是商业性机构,如金融机构、住宅经营机构、房地产企业等,这些机构我们还须建立专业的住宅经营机构,进行专业化经营。

住房抵押贷款证券化,需要相应的中介机构提供服务。目前中国还没有资质较高的债券评级机构、政府及商业担保、保险信用增级机构、住房按揭债券发行与交易服务等机构。发行与交易机构中的评估、保险、咨询等中介机构也相当不健全。这些因素的存在,严重束缚了抵押贷款二级市场的建立。

二级住房抵押贷款市场的建立运作与房地产证券化是一项复杂的金融工程,涉及证券、金融、工程、财务等领域。譬如,作为一种特殊的证券种类,其转换即贷款合同、抵押合同及相关文书转化成具有法律效力的能流通的证券该如何操作;作为一种虚拟资本形式的房地产证券,风险如何在贷款银行、证券持有人和中介机构之间分摊及低成本转移。这些都有待于进一步的探讨、研究。除上述技术前提外,还须具备以下几点:一是必须开发出高效自动化的信息系统;二是实现抵押贷款运作的标准化,包括程序和实体的标准化、服务和抵押贷款特征的标准化、工具和设计的标准化,这些技术难度很大,十分复杂;三是借助于计算机的会计制度。

三、银行作为最关键的市场培育主体，目前阶段缺乏足够的积极性

1. 银行信贷资金相对过剩，无需通过住房贷款证券化来扩大其资金来源

开展住房抵押贷款证券化的一个重要目的，就是为了获得更多的资金来源扩大住房信贷规模，促进住房消费。然而，随着经济的发展及其结构的变化，中国长期存在的银行信贷资金紧张的局面已经发生逆转。特别是近几年，流动性过剩的形势越来越严重。各家银行头寸充裕，信贷资金由于运用渠道少而大量闲置。在现有资金已不能充分运用的情况下，银行缺乏开展住房抵押贷款证券化的积极主动性。

2. 个人住房抵押贷款尚未形成商业银行资金结构严重不匹配的问题

开展住房抵押贷款证券化的另一个重要目的，就是分散贷款银行的风险。目前，银行开办的个人住房抵押贷款有两类：一类是以住房公积金为来源发放的政策性个人住房委托贷款；另一类是以银行普通存款为来源的商业性个人住房自营贷款。对于前一类，由于住房公积金是职工缴存的长期住房储金，除退休、购房等特定情况支取外，流动性极低，因此用其发放的个人住房抵押贷款，不存在资金结构不匹配的问题。而对于后一类，虽然客观上存在"短存长贷"问题，但在当前个人住房贷款规模偏小的背景下，由于中国目前多数人的负债消费意识还不强，因此大多选择较短的贷款期限；同时，由于银行各类存款中定期存款通常占到60%以上，即使是活期存款中也总有一定比例的存款长期沉淀，在个人住房抵押贷款占银行全部贷款比例很低、贷款业务开展年限较短、贷款期限不很长而且大多采取按月等额还款方式情况下，使得"短存长贷"的资金结构矛盾，在中国现阶段还远未达到影响银行整体资产流动性的程度。

3. 住房抵押贷款证券化难以给贷款银行带来更多的收益

在现有银行信贷资产中，个人住房信贷还贷情况最好，由于有可靠的抵押物，加上保险参入，风险也最小。开展住房抵押贷款证券化，在现实条件下无法给贷款银行带来更多收益，甚至使其收益减少。个人住房抵

押贷款属于银行零售业务,本身手续多、费用大、成本高,难以消化住房抵押贷款证券化过高的发行成本①。贷款银行现有的利差收入,在用于维持正常业务开支、提取坏账准备金以后,已经所剩无几(对于住房公积金,还有用增殖收益建立城市廉租住房建设补充资金的任务)。在这样的状况下,大多数商业银行自然认为没有进行住房抵押贷款证券化的必要。

四、抵押贷款证券化所需要的法律环境、市场环境和人才环境都有待完善

首先是相关法规不健全,具体操作缺乏足够的法律依据和保障。住房抵押贷款证券化交易涉及资产出售和以融资为目的的不同程序和交易,技术性强、专业化程度高、程序复杂,没有健全有效的法律规范是不能操作的。中国近十几年出台的《担保法》、《破产法》、《信托法》虽然都已实施,为开展资产证券化提供了初步的制度框架,但仍缺少一些具体的法律规定和政策安排。其次是市场环境问题。中国的市场缺陷显而易见,例如:中国住房抵押贷款一级市场规模较小,而且一级市场没有相当规模的住房抵押贷款的积累,证券化就没有存在的基础;中国银行发放个人住房抵押贷款还处于发展阶段,尚没有形成统一的贷款标准和贷款格式,而贷款条件等的标准化可以说是形成抵押贷款组群的必要前提;机构投资者的准入资格也有待认定。最后还有一个不容忽视的问题便是人才的制约。由于抵押贷款证券化是一种新型的融资工具,涉及经济、金融、法律等各个方面,需要大量掌握这些综合知识的复合型人才,而中国现在还缺

---

① 以5年期为例,公积金政策性个人住房抵押贷款存贷利差为2.16个百分点,商业银行自营性个人住房抵押贷款存贷利差为3.06个百分点。如果按地方重点企业债券发行条件,开展个人住房抵押贷款证券化,付给投资者的收益加上发行费用(分5年摊销)4.333 + 2/5 = 4.733(个百分点),再加上兑付费用,证券化费用将达到5个百分点,如何消化解决?即使考虑风险转移因素不再提呆账准备金,并参照同为零售业务的活期存款,将其与准备金存款的利差1.07个百分点——作为银行办理两类个人住房抵押贷款的必要成本,其余贷款利息收入全部用于弥补证券化的费用,那么开展5年期个人住房抵押贷款证券化,尚有约3个百分点(商业银行自营个人住房抵押贷款)和4个百分点(公积金政策性个人住房抵押贷款)的证券化费用无法消化。

少金融、工程、计算机方面的人才，特别是精算师和速算师的培养，这方面的人才在中国十分缺乏。

第四节 房地产投资信托(REITs)创新的缘由、过程及效果

房地产投资信托（REITs）是美国房地产金融领域的重要创新，使房地产资本运动的"符号化"进一步往纵深发展。REITs是一种专营于房地产投资项目的投资基金，它通过向证券市场发售可自由流通的受益凭证，集聚众多中小投资者的资金，然后凭借自身专业的投资理念参与房地产项目的投资组合，最后将投资收益以股息、红利的形式分配给投资者。

美国房地产投资信托机构的投资方式一般分为三种：一是权益型的直接投资，即以拥有房地产项目的股权获取租金收入、股息红利和资本增殖收益；二是抵押型的间接投资，即发放各种抵押贷款，获取利息收入和手续费；三是混合型的投资，即不仅进行股权投资，还从事房地产抵押债权的投资。

REITs具有与其他资产较低的相关性、较低的市场波动性、有限的投资风险和较高的当前收益等特点。它最主要的特征是能够把所有给股东的股息从应纳税收入中扣除。但要做到这一点，必须具有以下法律特征作为前提：

1. REITs必须将其每年90%以上的应纳税收入包括资本收益，作为股息分配给其股东。

2. REITs必须将其资产的至少75%投资到房地产、抵押贷款以及其他房地产信托、现金或政府证券中。

3. REITs总收入的至少75%应当来自租金、抵押利息或销售其房地产财产的收益，并且至少95%要来自以上所列资源再加上股息、利息和证券销售收益的总和。

4. REITs至少有100名股东，5名或以下股东手中的股票总数不可超出已发行股票的50%。

一、美国 REITs 的发展历程

美国 REITs 的最早起源被认为是 19 世纪中期的马萨诸塞信托①。第二次世界大战后,对大量房地产所有权益和抵押贷款资金的强烈需求,促进了房地产投资信托的蓬勃发展。美国国会于 1960 年通过了《房地产信托法》(Real Estate Investment Trust Act),开创了房地产投资信托制度。国会认为需要有一种途径使众多的小额、分散资金通过一个机构汇集起来,参与大规模的、收益性的不动产投资,房地产投资信托可以充当将收入分配给信托受益人的一个专营于不动产业务的金融中介。《国内税收法典》(Internal Revenue Code)的修订条款授予 REITs 特殊的所得税待遇,同时对其组织形式、收入以及收益分配等要件做了严格的界定。

在 1961 年至 1976 年间,法律只允许权益型 REITs 存在,这期间共形成了 38 种 REITs。到了 20 世纪 60 年代末 70 年代初,抵押权型 REITs 作为一种贷款(尤其是建筑和开发贷款)来源,受到了广泛的重视。因为它们的放贷政策受到的管制较少,而且能够直接涉足公开的证券市场,填补了房地产融资市场上的一个空白。当时的借贷房地产投资信托(Lending REITs)是最受欢迎的,许多大型的地区银行、"货币中心"银行和抵押经纪人都建立了自己的 REITs,共有 60 多个,它们以高利率的形式向房地产开发商发放贷款。1974~1975 年美国经济出现了衰退,随着利率的上升,REITs 的融资成本和不良抵押贷款比率也随之上升,负债率突破了

---

① 当时由于产业革命创造的财富剧增,引发了对房地产投资需求的加大。而当时马萨诸塞州法律却规定:"除非房地产是其整体商业的一部分,否则,禁止公司拥有房地产。"针对这一规定所设计的马萨诸塞商业信托,是当时第一种被法律允许投资于房地产的实体,它承担有限责任,其股权可以转让并由专业人员负责管理。这种商业信托因为享有优惠的税收待遇,即信托公司本身可减免联邦税,同时投资者所得的租金收入分红又可减免个人所得税,因而对投资者很有吸引力。这种商业信托在波士顿成功之后,很快便在奥马哈、芝加哥、丹佛等地发展开来。尽管该信托设立的初衷,是打算为富有的投资者提供一条通过权益投资获取收益的渠道,但这种信托形式不久便面向一般投资者了。随着 1935 年美国最高法院取消了其优惠的税收条款之后,这类信托与一些类似的信托基金一样,大都转向其他投资工具。

70%。据统计，REITs 的资产水平急剧下降，从 1974 年的 200 亿美元下降至 1975 年的 120 亿美元。到了 20 世纪 70 年代中期，银行的信贷利率攀升至前所未有的高度，许多抵押型 REITs 暴露出严重的财务危机，主要体现在几个方面：

1. 以短期债务支持长期资产，利息的收支平衡难以维系。许多抵押型 REITs 的资金来源主要由"银行借款、商业票据、房地产抵押的短期性借款"等短期性债务构成；而投资的资产一半以上是土地开发建设的长期性资产。这样当债务资金的利息率升高时，靠利率差价生存的抵押信托则难以维系。

2. 市场利率上升，资金成本提高，一方面许多抵押型 REITs 无法将高成本资金转移给借款人；另一方面借款人的违约行为已日益增多，借款人出现经营危机。于是，许多 REITs 因为资不抵债、入不敷出而破产。

3. 1975 年 6 月，美国注册公共会计师协会修改会计准则，重新调整资产的核算方法，使 REITs 机构资产的账面价值大幅度削减，导致其股价下跌，进一步加重了 REITs 机构的财务困境。

经历了 20 世纪 70 年代的挫折，机构积累了大量有益的经验。从 REITs 机构内部，经理人从以下几个方面来提高自身的投资收益，同时降低投资风险：

1. 调整债务结构，降低银行借款、商业票据等短期性债务比重，增加股东权益与房地产抵押贷款等长期性的筹资比例。

2. 从债权型 REITs 转向权益型 REITs，从追求短期投机性暴利转向长期的稳健性收益。

3. 调整资金的投向，更加注重分析投资对象的安全性和价值，充分运用分散化的投资组合原理，将土地开发建设贷款项目的资产比重从最高的 80% 下降到 1%。

20 世纪 80 年代以后，美国政府一系列的税法修改措施，为 REITs 的快速发展铺平了道路，其中重要的是 1986 年税收改革法（The Tax Reform Act of 1986）。一方面，它对 REITs 的经营者做了严格的规范，规定基金必须雇佣独立的不动产专家来执行管理 REITs 基金的日常事务活动；同时拓宽 REITs 的投资范围，允许 REITs 基金参与某些特殊不动产的开发和管理,并允许其介入从前不被允许的一些收益性不动产项目,比如旅馆、医院等物业。这些物业不仅要求资金的扶持,更需要更高水平的特殊的物业服务。另一方面,1986年的法案为了进一步减少利用REITs寻求税收庇护的可能性,延长了REITs自有不动产的折旧期,使之发挥更加完全意义上的"投资收入导管"的作用。

1991年美林公司(Merrill Lynch)公开首发IPO,标志着"现代REITs时代"的到来。《1997年纳税者减免法》(*Taxpayer Relief Act of 1997, REITSA*)和1999年颁布并于2001年生效的《REIT现代化法案》(REIT Modernization Act, RMA),这两个法案的变革,都是从1976年的TRA修正案开始的改革过程的延续,使得美国房地产投资信托基金得以充分发展。据NAREIT数据统计,截至2004年1月31日,美国REITs行业的总市值已经达到2390亿美元,其中权益型REITs的市值为2189亿美元,占总市值的91.63%。全美REITs拥有的商业类房地产超过4000亿美元。136只REITs在纽约证券交易所上市交易,其总市值为2310亿美元。

二、REITs的运作过程及其特点

REITs本质上是一种资金信托型投资基金,其运作一般分为四个阶段:

成立阶段:房地产投资信托基金依法设立,并在证券交易所挂牌交易。

筹资阶段:房地产投资信托基金通过证券市场,向特定或其他的投资者发行房地产投资信托受益证券,以获取资金。

经营阶段:房地产投资信托基金将资金投入到房地产及其相关权益的投资项目中,并将实际经营管理工作承包给独立的专业开发商负责,从中获取利息、租金、资本增殖等投资收入。

利润分配阶段:房地产投资信托基金的投资经营效益直接反映在REITs股票的价格涨落。受益凭证的持有者(也就是投资项目的受益股东)通过股息分红或低买高卖的方式实现自己的投资收益。

与房地产直接投资相比较,两者具有如下差异:

1. 流动性。房地产直接投资由于直接投资于房地产物业,若想变现往往只能出售物业,但出售物业的难度较大且交易成本很高,因此流动性差;而就REITs而言,投资者可以通过金融市场自由买卖,故具有高度的流动性。

2. 投资风险。房地产直接投资由于直接投资于房地产物业,受房地产市场变化的影响很大,因此投资风险大;而REITs能通过其多样化的投资组合和"导管"的功能,能有效地抵御市场的变化和通货膨胀,投资风险较小。

3. 收益的稳定性。房地产直接投资由于受房地产总体市场的影响较大,收益起伏很大,有可能获取较高的收益,也有可能血本无归,总体而言,收益的稳定性不高;而REITs则受房地产总体市场的影响较小,波动性较小,从而收益的稳定性较高。

4. 物业与资产类型。房地产直接投资由于受投资资本规模的限制,其物业通常集中在一个或几个地区、集中于一种或几种类型上,而且资产类型单一;而REITs由于投资规模较大,其物业所处的地区比较广泛,物业的类型多样化,且资产类型多样化。

5. 管理方式。就房地产直接投资而言,投资者必须自己介入房地产的具体业务,这需要花费大量的时间和精力。投资者若聘请他人管理,这极易产生代理人的道德风险,并容易导致管理层与股东之间的利益冲突,且由于缺乏专业人员的介入,投资者难以获取便捷的融资渠道。而REITs一方面因由房地产专业人士管理,管理层在REITs中又占有相当大的股份,这样管理层与股东之间的利益冲突就能比较有效地防止;另一方面,投资者能够借助管理层的能力获得良好的融资渠道。

在美国,REITs是一种在金融市场流通的普通股,但它与一般公司普通股相比,在很多方面有其特殊性,比如:

1. 因REITs公司在经营层上不必纳税,能为投资者带来更大的投资收益,所以它是美国具有避税功能的最重要的投资工具之一。

2. REITs公司"每年95%[①]以上的应税收入必须作为股利分配给股东",这是法律的强制性要求,REITs公司无权制定自己的分红政策。这

---

① 2001年1月1日降至90%。

使得REITs公司无法像别的公司那样以本公司上年度的赢利为资本积累去扩张发展,而必须开辟新的资本渠道以筹集所需资本。

3. REITs的资产组合有明确的定向性,即要求75%以上是投资房地产领域的实物或金融产品,但是在这一领域内,资产类型是多种多样的①。有些REITs集中投资于某一特定地理区域内的房地产,有些专门投资于住房抵押贷款,有些则各种类型的房地产或其金融产品都做投资。

REITs在美国经历了兴起、衰退、复兴三个阶段,它的复兴与美国政府的大力扶持、引导密切相关,但主要得益于其自身的创新和不断完善。

1. REITs具有资金集聚的规模效应。第一,REITs作为中介机构,可以吸纳充足的地产和资金综合利用,满足不同投资者的收益需求,降低交易成本和信息认知成本。社会节余资金如果分散在个人,由个人自发集合起来进行投资,一方面他们缺乏房地产开发方面的专门知识和经验,会引致巨大的投资风险;另一方面由于各自对投资收益的期望和要求不同,有的希望获得长期稳定的回报,有的希望一次性获得补偿,其意愿的协调成本会大大提高。第二,在金融市场上,资金的运作并不遵循简单的1+1=2的数学逻辑,资金实力越强,其运用渠道越广,获利能力越强。REITs机构可以以自身的名义,将投资者的资金集合运用,不仅提高资金运作的效率,而且可以在投资市场上讨价还价,甚至左右行情,获得高额的回报。第三,对于筹资者,也就是REITs的投资对象来说,REITs机构为他们丰富了资金的来源渠道。到了20世纪90年代,UPREITs的出现,更加丰富了筹资者的融资形式。筹资者可以在保留自有不动产的所有权的同时,借用REITs的名义到公开的市场上筹集股权性资金。

2. REITs具有资金管理的安全监督机制。第一,REITs机构保障了投资者、筹资者和政府三方的利益。对于投资者,它是受托人,是其最大损失的担保者,是投资项目资金运用的监督者;对于筹资者,它也是受托

---

① 1997年10月31日,权益型REITs市场的组成大致为:零售(24%)、居住(18%)、健康护理(6%)、办公(10%)、工业(5%)、自存仓库(3%)、酒店(7%)、装配式住房(2%)、抵押贷款支持债券(7%)、其他(18%)。——[美]特瑞斯·M.克劳特特等:《房地产金融——原理和实践》(第三版),龙奋杰等译,经济科学出版社2004年版,第55页。

人,是招募钱财的包装师,为筹资者设计融资计划;对于政府,它是一个稳定金融市场的媒介。REITs 将利益相关的个体和法人串联起来,各得其所。第二,REITs 内部存在董事会、投资顾问、独立董事以及股东大会四方的相互制约和监督,充分保证了 REITs 的有序规范的运行。第三,REITs 外部有与投资者、筹资者签订的信托合同,政府的法规以及证券市场上股价的起落可用以制约、影响 REITs 机构的行为。第四,信息公开、透明。美国证监会不仅要求所有的 REITs 机构必须免费向投资者披露两种信息:募股说明书和期间报告书;同时,REITs 协会设有专门的网站,对所有该类机构的财务信息做充分的披露和比较。投资者可以通过分析这些数据,选择判断自己的投资决策,同时以买与卖的行为对 REITs 机构的业绩行为行使有效的监督和激励。

3. 严格、细致的税法规范了 REITs 的健康发展。美国税法通过历史上的几次重大修改,使 REITs 机构成为完全意义上的消极、被动的不动产投资收益的传输导体。第一,严格界定 REITs 专营于不动产产业的投资特性。要求其筹集资金的大部分必须投向房地产方面的业务,75% 以上的资产应由房地产、抵押票据、现金和政府债券组成,同时至少有 75% 的毛收入来自租金、抵押收入和房地产销售所得,否则 REITs 机构不能享有免去公司所得税的优惠。第二,规定 REITs 所持不动产的期限,要求持有期在六个月以内的股票或证券,以及持有期在四年以内的房地产(非自愿交换或取消赎回权的除外)的销售收入,不得超过该实体总收入的30%,以防止任意炒作投机的行为。第三,要求 REITs 高级管理人员对本机构进行投资,即 REITs 的高级管理人员必须将大部分个人净资产投资于自己管理的 REITs 中,以实现管理层和股东利益的本质一致性,减少管理人员玩忽职守的道德风险。第四,对 REITs 财务报表的会计处理做了详细的规定,尽可能减少 REITs 机构在折旧和摊销处理上对投资者不利的行为。第五,对 REITs 的财务报表充分披露,严格监督其收入分配。第六,要求 REITs 管理人员的专业化,以保证投资者的基本收益。第七,对 REITs 的组织形式做必要的规定,力求通过内部的制衡监督机制来保障中小股东的权益。

三、美国 REITs 的制度创新优势

从房地产资本运动角度看,房地产投资信托基金这一制度创新的优势在于:

1. REITs 的出现为公众参与商业性房地产①权益投资提供了机会。REITs 股本金低,持股灵活。通常合股性质的公司或企业会要求的最低投资额不低于 1.50 万美元,但对于 REITs 来说,每股只需要 10~25 美元;同时,REITs 对持股数量没有限制。因此,中小投资者通过投资 REITs,在承担有限责任的同时,还可以间接获得大规模的房地产投资的收益。民众可以通过购买 REITs 收益凭证的方式参与投资,既可以分享美国宏观经济增长带来的收益,又间接地推动了房地产资本运动的发展。几乎所有的投资者都被给予了投资房地产的机会,而这一机会在历史上曾经主要为富人、有产者所占有。像普通股票一样,REITs 使资本运动变成了"大众的游戏",这对房地产资本运动的健康平稳发展具有重大意义。

2. REITs 的相对低风险吸引了众多的机构投资者,使房地产资本运动的资本源头得到了极大的充实。REITs 是以受益凭证或股票的方式募集公众资金,通过专业化的经营管理,从事多样化的投资,除可通过不同的不动产种类、区位、经营方式等投资组合来降低风险外,亦可以在法令规定范围内从事公债、股票等有价证券投资以分散投资风险。与传统的房地产开发只能投资于固定单个项目相比,REITs 可以投资于不同的项目,规避风险的能力较强。REITs 作为房地产资本运动的高级形式,其对风险管理的理念成熟,主要体现在其投资房地产的门类齐全②,各类房地

---

① 商业性房地产不等于商用房地产,公寓住房和预置房由于靠出租房屋或土地、配套设施等获得收益,也属于商业性房地产。

② 几乎所有的房地产门类都在 REITs 投资范围之内,如公寓楼(apartment building)、预置房社区(manufactured-home community)、综合购物中心(mall)、社区购物中心(neighborhood shopping center)、厂家直销中心(outlet center)、写字楼(office)、工业房地产(industrial property)、酒店(hotel)、自储设施(self-storage)、医院(hospital)、高尔夫球场(golf course)等。——[美]拉尔夫·布洛克:《房地产投资信托》,张兴、张春子译,中信出版社 2007 年版,第 33~54 页。

产的风险状况和收益情况有很大差别,因此加入 REITs 投资房地产与直接投资房地产相比有较大的优势。REITs 定期分配股息收益,而且股息率相对优厚,由 1993 年 12 月至 2003 年 1 月期间的平均年度股息率达 6.96%,比十年期美国政府债券(5.86%)、标准普尔指数公用股(4.45%)及标准普尔 500 指数(1.79%)收益率还要高。

3. REITs 使房地产资本的运动性显著增强。房地产属于不动产,由于其本身的固定性使得它的流动性较差,投资者直接投资于房地产,如果想要变现,往往在价格上不得不大打折扣,而且一般要全部出售(如一间房子,要卖就得全部卖掉)。当投资者未必需要那么多的现金时,房地产买卖的难度就更大。要是投资于 REITs,这些麻烦就不存在。REITs 是一种房地产的证券化产品,通常采用股票或受益凭证的形式,使房地产这样一种不动产运动起来。而且,由于 REITs 股份基本上都在各大证券交易所上市,与传统的以所有权为目的房地产投资相比,投资者可以根据自己的情况随时处置所持 REITs 的股份,具有相当高的流动性。而与房地产证券化的其他方式相比,REITs 在产权、资本经营上更具优势,REITs 常常在证券市场上公开交易,因此它又比房地产有限合伙公司方式具有更多的流动性,其流动性仅次于现金。

4. REITs 作为灵活的金融投资及规范运作的管理工具,促使房地产资本运动向纵深发展。作为一种现代房地产金融投资工具,REITs 具有很大的灵活性,主要表现在:REITs 有基金创立机构、市场中间商(经纪人)及持有人的广泛参与;REITs 可作为融资渠道;共同基金可以转换成 REITs;REITs 还可以作为一种证券工具,把一些机构或面临困境的物业销售商持有的分散房产包装上市;甚至也可以把整个纳税集团公司纳入 REITs 进行运作。同时,立法要求 REITs 的资产必须由独立的顾问来管理,专业性、规范性也很强。大多数的顾问都是金融机构或者专门从事房地产咨询服务的公司,具有良好的专业技能,REITs 管理团队对某些房地产或房地产金融领域的熟悉程度对 REITs 的收益率有直接影响。

5. REITs 的长期收益由其所投资的房地产价值所决定,因此其收益与其他金融资产的相关度较低,这有利于整个金融市场的稳定,使资本运动更平稳。投资者的资产组合决策中,也会考虑 REITs 相对较低的波动性和在通货膨胀时期会具有的保值功能。根据美国国家房地产投资信托协会(NAREIT)的统计数据,在1993年1月至2001年10月这段时间,REITs与标准普尔500指数的相关系数为0.24。美国资产管理的权威机构Ibbotson Associates在2001年做的一份研究报告中指出,通过对所有已经发行的REITs历史业绩进行分析发现,REITs的回报率与其他资产的收益率的相关性在过去30年一直呈下降趋势。例如,在1972年至2000年间,REITs与标准普尔500指数的相关性是0.55,但是在1993年至2000年间,这种相关性下降到了0.25[①]。由于REITs的这一特点,使得它在近十几年的美国证券市场上迅速扩张。在美国,目前大约2/3的REITs是在这一时期发展起来的。

第五节 住房金融工具创新推动当代房地产资本运动新格局的形成

住房金融工具的创新特别是抵押贷款证券化和房地产投资信托的发展,使房地产资本与金融资本的融合——房地产资本运动的"符号化"——达到了前所未有的高度,不仅使房地产资本运动本身得到了充足的资金,而且为整个资本市场提供了高质量、相对低风险的证券产品,吸引了众多的机构投资者和个人投资者进入资本市场,促进了金融市场朝着更加平稳、有效运行的方向发展。正如美国著名经济学家莫迪格利亚尼指出的:"资产证券化真正的意义并不在发行证券本身,而在于这种新的金融工具彻底改变了传统的金融中介方式。"

一、美国二级抵押市场推动的住房金融产品创新

美国住房金融源远流长,但是真正的住房金融产品创新高峰是在20世纪80年代以后,最主要的推动力来自于二级抵押市场的迅速发展。之所以如此,有一个重要的金融市场背景:养老基金和其他长期投资者的规

---

① [美]拉尔夫·布洛克:《房地产投资信托》,张兴、张春子译,中信出版社2007年版,第5~6页。

模庞大,代替储蓄机构的可能性大大增加,抵押银行因此获得了稳定的可持续的巨额资金来源,用于购买大量的标准化的住房抵押贷款。当然,还有其他方面的背景,比如来自美国联邦政府和国会的支持。①

成功的二级抵押市场的关键在于创造投资者可接受的抵押贷款相关证券(MRSs)。MRSs 具有以下几个特征:

1. MRSs 有某种形式的信用增强。比如机构担保、标准普尔和穆迪公司的高评级、组合保险等等。

2. MRSs 需要避免双重征税。一个发行 MRSs 并用所筹集的资金购买抵押贷款的二级市场实体将会有利息收入,而这一利息收入将转交给 MRSs 的投资者。MRSs 的发行必须确保他们的收入和给投资者的现金流不被同时征税。不然,双重征税会抵消这一安排的所有好处。

3. 为了吸引投资者,MRSs 需要对现金流进行调整。许多投资者不愿意投资于完全复制抵押贷款现金流的证券。如果抵押贷款的现金流可以在数额和时间上重新设计并分配给 MRSs 的投资者,MRSs 的市场规模将更大,流动性会更强。

住房抵押贷款及其证券化的核心是解决房地产资本的流动性问题,证券化可以最大限度地盘活资金,并吸收社会资金进入金融领域。在美国,各金融机构根据住房消费者的实际情况,创造出期限不一、利率多样化、还款方式多元化、品种众多的金融创新品种,用多种可供选择的工具创造需求。住房金融品种有可调整利率抵押贷款(ARM)、分级偿还抵押贷款(CPM)、可调整价格抵押贷款式(PLAM)、双重利率抵押贷款式(DRM)和各种抵押贷款支持担保的证券(MBS),如转递证券(PASS-THROUGH)、抵押债券(MORTCACE-BACKED)和支付传递(PAY-THROUGH)。这些金融品种种类多、期限有长有短、利率有高有低,通过打包组合,设计出不同种类的交易工具供投资者选择。

---

① 美国国会在1984年通过了《二级抵押市场改善法案》(SMMEA),该法案取消了各州设置的投资者可以购买的抵押贷款相关证券种类和数量的限制;同时,它使抵押贷款证券免受州证券注册规定的约束。联邦政府支持的"房利美"和"房地美"的章程也使它们免受州注册法律的约束。虽然各州有选择地接受这些法案和章程,但是二级抵押市场确实是在此之后发生了深刻的变化。

就美国住房抵押贷款证券化产品而言,最基本的证券是 MBS,即将购买的抵押贷款按照相同特性,例如期限、利率等因素,打包成抵押贷款组合,以此为支撑发行出售的,代表对贷款组合现金流权益的收益凭证。美国住房抵押贷款证券化中的证券主要有转递证券、抵押债券、转付证券,其中转付证券兼有转递证券和抵押债券的特点,是两者的结合形式。转付证券是发行人的负债,抵押贷款组合的所有权并不转移给投资者,这与抵押债券相同;发行人用于偿还转付证券本息的资金来源于相应的抵押贷款组合所产生的现金流量,这又与转递证券相同。目前最广泛使用的转付证券是担保抵押债务证券(Collateralized Mortgage Obligation,简称CMO),这是抵押担保证券市场发展最快、最有前途的品种,不过其操作过程也最为复杂。其设计思路是改变现金流的支付,利用长期的,每月支付的抵押贷款现金流去创造短、中、长期不同级别的证券,从而满足不同投资者的需求。担保抵押债务证券针对投资者对金融工具不同的期限要求设计,将本息支付分为几级,每级的到期期限依次递增,每一级别有各自的利率水平和偿付方式。从资产池中产生的现金流首先用于支付利息,然后偿还本金;先偿还最短期限,级别在前的证券,偿还完前一级别证券的本金后再偿还后一级别的本金,直到所有级别的均被清偿。CMO的设计隐含了一个优先和次级结构,对投资者的偿付顺序的安排意味着风险和收益被分解成不同的级别,不同投资偏好的投资者可选择具有不同风险收益模式的品种。

随着美国信贷资产证券化的深化,从转递证券中衍生出剥离式担保证券这一高级形式。转递证券将来自基础资产组合的现金流按比例分给证券投资者,而剥离式担保证券则将本金和利息的分配进行不均匀的分割,即同时发行两种证券,每种证券从同种资产组合中获得的收益不同。剥离式担保证券分为仅利息类证券(IO)和仅本金类证券(PO)。这一设计将提前偿付风险完全分割成两个方面:当市场利率上升时,抵押贷款的提前偿付率下降时,本金的支付延缓,仅本金类证券的内部收益率下降,而利息的支付增加,只获得利息类证券的内部收益率提高;相反,当市场利率下降时,仅本金类证券的内部收益率提高,仅利息类证券的内部收益率下降。作为衍生产品,剥离式担保证券的设计必须基于基本品种的还本付息运行成熟的基础上。

二级抵押市场活动在20世纪80年代至90年代达到了高潮,记录一些重要的历史事实有助于我们理解这一房地产资本运动波澜壮阔的时期①。

1981年,联邦住宅抵押贷款公司推出保证人、传统的固定利率抵押贷款的第一个互换方案。储蓄机构可以使用"房利美"的PCs做抵押,借入不受Q条例限制的资金。它们也可以出售PCs以筹集资金来满足存款提取的需要,而无需在利润表上报告亏损。

1982年,传统抵押贷款的利率达到了16.5%的峰值。GNMA将高于120亿美元的1~4户家庭抵押贷款证券化。"房地美"持有的1~4户家庭抵押贷款从1981年的195亿美元增加到426亿美元。

1983年6月,"房地美"发行10亿美元的第一笔CMO,在一星期内就售完了。到12月底,共发行了总额近47亿美元的12笔CMOs。人寿保险公司和养老基金是CMOs长期档的主要投资者。第一波士顿和所罗门兄弟等私营公司购买了"吉利美"的传递证券,并将现金流转化为CMOs。美国西南金融公司组建35个建造商的联盟,将他们出售的房地产抵押贷款证券化。

1984年,美国国会通过了《二级抵押市场改善法案》(SMMEA),该法案取消了各州设置的投资者可以购买的抵押贷款相关证券种类和数量的限制,同时,它使抵押贷款证券免受州证券注册规定的约束。联邦政府支持的"房利美"和"房地美"的章程也使它们免受州注册法律的约束。虽然各州有选择地接受这些法案和章程,但是二级抵押市场确实是在此之后发生了深刻的变化。SMMEA法案成功地将"房利美"和"房地美"的债务置于和美国国债几乎一样的地位上。为了获得该法案赋予的资格,抵押贷款证券必须被至少一个评级机构评定为最高的两个等级之一。

1985年,"房地美"通过纽约簿记系统的联邦储备银行发行簿记形式的PCs。抵押贷款证券交易因此受到极大激励,从1981年的1310亿美

---

① 参见[美]特瑞斯·M.克劳瑞特等:《房地产金融——原理和实践》(第三版),龙奋杰等译,经济科学出版社2004年版,第266~270页。

元跃升至近万亿美元。不久,"房利美"也转移到簿记系统。

1986年,《税收改革法案》被通过。该法案授权发行房地产抵押贷款投资渠道(REMIC)。它们为多类别的传递证券提供可选择的税收待遇。REMIC避免了需要积极管理的传递证券的双重征税问题,但允许发行在会计上视为资产的出售。这一年,二级抵押市场活动十分活跃。"房利美"将独户住房的最高贷款额增至133250美元,它们在2月份创纪录地出售了26亿美元的PCs,在6月份完成了一笔30亿美元的互换交易,在第二季度购买了创纪录的66亿美元抵押贷款,为对冲利率风险,它们又出售了100亿美元的固定利率贷款。"吉利美"在ARM证券上发行了创纪录的1.35亿美元,而且担保的证券总额达到了30亿美元。

1987年,第一笔REMIC由"房利美"发行,FHA和VA为之提供了5亿美元的贷款担保。私营公司也变得更加活跃而富有创造性。如第一波士顿发行了第一笔带有已证券化剩余类的CMO,太平洋商人银行发行了由商业抵押贷款担保的REMIC,发行额为2亿美元。

1988年,第一笔由ARM担保的REMIC由"房利美"发行。HUD宣布它将考虑让FHA为价格水平调整抵押贷款提供保险。

1989年,《金融机构改革、复兴和执行法案》被通过。"房利美"宣布一个剥离式巨型PC方案,IO和PO部分将使用几种固定利率的PCs来形成。

1990年,"房利美"发行它的第一笔用以伦敦银行间拆借利率(LIBOR)为指数在ARMs做担保的MBS,它同时推出5种由金融PCs担保的REMICs。

1991年,美国众议院批准融资780亿美元,以维持解决信托公司的运作,从而使它能解决储蓄机构的问题。RTC出售8.33亿美元抵押贷款,支持历史上最大一笔MBSs销售。国会考虑通过立法要求"房利美"和"房地美"发行的MRSs获得评级机构的AAA级。年中,FHA/VA抵押贷款的84%和传统抵押贷款的32%已经证券化。

1992年,国会通过《住宅和社区发展法案》。该法案为"房利美"和"房地美"重新写了国会章程,以达到为可支付住宅和中心城市及其他服务地区的住宅安全融资的目标。重写后的章程还设定了相关标准,以预防再次出现储贷协会那样的危机。

第三章 房地产资本运动的"符号化"与住房金融工具创新

1993年,抵押贷款组合和信托中的抵押贷款债务达到了1.5万亿美元,相当于国内抵押贷款债务余额的36%。

1994年3月末,FHA/VA抵押贷款的87%和传统抵押贷款的42%已经证券化。

1995年,HUD《财政合理化法案》调整了203(b)条款的住房抵押贷款方案设定的抵押贷款限额,最大额度达到了现行联邦住房抵押公司限额的75%。

1996年,"房利美"宣布从住房贷款机构购买10.75亿美元抵押贷款收入债券。

住房金融工具的创新是推动美国资本运动格局变化的重要力量。1950年美国所有贷款人的抵押贷款余额是730亿美元,1960年是2070亿美元,1970年是4735亿美元,1980年约为1.46万亿美元,1990年约为3.80万亿美元,1996年达到了约5.05万亿美元[①]。1997年,与4.7万亿美元的房地产抵押贷款余额相比,房地产建设贷款显得很少,只有1070亿美元,占房地产贷款总余额的2.2%。如今,全美房屋抵押贷款市场已超过6.5万亿美元,比美国国债市场还要大。在金融衍生工具方面,随着资本市场的深化,与住房抵押贷款次级债相关的证券化产品得到了迅猛发展。2006年住房抵押贷款证券化额达到2.1万亿美元,证券化率达到70%左右。从私人机构发行的基础资产池含有次级债的抵押贷款支持证券产品的结构来看,次级抵押贷款支持证券发行的占比不断提高,在2004年超过优质(prime)抵押贷款支持证券,2006年发行额达到4490亿美元,占比为39%;Alt-A类抵押贷款支持证券发行额为3657亿美元,占比为32%;优质抵押贷款(其中大部分是巨型抵押贷款)支持证券发行额为2171亿美元,占比19%。

二、中国住房金融产品创新

就中国当前情况而言,住房金融创新尚处在初级阶段,但金融产品也

---

① [美]特瑞斯·M.克劳瑞特等:《房地产金融——原理和实践》(第三版),龙奋杰等译,经济科学出版社2004年版,第81页。

基本适应当前资本运动格局的需要。与美国不同的是,由于中国房地产开发商的特点(后文将论及),针对房地产开发企业的金融产品设计更加受到重视,也容易推出,而针对住房消费者和投资者的金融产品设计反而不那么容易推出①。

房地产开发可以分为七个环节:开发项目的立项和可行性研究、规划设计和市政配套、选择地点和取得土地使用权、开发项目的前期工作、建设管理和竣工验收、房地产商品的经营和物业管理。按照融资的不同需求,可以将这些环节归纳为三个融资阶段,按照不同阶段面临的风险来选择每个阶段适合的融资工具。

第一阶段(准备阶段),开发成本和费用包括购入土地使用权和原材料,支付可行性研究和规划设计费用等。这一阶段房地产企业主要面临投资估算不足、融资规模不够的风险。该阶段融资期限最长,数额较大,受到政策规定自有资金35%以上须达到才可获得银行贷款的限制,一般房地产企业难以达到要求,为获得贷款必须保证"过桥融资"的可得性,因此可以接受较高的融资成本。由于夹层融资既包括债券融资又包括股权融资,规避了政策限制,可以作为此阶段融资的首选,用以补充自有资金。使用夹层融资后,自有资金比例达到30%以上,便可以使用信托融资。房地产企业常使用赊销手段拖欠供应商材料款,这些款项主要是通过各种途径获取的银行贷款。对于资质较好的大型房地产开发商可以考虑发行债券,与海外资金合资设立项目公司进行投资,上市和并购等方式在项目准备阶段之前融资,保证整个开发过程中资金链条的顺畅。中小型企业可在此阶段选择联合开发,实现地产商和经营商联盟合作,统筹协调,使双方获得稳定的现金流,有效地控制经营风险。项目融资适用于大型项目的开发,有利于风险分担、化解银行风险,可用于房地产准备和生产阶段,满足大额和连续性资金的需要。

第二阶段(生产阶段),开发成本包括"七通一平"等土地开发成本,

---

① 直到2006年1月5日,才由中国光大银行推出首个固定利率住房贷款产品。2005年12月1日起,《金融机构信贷资产证券化试点管理办法》正式施行,为房贷证券化提供了政策和法律依据及有力保障。以此为契机,中国建设银行和国家开发银行开始了个人住房抵押贷款证券化发行的试点。

建筑、安装工程、配套设施建设等支出,房地产企业面临建设项目拖延、原材料价格上涨等风险。这就要求开发商融资进度尽可能与开发进度配合,既满足工程需要,又不能因过度融资导致过高的资金成本。基建垫资是本阶段实际操作中主要资金来源之一,这样房地产开发企业就可将一部分融资的困难和风险转移给承包商,但开发企业后期要按照合同还款并支付利息,融资成本略低于银行贷款。完工后生产资金转化为成品资金。适合选用信托、夹层融资等方式,融资成本较高,但受政策限制较少,相对容易筹得资金。项目融资满足连续性资金需要的特点也适合该阶段融资。开发商贴息委托贷款,对购房者来说是低价买期房再加上提前的贷款利息贴补,容易接受,对开发商而言比"结构封顶"才能按揭销售提前了大约1年的时间,特别是作为过桥融资,可以使开发商更容易得到银行开发贷款。短期融资券,一般在9个月内还本付息,具有利率、期限灵活,周转速度快、成本低等特点,是信誉良好的房地产开发企业,在生产阶段和销售阶段进行衔接的时候,解决短期资金缺口的理想融资选择。

第三阶段(销售阶段),开发商销售房地产回笼资金,这一阶段房地产企业面临贷款利息税升高、购房者拖欠款等风险。中国人民银行《关于规范住房金融业务的通知》规定:承办住房贷款业务的各商业银行贷款的对象,必须是购买主体结构封顶的多层住宅和总投资完成2/3的高层住宅的借款人,因此开发商只有完成生产阶段后才能售楼,这时的定金和预售款成为主要的资金来源,预售房款可提前实现收益,但在房价上升通道内会损失一部分利润。本阶段购房者需要融资,按揭贷款、抵押贷款和住房公积金都是可行的方式。对于工作时间不长,但有较高收入预期和还款能力的年轻人可选用按揭贷款;对有工作时间较长或一定财产积蓄的中老年购房者可选择住房公积金、抵押贷款或综合使用以上方式。融资租赁也可以减轻支付负担,实现真正意义上的"零首付"。

房地产开发融资主要以银行信贷为主。房地产开发信贷主要包括土地储备贷款、房地产开发贷款等。2005年年末,全国房地产开发贷款余额达到9141亿元,比2004年增长17.03%。其中,土地储备机构的贷款余额达1225亿元,增长47.94%;房地产开发贷款5795亿元,增长17.08%。第二种是通过信托产品开展房地产开发融资,主要有信托贷款、财产权信托和信托股权融资三种模式。其中，信托贷款在信托业务模式中占据主导地位。2005年年末，中国金融机构信托贷款达到401.3亿元，规模比较小。第三种是通过发行股票、债券等融资，目前房地产企业通过这种方式进行融资的规模在总融资中所占比例很少。

住房抵押贷款是银行房地产金融业务的重点。在住房消费领域发放的住房贷款主要包括个人购房贷款、装修贷款、组合贷款、再交易房贷款等。2005年年末，个人住房贷款达1.84万亿元，同比增长15.75%；住房抵押贷款不良率低于3%，成为商业银行的优质资产。2003年以后，房地产金融市场上的竞争日益激烈，住房信贷产品创新日新月异。为了吸引客户，扩大市场份额，提升综合竞争力，满足客户多样化、个性化的贷款产品要求，商业银行不断推出新产品，主要包括：固定利率住房贷款、直客式住房抵押贷款、住房循环授信、住房贷款"双周供"、接力贷、住房加按揭贷款、"0岁还贷计划"和"移动按揭组合还款法"等等。

进入住房贷款品牌化竞争阶段。商业银行加大产品创新的同时，其品牌意识和服务意识不断增强。由于商业银行普遍把住房贷款作为优先业务、优质资产来对待，竞争日益白热化，市场竞争逐渐上升为品牌竞争，品牌服务、品牌营销成为住房贷款业务发展的主要方向。目前影响较大的有：建行的"乐得家"、工行的"幸福之家"、农行的"金钥匙"、中行的"理想之家"等住房贷款系列产品和品牌。各大银行分别推出了不少金融创新产品，如"总行—总部"房地产开发贷款信贷管理新模式、资产（商业用房）支持贷款、固定利率个人住房贷款、宽限期还款方式、直贷式个人住房贷款、房贷理财账户服务、个人住房接力贷款、个人住房循环额度贷款等①。

住房贷款保险（担保）业务取得发展。1998年，为激励商业银行开展住房贷款业务，促进房地产市场发展，人民银行在《个人住房贷款管理办法》中规定，申请个人住房抵押贷款的必须办理房屋保险。之后，保险公司不断完善住房保险产品、增加产品种类、改进交费方式，提升住房贷款保险服务水平。随着住房公积金委托贷款业务的不断发展，贷款

---

① 参见中国人民银行：《中国房地产金融报告2006》，中国金融出版社2007年版。

担保需求日益显现。住房置业担保业务在2000年以后取得快速发展，为公积金住房委托贷款提供了责任保证担保。截至2006年6月，建设部统计的26家机构为108万户借款人的1634亿元借款提供了连带责任担保。

由于中国住房金融体系建设的历史不到30年，其快速发展也是近10年的事，因而住房金融交易主要集中在一级市场上。为分散住房抵押贷款风险，解决商业银行存贷款的期限错配问题和房地产贷款机构的流动性需求，从1998年开始，中国人民银行就协调有关部门开始探索住房抵押贷款证券化，培育和发展中国住房金融的二级市场。2004年年底，人民银行向国务院提交了进行信贷资产证券化试点的申请，并于2005年2月获得批准，中国建设银行成为首家获准推出个人住房抵押贷款支持证券的银行。同年4月，人民银行和银监会联合发布《信贷资产证券化试点管理办法》，确定了信贷资产证券化的基本法律框架。12月，中国建设银行的住房抵押贷款支持证券和国家开发银行的基础设施贷款证券在全国银行间市场成功发行、交易。至2008年1月，全国信贷资产支持证券发行的总规模达到了410.26亿元（见表3-6）。

表3-6 全国已发行的信贷资产证券化产品概览

序号	资产支持证券名称	金融机构	发行时间	类型	规模（亿元）
1	2005年第1期"开元"	国家开发银行	2005-12-25	资产支持证券	41.78
2	2006年第1期"开元"	国家开发银行	2006-4-25	资产支持证券	57.30
3	2005年第1期"建元"	建设银行	2005-12-19	住房抵押贷款支持证券	30.17
4	2006年第1期"信元"	信达资产	2006-12-28	重整资产支持证券	48.00
5	2006年第1期"东元"	东方资产	2006-12-28	重整资产支持证券	7.35
6	2007年第1期"浦元"	上海浦发	2007-9-11	资产支持证券	43.83

中美住房金融理论与政策：房地产资本运动的视角

序号	资产支持证券名称	金融机构	发行时间	类型	规模（亿元）
7	2007年第1期"工元"	工商银行	2007-10-10	资产支持证券	40.21
8	2007年第1期"建元"	建设银行	2007-12-11	住房抵押贷款支持证券	41.61
9	2007年第1期"兴元"	兴业银行	2007-12-13	资产支持证券	52.43
10	2008年第1期"通元"	上汽通用	2008-1-15	个人汽车抵押贷款支持证券	19.93
11	2008年第1期"建元"	建设银行	2008-1-24	重整资产支持证券	27.65
合计					410.26

资料来源：中国债券信息网。

  最后来看一组数据。1998年中国的商业银行房地产开发贷款余额为2680亿元，2002年达到6616亿元，个人住房贷款余额1997年为190亿元，2002年达到8253亿元[①]。近年来房地产贷款增长速度快。截至2007年10月末，全国主要金融机构商业性房地产贷款余额达4.69万亿元，占金融机构人民币各项贷款余额的18.02%。比年初增加1.01万亿元，同比增长30.75%，占同期商业银行全部新增人民币贷款的28.9%。其中，房地产开发贷款余额达1.76万亿元；个人住房贷款余额达2.6万亿元，比年初增加6192亿元，同比增长35.57%。住房公积金委托贷款10月末余额达到4502.2亿元，比年初增加960亿元，同比增长34.87%，已接近商业银行个人住房贷款余额的18%[②]。

  以上事实和数据表明，中国房地产资本运动处于快速发展阶段，初步形成了商业性贷款和政策性贷款相协调的住房金融体系，住房金融产品多样化也是各金融机构追求的目标，但住房金融证券化的创新受到多方面的制约，并没有取得实质性的进展。住房金融工具的层次与资本运动

---

 ① 董藩、王家庭编著：《房地产金融》，东北财经大学出版社2004年版。
 ② 中国人民银行刘士余副行长2007年12月11日在加强商业性房地产信贷管理专题会议上的讲话——《金融时报》2007年12月12日。

的格局是对应的,由于中美两国宏观经济、产业发展、资本市场发育程度以及法律体系等有很大的区别,中国住房金融工具创新有一个水到渠成的过程,需要政府部门和金融机构一起做出努力。

第四章 房地产资本运动中的"管涌效应"及其管理

在市场经济社会中,房地产资本运动已经深深融入整个国民经济和金融体系之中,因此,房地产金融风险不仅影响房地产业及相关行业的稳定发展,而且对整个国民经济的稳定和发展也至关重要。因此,房地产金融风险很长时间以来就是经济学家们热议的话题。但以往的研究往往偏重于房地产金融风险的危害性,至于房地产资本运动与金融风险之间的内在联系是什么,金融风险对于房地产市场来说是常态还是极端状态,学界并没有一以贯之的理论说明。对于房地产资本运动中的金融风险管理,作者认为必须深入到房地产市场、企业和产品的内部,深入分析和把握房地产资本运动中的若干风险点之后才能得出一些规律性的认识。作者倾向于认为,由于房地产资本与金融资本的融合,在房地产资本运动过程中,金融风险是客观存在的,在常态下,这些风险点是相对的、散点式分布的,而且大多数情况下是潜在的、可管理的。如表4-1所示,通常情况下,房地产贷款(特别是个人住房贷款)的违约率是很低的。只有在特定的宏观经济条件下,房地产资本运动中的风险因素暴露和激化导致房地产金融体系的连锁反应,才会引发较大的金融风险或金融危机。正是在上述意义上,我们将房地产资本运动中的风险称之为"管涌效应"。"管涌"只要及时地进行补漏,是完全可以控制的;但是如果长久地忽视它,就可能会使堤坝溃决,产生严重的后果。总之,虽然金融风险甚至金融危机不可避免,推进房地产资本运动是市场经济社会发展之必然,金融风险管理不能着眼于阻遏房地产资本运动的进程,相反,要尽可能地把握常态中的金融风险、及时处理危机中的金融风险,使房地产资本运动较平稳地进行。

表4-1　四大商业银行房地产贷款不良状况

项目	2004年年末房地产贷款余额（亿元）			2004年年末房地产贷款不良率（%）		
	全部	开发商贷款	个人购房贷款	全部	开发商贷款	个人购房贷款
中国工商银行	5810.3	1685.0	4124.0	3.0	7.4	1.2
中国农业银行	4099.1	1723.4	2375.7	8.1	16.6	2.1
中国银行	3783.7	1017.7	2766.0	4.8	12.8	1.8
中国建设银行	5708.9	2278.0	3430.9	3.7	7.3	1.2
汇总	19402.0	6704.1	12696.6	4.6	10.5	1.5

项目	2005年年末房地产贷款余额（亿元）			2005年年末房地产贷款不良率（%）		
	全部	开发商贷款	个人购房贷款	全部	开发商贷款	个人购房贷款
中国工商银行	5717.20	1940.20	3777.00	2.76	5.13	1.55
中国农业银行	4727.83	2181.79	2546.04	8.18	13.20	3.88
中国银行	4191.30	963.70	3227.60	4.20	12.40	1.80
中国建设银行	6447.60	2586.30	3861.30	3.30	6.40	1.30
汇总	21083.93	7671.99	13411.94	4.43	8.76	1.98

项目	2006年年末房地产贷款余额（亿元）			2006年年末房地产贷款不良率（%）		
	全部	开发商贷款	个人购房贷款	全部	开发商贷款	个人购房贷款
中国工商银行	6402.90	2300.60	4102.30	2.26	4.34	1.09
中国农业银行	5690.78	2950.23	2740.55	6.54	9.14	3.74
中国银行	4884.90	976.30	3749.30	3.95	9.92	1.65
中国建设银行	7164.80	2327.30	4837.50	2.19	3.85	1.39
汇总	24143.38	8554.43	15429.65	3.59	6.49	1.79

注：1. 本表以"五级"分类标准中"次级"、"可疑"、"损失"分类不良贷款。
　　2. 中国农业银行由于尚未进行股份制改革和不良贷款剥离，且2006年开展了重大假按揭清查和认定，个人购房贷款风险得以充分暴露，因此其房地产贷款不良率相对其他三家银行较高。
　　3. 中国工商银行统计口径有所调整，并对2005年数据进行了更新。
资料来源：中国人民银行房地产金融分析小组：《2004年中国房地产金融报告》；《2006年中国房地产金融报告》，中国金融出版社2007年版。

第一节 房地产资本运动中的主要风险点分析

一、房地产资本与金融资本的天然结盟导致风险存在的必然性

房地产金融,指围绕房地产的开发、建设、经营、投资和消费过程而展开的各种金融资本与房地产资本相互转化的活动。金融机构、市场和工具参与到房地产资本运动之中[①],使房地产资本运动精彩纷呈,也使风险在其中积聚,大多数时候这些风险是可以在资本运动中自行化解的,但在特定经济环境中也会产生爆发性后果。

本书定义的房地产金融风险,是房地产资本运动中的金融风险[②],只要有金融机构、市场和工具参与到房地产资本运动中,金融风险就可能蕴藏着房地产资本运动的每一个环节。它们的参与是以金融产品的形式进行的,每一种金融产品都是风险与收益的统一体。如住房抵押贷款一般都是10~30年的长期贷款,银行会按期取得一定量的还款金额,从中得到一定量的收益,但存在被违约的风险;如果违约数量比较多,银行的短期资金难以支持这么多的长期贷款,就会出现"期限错配"的风险。但这种风险是可管理的,可以预先采取措施加以覆盖的。再如住房抵押贷款的证券化产品,银行本来是为了规避"期限错配"风险的,卖出抵押贷款后,把风险转嫁给了投资者,但是违约风险仍然存在,只不过这种风险被投资者所认知,是投资者为了获得收益而愿意承受的,风险程度的表现形式转化为证券化产品价格的升降。

通常人们所说的房地产金融风险,是狭义的房地产金融风险,与"可管理的、始终存在于房地产资本运动每一个环节的金融风险"不是一回事,而是指经营房地产金融业务的金融机构,其资产、收益或信誉面临较

---

① 金融资本意味着资本的统一化。以前被分开的产业资本、商业资本和银行资本等,现在被置于产业和银行的支配者通过紧密的个人联合而结成的金融贵族的共同领导之下。——[德]鲁道夫·希法亭:《金融资本》,福民等译,商务印书馆1994年版。

② 这是一种外延较宽的定义,但不是最宽的。在笔者看来,政策性房地产金融无所谓金融风险。在金融学理论中,风险总是与收益并存的,政策性房地产金融没有取得收益的目的,没有资本运动,当然也就没有必要对其中的风险进行学术上的讨论。

大损失,房地产资本运动的主要环节面临断裂的情形。房地产具有开发周期长、投资量大、可增殖性等特点,使房地产市场同金融市场一样具有很大的不确定性、信息不对称性和契约不完全性,而且受宏观经济的影响较大,容易受到社会公众"信心"的影响。一方面,当较多的金融业务、金融机构面临较大风险尤其是已经受到较大损失时,社会公众就可能对包括房地产在内的金融体系的稳定性、可靠性以及金融资产的流动性产生怀疑,大量抛出房地产金融资产。另一方面,金融部门的外部经济环境和国家相关政策制度的变化,也可能会使整个房地产业遭遇系统性风险。其中最值得关注的是其通过金融机构传导的资产贬值(或升值)效应。房地产价格的剧烈波动会对金融机构的资产负债表产生非常大的冲击。房地产价格的下降直接影响居民和家庭的贷款偿还能力,金融机构贷款的违约率上升,银行的资本和放贷能力将显著降低。如果房地产价格出现了普遍的下跌[1],这种效应将会由于抵押物价值的下跌而进一步加强,因为如果发生了违约,银行将不得不接受抵押的房地产。由于金融机构通常采取拍卖来处理这些资产,价格往往低于正常的市场价格,给房地产市场和银行的资产负债表带来进一步的负面影响,甚至直接导致金融市场的崩溃,加深房地产价格下跌触发的经济紧缩。相反的是,在经济周期处于景气阶段时,类似的机制将放大房地产价格上升带来的冲击。这时如果家庭和企业的净资产上升,银行的资产负债情况好转,将促使银行放宽信贷条件,企业和家庭的借贷能力上升,导致信贷的膨胀。这种传导机制在银行占金融系统主导地位的国家中尤为明显。

房地产资本与金融资本之间存在着一种相互依存、相互支持、相互促进和共同发展的内在联系,这种联系将随着各自的发展而愈发密切。房地产金融风险主要是由于房地产资本运动本身的特性所决定的。

1. 房地产资本与金融资本的联姻,使房地产成为金融资产的重要组成部分。由于房地产资本运动空间的固化和具有较强的自然增殖性,加上房地产作为耐用品,使用时间长,使用对象广泛,其本身就成为很好的

---

[1] 徐滇庆教授的研究结果是,如果房价在短期内下跌30%,则金融危机不可避免。——徐滇庆:《徐滇庆再论房价》,机械工业出版社2008年版,第3页。

抵押物和投资对象。贷款一直是金融机构特别是银行资金运用的主要方式。银行从贷款安全考虑，往往乐于发放以房地产作为抵押的贷款，以使自己的货币资产获得增殖，至少能够较大程度地得到保值。房地产资产大幅贬值的情形也是可能出现的，但从历史上看，毕竟这样的情形是少有的。特别是在经济上升期，房地产资产升值趋势明显，银行对有房地产做抵押的贷款更是乐观，普遍的乐观情绪导致对房地产资本运动固有的金融风险的忽视。

2. 房地产资金具有垫付量大和周转期长的特性。在货币信用经济条件下，房地产生产、流通、消费、投资过程都得以利用金融杠杆（房地产信贷、房地产金融机构发行股票或债券）来融入资金。在国民经济各个产业中，像房地产业这样从生产、流通到消费、投资各环节都对金融资本如此的依赖，是比较少的。房地产金融活动不仅需要良好的信誉，而且需要较高的金融技术。房地产金融产品的设计很容易出现漏洞或者错误，或者产品本身是完美的，但操作人员不能很好地掌握它，或者故意利用其中的漏洞来为自己牟利，都会导致金融风险的集聚①。

3. 房地产金融市场中的资本运动已成为现代资本运动的重要组成部分。当今世界许多国家有大量的各种类型不同的房地产金融组织，有住房合作社和房地产抵押协会，以及房地产抵押市场及不动产抵押市场，实际上这都是房地产金融市场，都是房地产资本运动的场所。市场大而多，信息纷乱，难免良莠不齐，有些金融机构投机性过重，也会导致对金融风险的忽视。特别是那些投机性严重的机构反而获得更高的利润时，会对市场产生不良的示范效应。

二、房地产泡沫及其他金融风险

由于房地产具有上述特性，房地产资本与金融资本往往互相渴求，特别是经济景气上升时期，金融机构为追求短期高额利润，一般把房地产贷

---

① 美国次级债危机的出现有部分原因在此。金融技术的高超并不能代替操作人员的道德水准，道德风险的防范是最重要的。经纪商、贷款公司、评级机构等多个环节都出现了道德风险，但没有引起监管部门的重视。

款看做是优质贷款,而忽略了房地产市场的不确定性、信息不对称性、契约不完全性以及随之而来的风险,并且在这些因素的作用下常常导致对房地产资本运动的金融支持过度现象发生,使房地产市场成为导致泡沫形成的基本平台。

房地产金融风险的存在来自于许多的原因,主要包括外在的因素(诸如宏观经济波动、融资渠道单一和政策层面的影响)和内部的因素(诸如经营风险、变现风险和法律风险)。

1. 宏观经济的波动。房地产是国民经济的"晴雨表",国民经济的高速增长或不景气都会直接对房地产业产生巨大影响。根据经济发展周期理论,经济总是以周期循环发展的。从长远看房地产价格是上升的,但在一个周期内,房地产价格肯定会有升有降。在房地产业处于高涨的时期,那么房地产金融获利的机会也就较多;反之,房地产金融业就会少获利或亏损,出现风险。

2. 房地产融资渠道过于单一。目前中国房地产融资主要还是靠银行贷款[①]。据央行《中国房地产金融报告 2006》,房地产开发资金中的 18.3% 来自银行贷款;自筹资金中自有部分占 18.7%,其余占资金来源 13.2% 的资金大多是直接或间接来自银行贷款;消费者定金及预付款占资金来源的 30.3%(其中至少一半以上直接或间接来自银行贷款);直接申请个人住房按揭贷款占 10.4%。由此可知,房地产项目中约 60% 的资金来自于银行。这些数字显示了房地产行业对银行资金的依赖程度。现实中,国家也是借助调节与房地产相关的金融政策来达到宏观调节房地产市场健康有序发展的目的。

3. 政策层面的影响。正因为房地产业是国民经济的先头产业,经济发展过热,首先便表现为固定资产投资,尤其是房地产投资过旺,因此,房地产业成为国家宏观调控的重点。而每当国家实施宏观调控政策,一些房地产开发企业便被吊销资格或倒闭、破产,项目被停工或整顿,房地

[①] 可资比较的是,2000 年美国商业房地产和多家庭住宅抵押贷款总额的 1.64 万亿美元中,来自商业银行的抵押贷款只占 40.2%,其余 59.8% 则分别来自人寿保险公司(13.2%)、储蓄机构(7.8%)、联邦和相关机构(5.1%)、抵押池和信托(18.8%)、个人和其他(12.9%)。

业也就相应出现回落,连带受损,出现房地产金融风险。

4. 房地产企业自身的经营风险。

一是房产企业进行房地产信贷时决策失误而导致的风险,主要表现在:

(1)是否贷款、贷款多少、什么时间贷、用什么方式贷等决策上的失误而造成风险,或者届时想贷而不能贷到足够款项,出现资金流的断裂[1];

(2)房地产企业对金融业务还没有形成规范化的决策规程,特别是对项目的可行性论证不够严密和全面、对项目的潜在风险认识和准备不足,以至于在房产开发经营过程中造成不必要的损失,甚至由于无力还贷而陷入困境。

二是房地产开发企业因经营不善而导致的风险。房地产开发从获得土地、前期开发、项目投标、投资、施工、验收到销售,涉及部门环节多、周期长,期间的风险可来自筹资方式、地段选择、设计定位、项目组织、施工质量、材料及总体估算、行政干预等各个环节,而一旦某一个环节出现风险,则整个项目的风险就会产生连锁反应。

5. 变现风险。现在房地产开发企业的贷款一般采取以房地产做抵押的方式进行,当房地产开发公司经营不良或破产时,理论上可以以其做抵押的房地产作为偿还贷款的资产。但是房地产本身就存在变现性较差的特点,而且在变现过程中手续繁多,特别是当房地产企业经营不良时,往往也正是本区域房地产业不景气的时候,因此,也往往会产生连锁风险,危及整个建筑行业及相关产业。

6. 法律风险。房地产业涉及千家万户、多种行业,但至今尚未有一

---

[1] 商品房预售制度长期执行的结果,导致房地产开发行业进入的门槛过低,绝大多数房地产开发商以银行借贷融资为主,自有资金少。有统计显示,中国房地产开发商通过各种渠道获得的银行资金占其资产的比率在70%以上。以北京为例,2000~2002年北京市房地产开发企业平均资产负债率为81.2%,房地产开发企业负债经营的问题较为严重。由于房地产开发企业良莠不齐,随着房地产市场竞争日益激烈,一旦出现较大的市场波动,开发贷款的门槛提高,房地产开发企业资金链条就会紧张;一旦资金链条断裂,风险就会暴露。

部完善的法规对房地产运作过程以及房地产企业行为等做出规范,也没有更为直接细致的相关法律来对房产业的土地出让、银行贷款、保证金率、抵押登记、抵押房产处置、风险控制等做出规范。如对划拨土地抵押问题和个人住房按揭贷款问题等等,国家也在不断地探索和调整之中。一旦相关政策发生变化,房产企业不可避免地要面临风险。

7. 操作性风险。从近年来监管部门披露的情况看,操作性风险是当前中国住房金融领域最主要的风险之一。主要是:

(1) 住房信贷制度缺陷导致的"假按揭"风险。住房信贷包括面向居民的个人住房贷款和面向开发商的住房开发贷款两个方面。面向居民的个人住房贷款在中国起步晚,目前正处于个人住房贷款业务发展的初级阶段。由于中国银行发展个人住房贷款业务缺乏经验积累,相关的制度不够完善,业务操作流程存在着较大的漏洞和风险隐患,加上不良的外部环境,使"假按揭"成为个人住房贷款最主要的风险源头。"假按揭"不以真实购买住房为目的,开发商以本单位职工或其他关系人冒充客户和购房人,通过虚假销售(购买)方式,套取银行贷款。开发商做假个贷的动机分融资型和欺诈型两种。融资型假个贷主要通过虚构房屋买卖交易,骗取银行个人住房贷款,目的是为了融资,把项目建成。欺诈型假个贷主要通过虚构房屋买卖交易,骗取银行个人住房贷款,目的是为了骗取银行资金。出现"假按揭"的环境是开发贷款门槛高,开发商获得开发贷款难度大,无法进行开发贷款融资;而个人住房贷款门槛低,贷款成本低,一次性发放,分期偿还,做假不易被发现。假按揭发生的原因有的是由于不法房地产商利用银行掌握的信息有限骗贷;有的则是银行工作人员与开发商勾结,共同骗贷。

(2) 商业银行内部管理机制不完善导致住房贷款存在操作风险。各家商业银行为加快业务发展,扩大市场份额,普遍重视住房贷款的营销发放,不同程度地忽视贷款管理和风险防范。突出表现在:一是贷前审查经办人员风险意识不强,审查流于形式,随意简化手续,对资料真实性、合法性审核不严,对明显存在疑点的资料不深入调查核实。二是抵押物管理不规范,办理抵押的相关职能部门协调配合不力,不按程序操作,或过分依赖中介机构的评估结果,造成抵押品贬值或抵押无效。三是贷后管理混乱,住房开发贷款为严格采取项目贷款的管理方式,但个人贷款客户资料不够全面和连续,缺少相关的风险预警措施。

三、住房金融领域的风险因素分析

在人类最为必需的所有消费品中,住房价格无疑是最为昂贵的。绝大多数人都不可能用自己的当期收入,一般也很难用自己的短期积蓄来"一手交钱,一手交货"地购买它。所以,人们购买住房或者享受住房服务,通常都需要从外部(主要是金融机构)借入资金。由于借款金额巨大,且借款期限很长,住房金融成为一项充满风险的融资活动;金融市场中存在的各种风险,即信用风险、利率风险、市场风险和流动性风险等等,在住房金融领域中都十分突出。因此,防范风险,从来就是住房金融的核心问题。可以说,住房金融领域中的各种制度的和技术的安排,都是围绕防范风险的目标而设计的;而住房金融领域中的各类创新,也都是为了这一目的而产生的。

在住房金融领域,重视借款者资信(借款者的信誉以及借款者收入水平的稳定性)的观点和重视抵押物价值的观点,构成抵押贷款理论的两个派别。迄今为止,这两种观点仍然争执不休。但是,在抵押贷款的实践中,人们对于这两个因素同等关注。在操作实践上,任何一项抵押贷款都是从审定抵押贷款合约开始的。审定抵押贷款合约的过程,实际上就是对新增抵押贷款风险的评估过程,是确定借款者和不动产本身是否符合贷款者基本要求的过程,也是抵押贷款投资者了解和掌握住宅市场和抵押贷款市场行情的过程。对这一过程的了解有利于把握其中存在的风险点。

1. 住房不动产的评估

抵押贷款是用特定的住房不动产对贷款进行担保,因此贷款者就必须确保借款者对用来担保的不动产有合法完整的权利。尽管抵押贷款者做出贷款决策主要依据借款者的个人信用状况,但作为贷款抵押品的不动产估价显然也非常重要。通常抵押贷款者在审查了借款者的法律权利后,通过考察地区和城区的经济情况来评估贷款期内不动产所在区位的发展潜力。

2. 借款人分析

在核准抵押贷款时,借款者的偿还能力是首先要考虑的,判断借款者的信用状况主要考察以下三方面:

(1) 偿债能力。贷款者可通过了解借款人收入的质量和数量评价其经济能力。

(2) 收入比率。贷款者借用收入比率来衡量借款者每月偿债的能力。

(3) 信用分析。贷款者还需审核借款人的信用状况和信誉。主要的衡量指标是偿付收入率(paymant to income, PTI)。偿付收入率表明借款人的月偿付额与月收入之比,是对借款人月偿付额能力的衡量。这一比率越低,借款人满足偿付要求的可能性越大。也有用贷款额和收入的倍数来衡量借款者还款能力,称贷款收入率(loan to income ratio, LTI)。一般贷款收入率是贷款额为年收入的3~4倍。

3. 抵押贷款合约的基本要素

(1) 贷款价值率(loan to value ratio, LTV)。住房购买价格与贷款金额之间的差为借款人的首期支付额。贷款价值率是贷款额与所购住房的市场(或评估)价值比。贷款价值率分两种:一种是初始贷款价值率,即贷款发起或发放时的贷款价值率;另一种是即期贷款价值率,是贷款发放一段时间后根据即期市场价格的估计来衡量贷款价值。统计资料证明,初始贷款价值率越高,贷款违约概率越高;而贷款发放后如果财产价值下降,即期贷款价值率会上升,违约率也会上升。而随着贷款期限的推移,贷款价值率下降,违约率也趋于下降。不论是二级抵押市场还是存款机构的抵押贷款,贷款价值率和抵押贷款拖欠率之间呈现很强的正相关。

(2) 利率。抵押贷款的利率是由当期市场条件、LTV、贷款期限及借款者财务状况所决定的。其中,当期市场条件是最重要的因素,因为贷款者不能过高要价,否则将会导致违约率上升,或者使合格的借款者望而却步,失去竞争力。另外,贷款者也不会要价过低,因为过低要价会导致贷款者利润的无谓损失。

(3) 贷款期限。贷款期限通常有15~30年。无论是抵押贷款还是其他项目的贷款,一个通用原则是贷款的期限不应超过房屋所剩的经济使用年限。如果借款者能承受较高的每期债务清偿,这样的贷款会减少贷款者的风险。因而,较短期限贷款的利率会大为降低。

(4)放贷成本。该成本应由借款者负担,包括不动产调查、权利保险、抵押记录等引起的费用。放贷成本常等于贷款额的1%~2%,付给贷款者以弥补其与贷款发放相关的营业费用。

(5)抵押保险。如果经过相关机构(如美国联邦住房管理局,FHA)保险的抵押贷款,拖欠发生时贷款者可以得到全额或部分赔偿。在美国,当贷款价值率(LTV)超过80%时,普通贷款通常要有私人抵押贷款保险(private mortgage insurance,PMI)。PMI与FHA不同,前者通常只保证抵押贷款的20%。这样,如果一笔LTV为95%的贷款的借款者被取消了赎取抵押品的权利,同时抵押品的售价为原估价的80%,那么私人抵押保险商将赔付贷款者其余的15%,贷款者因此而不会遭受损失。

在审核抵押贷款合约以及进行贷款管理的过程中,有如下风险因素值得考虑:

1. 信用风险

信用风险具有综合性、扩散性、积累性、隐蔽性和突发性的特点,既是一种不可测量和难以把握的风险,也是住房抵押贷款面临的最大风险。因为住房抵押贷款期限都很长,在贷款期间贷款人对借款人的经济状况难以预测,也难以保持持续的监控,对借款人的信誉、品德、工作状况、家庭情况等难以做到全面准确的掌握①,再加上对抵押物在贷款期间的价格损益难以准确评估等,这种潜在的信用风险随时都可能触发,从而造成违约行为。

2. 流动性风险

商业银行的资金来源主要是期限较短的存款,短存长贷引起的流动性风险对于银行始终是存在的。一般情况下,由于商业银行的资金运用有多种渠道和方式,流动性风险并不会对银行造成大的影响,但是在经济下行时期,住房抵押贷款借款人的大量违约、抵押物的难以变现等情况会

---

① 住房贷款涉及千家万户,由于信息成本过高,任何金融机构都不可能掌握这么多借款人的准确情况。

同时发生,流动性风险就会成为大问题。

3. 抵押物风险

抵押物风险主要表现为处置困难和价格下行。一是借款人的恶意欺诈,比如虚拟抵押多头或重复抵押、旧契约抵押等;二是抵押物产权不清晰;三是住房腾空或交易的过程复杂、漫长;四是住房市场价格下跌;五是贷款时抵押物估价过高。

4. 利率风险

只要利率发生波动,无论是涨还是跌,银行都可能遭受损失。如果利率上涨,对借款人来说,每月增加的还款额会加大还款压力,使银行风险加大。如果利率下降,借款人又有可能提前还款,选择从当前资本市场融资或以低利率重新借款,从而使银行预期的利息收入无法实现,并对银行的资金运用产生不良影响。

总结上述分析,房地产金融领域的主要风险以及其原因被陈述在表4-2中。

表4-2 房地产金融风险的主要类型

房地产金融风险	分 类	主要原因
来自房地产金融领域之外的风险	宏观经济波动	国民经济的高速增长或不景气影响房地产价格的升降
	融资渠道单一	房地产融资渠道过于单一,主要靠银行贷款
	政策层面的影响	房地产业成为国家宏观调控的重点
来自房地产金融领域之内的风险	经营风险	开发企业经营决策失误和经营违规
	变现风险	以不动产作为银行贷款抵押
	法律风险	出台新的法规对房地产运作过程以及房地产企业行为等做出规范
	信用风险	贷款人对借款人及抵押物的状况难以预测
	利率风险	借款人难以履约或提前还贷
	操作风险	"假按揭"、银行忽视贷款管理和风险防范

在住房金融产品主要是抵押贷款的时代,上述风险发生的几率是很

大的,但不一定会导致金融危机的出现。房地产资本运动历史已经说明了这一点。随着住房金融产品创新的不断深化,抵押贷款造成的风险已经有所弱化,但住房金融风险的其他实现形式又出现了,并不断翻新。2007年美国的次级债风波使传统的住房金融风险概念有了新的拓展,使人们重新考虑住房金融风险的产生原因及其后果。

第二节 金融创新放大了房地产资本运动的"管涌效应"

一、住房贷款证券化蕴藏的金融风险——美国次级债危机的前因后果

美国房地产资本运动几十年来一直活跃,主要得益于住房金融创新的不断发展。即使在20世纪30年代的大萧条时期以及80年代末的储蓄和贷款协会(S&L)危机中,住房金融创新也没有停止。从20世纪90年代开始,住房贷款被证券化的比例快速增长。这些证券化产品不仅提高了住房购买者的购房贷款供给能力,也降低减轻了银行的资产负债率,还为投资者提供了一种回报高于国债而低于企业债券、风险低于企业债券而略高于国债的投资机会。住房贷款证券化对推进房地产资本运动起了巨大作用,但由于它使房地产资本更深度地进入了金融市场,使房地产资本运动中的"管涌效应"也相应加大,也就是说,房地产市场的波动对金融市场产生很强的"传染"效果,金融风险由点到面的扩散,使房地产金融危机发生的可能性增大。

从根本上说,住房抵押贷款证券化的过程本身就是忽略部分固有风险,从而使二级市场不断扩大,增加市场流动性,并进而使证券化得以实现并具有可持续性的过程。众所周知,住房作为商品的重要特征是其异质性,每套住房都会因为其建筑质量、年代、面积、朝向、坐落地点等和其他住房有所不同,即使最初购买的价值相同,也会因为各种不同的情况而导致后来价值的不同;申请住房贷款的人千差万别,其收入状况、婚姻和家庭情况、还款意愿等都有所不同,即使暂时这些情况都基本相同,随着时间的流逝这些情况发生变化的可能性是很大的。因此,所谓标准化的

抵押贷款,只是对利率、还款期限、首付款比例等做了整齐划一的分类,对某一套住房的升值空间、贷款人的还款能力和还款意愿是无法归类的,证券化的过程必须忽略这一点;否则就无法标准化,会让投资者无所适从,证券的推行当然就会很困难。这种忽略是大规模证券化的必要前提,然而,忽略住房及其抵押贷款的差异性这一点会被追逐利润的金融机构无限制地利用,从而使蕴藏的金融风险不断放大,在特定的经济环境中引发金融危机。

在美国,MBS 以及以次级住房贷款为基础资产的 MBS 近几年来之所以迅速发展,从供给方看,住宅抵押贷款规模的迅速扩大必然伴随资产证券化规模的扩大;从需求方看,MBS 相对于相同评级的公司债券而言,具有较高的收益率,同时,持续上涨的房价以及较低的利率水平使风险溢价较低,使得这些产品成为机构投资者不惜以高杠杆借贷进行投资的对象。而当次级住房贷款出现信用风险时,相关债券因违约率上升而出现现金流断裂,进而演变为市场风险。

从资本运动的角度描述就是:抵押贷款证券化市场使房地产资本运动的资源更加丰裕①,资本运动的速度和效率都有很大的提高,而且在主体间还产生了一定的风险转移和分散,但是,系统风险并不会消失。一旦房地产市场的"拐点"出现,证券化产品风险就会逐渐凸显。其逻辑是:在房地产市场繁荣时,由于房价的上涨和信贷资产风险的转移、分散,各种住房信贷的金融机构都加快了信贷规模的扩张。在扩张过程中,往往会降低住房消费者的准入标准,一些无资格或没有偿还能力的消费者从而进入市场。由于融资的市场准入标准降低,更看重融资成本的投机者能够轻易地借助金融杠杆炒作房地产,此时,市场的逆向选择发挥作用,风险谨慎者退出市场,风险偏好者则更加激进地进入市场,证券化产品及其衍生品的市场逐渐成为冒险家的乐园。

上述逻辑在当前的美国次级债危机中得到了验证。从 2007 年年初

---

① 美国的 MBS 规模逐年增加,Ginnie Mae、Freddie Mae、Fannie Mae 发行的 MBS 所占比重逐年下降,而非政府机构比重则逐年上升。到 2007 年一季度末,MBS 余额约 6 万亿美元,其中政府机构比重从 2001 年的 87% 下降到 67%,非政府机构从 13% 上升到 33%。MBS 余额占住房抵押贷款余额(约 10.4 万亿美元)之比达到 57%。

开始的美国次级住房抵押贷款的还款困难,引发了一场很大的次级债风波①,包括美联储、欧洲央行、日本央行在内的各国货币当局紧急向市场注入流动性资金,稳住债务链条,维护正常支付秩序,避免次级债风波波及整个金融市场。2007年8月至10月,不到两个月之内,各国央行就已经累计注入流动性资金近8000亿美元。美国次级债是建立在房价上升预期下的高风险投资品种,金融机构和购房者持续发生正反馈效应,使固有的金融风险渐渐淡出人们的心理视野,从而演出了房地产资本运动史上最惊险的一幕。

此次住房抵押贷款次级债所引发的金融风险,首先来自于其基础资产的违约率大幅上升。自2005年以来,美国住房抵押贷款违约率开始上升②。违约率的上升直接来自于贷款额的快速增长并由此产生的贷款质量下降。次级房贷最早出现在20世纪80年代中期,规模一直很小。2001年至2005年的美国房市繁荣带来了次贷市场的快速发展。新增贷款额从2001年的1200亿美元增加到2006年的6000亿美元,年均增速38%。截至2007年上半年,美国次贷余额为1.5万亿美元,在住房贷款市场的份额从2001年的2.6%上升到15%③。违约率的上升,导致次级房贷公司首先受到冲击。在美国,次级抵押贷款公司的客户主要是不能达到严格信贷标准的购房者,这些人必须要承受较优质客户高2~3个百分点的"歧视"利率。前几年房价不断上涨的情况下,很多放贷机构贪图高利润放松了对贷款标准的要求。房地产市场降温后,违约还款现象大量出现,使该行业受到沉重打击。房地产市场进入拐点,不仅株连了建

---

① 风波演化成危机,主要是因为一些金融机构掩盖不住自己的次级债损失,接二连三的大机构出现大"窟窿",使金融市场渐渐失去信心,后文还将提及此。
② 美联储主席伯南克承认,在过去一年多中,住房按揭贷款的违约率(delinquency rates)和止赎率(foreclosure rates)持续上升,反映了次级贷款(特别是含有可调节利率条款的)资产质量的极度恶化。到2007年年底,现有360万宗可调节利率次级房贷中,大约有1/5严重违约(即已经止赎或有超过90天未按约还款)。这个比例大约是2005年年中时的4倍。而2008年,大约有150宗次级可调节利率贷款将要被调高利率。——Ben S. Bernqnke, Forstering Sustainable Homeownership, At the National Community Reinveistment Coalition Annual Meeting, Washington, D. C., March 14, 2008.
③ 雷曜:《次贷危机》,机械工业出版社2008年版,第15页。

筑、建材、装修、装饰等相关行业,更令贷款类金融机构的资产质量出现恶化。美国全国贷款拖欠或违约的比率快速增加,甚至迫使数十家贷款机构结束该业务,甚至申请破产保护。

由于结构化产品的高收益主要来自所"捆绑"的次级类债权,因此,贷款质量下降还连累了结构化产品。经验显示,第一年的高水平逾期支付往往意味着未来几年更高的违约比例。证券化产品质量下降,其数额却在快速放大。美国市场CDO发行余额由最初1995年的12亿美元,增长到2006年的2895亿美元,十年间增加了240多倍。正是由于住房贷款被随意证券化,借贷机构的风险也被随意转移到投资者,贷款信用门槛反复降低,导致风险逐渐加重。

次级债危机只是引发市场心理变化的导火索。虽然次级住房贷款的到期未付率上升引起投资者对信用风险的普遍担忧,而市场并非缺乏资金,但随之而来的问题是,次级住房贷款危机引起次级住房贷款发放机构以及MBS和CDO投资者的损失,这些信息会在它们的股价上反映出来,一旦股票投资者出现恐慌情绪,难免对整个金融市场造成冲击。公司债券市场、商品期货市场、外汇市场及各类相关衍生品市场等都与股票市场一起波动。由于各国金融市场已经紧密地联系在一起,这种冲击还不可避免地波及了其他国家的金融市场。因此,虽然次级住房贷款本身的风险并不算很严重,但金融市场的连锁反应,却使得次级债风波演变成了金融危机,出现了严重的系统性风险。

次级债危机是房地产金融风险的极端状态,它不仅对房地产资本运动本身产生了重大影响,危机发生后所产生的系列反应,也使这种房地产资本运动中的波折成为影响宏观经济的重要因素。从房地产资本运动本身而言,危机可能从供给和需求方面加大房屋价格的下跌压力。一方面,止赎率的提高意味着贷款发放机构将处置更多作为抵押品的房屋或有更多的借款人被要求强行出售房屋,这将增加房屋供给;另一方面,为控制信用风险,贷款人可能通过提高贷款利率或者提高贷款标准从而压缩信贷规模,这将对住房需求起到抑制作用。供给增加和需求减少,共同形成房价进一步下跌的压力,而这些都可能对住房投资产生负面影响。对宏观经济来说,危机的发生可能通过两方面对消费产生负面影响。一方面,次级住房贷款的借款人并非全是低收入群体,其中有部分属于中等收入群体,这部分人债务状况对消费的影响相对于低收入群体更加显著;另一方面,抵押品权益撤回(mortgage equity withdrawals,MEW)①金额占消费的比重开始下降,如果这一趋势延续下去,将对美国消费产生显著影响。次级债危机对美国住房投资和居民消费的影响,还通过出口等途径传导到其他国家,尤其是对美国进口高度依赖的国家。

二、金融风险的产生、消除与重新积聚

金融创新导致了房地产资本的进一步符号化——房地产资本与金融资本的结合导致风险产生,需要加速运动来消除风险,然而快速运动的结果在一定条件下会产生新的风险。还是以美国次级债危机为例来说明。

在美国,住房贷款大致可分为三种类型:第一类为优质贷款(prime),要求申请者的信用评分②在660分以上,且必须提供全套的收入证明文件。一般来说,这类借款人的收入稳定,债务与收入比例低,信用等级高,违约率极低。第二类为次优贷款(简称Alt-A或near prime),要求申请者的信用评分在620~660分之间,或满足优质贷款申请者的所有条件,但不愿意或不能提供全套收入证明文件。此类贷款违约率较低。第三类就是所谓"次级按揭贷款"(subprime,以下简称为次级贷款)③,是指向低收入、少数族群、受教育水平低、金融知识匮乏的家庭和个人发放的住房抵

---

① 抵押品权益撤回是指借款人为取得作为抵押品的房屋的所有权,用价值更高的抵押贷款为现有抵押贷款进行再融资(Refinance),而这部分再融资金额中有相当部分被借款人用于消费,在一定程度上推动了美国的消费。

② 美国的信用评级公司(FICO)将个人信用评级分为五等:优(750~850分)、良(660~749分)、一般(620~659分)、差(350~619分)、不确定(350分以下)。次级贷款的借款人信用评分多在620分以下,除非个人可支付高比例的首付款,否则根本不符合常规抵押贷款的借贷条件。

③ "按揭"(Mortgage)一词来源于香港人对英美法中的一种物的担保方式的翻译。从严格意义上来说,英美法中的Mortgage与大陆法上的"抵押"是有所区别的。但目前中国内地的法律、行政法规及部门规章始终没有对按揭一词做出界定,实际中的按揭是冠按揭之名,行抵押之实,住房按揭贷款就是住房抵押贷款,分现房抵押和期房抵押两种。——张炜主编:《住房金融业务与法律风险控制》,法律出版社2004年版,第140~143页。因此,为统一起见,本书尽可能不出现按揭一词,笼统称之为住房抵押贷款或住房贷款。

押贷款。

次级贷款的基本特征可归纳为：

1. 个人信用记录比较差,信用评级得分比较低。

2. 贷款房产价值比和月供收入比较高①。在没有足够的个人自有资金投入的情况下,银行失去了借款人与银行共担风险的基本保障,其潜在的道德风险是显而易见的。借款人还贷额与收入比过高,意味着借款人收入微薄,还贷后可支配收入更加有限,其抗风险的能力很弱。

3. 少数族群占比高,且多为可调利率,或只支付利息和无收入证明文件贷款。

4. 次级抵押贷款的设计表面上有利于借款人支付能力的提高,但受利率的影响非常大。次级抵押贷款90%左右是可调整利率抵押贷款;30%左右是每月只付利息,最后一次性支付的大额抵押贷款或重新融资。这类抵押贷款开始还贷款负担较轻、很诱人,但积累债务负担较重,特别是当利率走高、房价下跌时,重新融资只能加剧还贷负担。由于次级抵押贷款的信用风险比较大,违约风险是优级住房贷款的7倍,因此,次级贷款的利率比优级住房抵押贷款高350个基点,且80%左右为可调整利率。当贷款利率不断下调时,可以减轻借款人的还贷负担;但是当贷款利率不断向上调时,借款人债务负担随着利率上调而加重,导致拖欠和止赎的风险加剧。2007年,次级贷款的拖欠率(拖欠30天)和止赎率分别高达13.33%和4%,远远高于优级住房抵押贷款2.57%的拖欠率和0.5%的止赎率②。

"次级债券"不同于"次级按揭贷款"。"次级债券"中的"次级"是指清偿顺序的次级,即债权人在企业破产清算或债券到期偿付时获得清偿的顺序次于优先债权人。次级债券是以次级按揭贷款为基础资产的证券化产品,经过结构化安排后形成的风险更大更集中的高风险债券产品,是此次危机风险转移机制的核心内容。

---

① 美国的常规抵押贷款与房产价值比(LTV)多为80%,借款人月还贷额与收入之比在30%左右。而次级贷款的LTV平均在84%,有的超过90%,甚至100%,这意味着借款人的首付款不足20%,甚至是零首付。

② 参见汪利娜:《次贷危机的成因详解及警示》,《经济观察报》2008年2月23日。

基于传统住房贷款的 MBS 是证券化最早最常见的产品,但是,近年来兴起的次级贷款被用于证券化时,其产生的 MBS 由于基础资产的信用风险大,不能像传统的高信用等级 MBS 那样获得广泛的投资者,信用风险转移的市场范围及其容量大大缩小。为解决这个问题,西方金融市场创新出了所谓"结构性"金融技术,即在证券化的过程中将资产池现金流进行优先和次级的偿付结构安排,从而构建出各种偿付顺序不同(因而风险也不同)的优先/次级债券,以满足风险偏好不同的更多投资者的需求。

由于次级住房贷款发放机构通常无法通过吸收存款,获得资金,为提高流动性、降低融资成本或避税等因素,这些机构将具有特定期限、利率等特征的次级住房贷款组成资产池,以此作为现金流支持,通过真实出售、破产隔离、信用增级等技术发行住宅抵押贷款支持证券(MBS)。早期的 MBS 一般是转递证券(pass through security),这种证券按照投资者购买的份额原封不动地将基础资产产生的现金流直接"转手"给投资者以支付债券的本金和利息。后来,分档技术(tranching)[①]被引进证券化产品设计中,产生了抵押担保债券(collateral mortgage obligation,CMO)。以 CMO 为基础资产进一步发行资产支持的证券,衍生出大量个性化的担保债务凭证(collateral debt obligation,CDO)。这一过程还可继续衍生,并产生 CDO 平方、CDO 立方等产品。

也就是说,次级住房贷款的风险转移机制其核心在于资产证券化和结构性金融,这是复杂的金融创新和现代金融技术的代表。从金融衍生品市场观察,住房抵押贷款次级债的交易分为三层:第一层是初级证券化产品(MBS),即次级债本身的交易。第二层是将次级债作为转递证券,化整为零后进行再包装、再组合的 CMOs 交易。换言之,是将包括含有成分不同次级债的证券组合成新的资产池,在此基础上再发行新的权益凭证的交易。第三层是在上述基础上进一步衍生化的 CDOs,以进行对冲交易。

---

① 所谓分档技术,就是根据投资者对期限、风险和收益的不同偏好,对基础资产的现金流加以剥离和重组,将债券设计成不同档级,以体现本息支付、风险承受能力上的区别,既可满足发起人转移风险的需要,又能满足投资者的不同偏好。

住房贷款证券化的本质在于信用风险向资本市场的转移,而经过上述一系列产品创新的安排,使得原始房屋贷款的分散状态和 MBS 的平均化状态的金融风险被集中起来,到具有次级债券性质的中档和股权档 CDO 之中。原始次级住房贷款的风险集中和浓缩,本质上相当于提高投资于次级贷款风险的杠杆性,即通过少量地投资于中间或股权档 CDO,就可以承担大量次级贷款业务所带来的风险,这种产品创新迎合了资本市场上以对冲基金为代表的激进投资者的风险偏好。

次级住房贷款是上述信用衍生品最初的基础资产,因此,次级住房贷款的运行状况直接或间接决定着这些产品的市场运行。然而,次级按揭户的偿付保障从一开始就不是建立在客户的还款能力基础上,而是建立在房价不断上涨的假设之上。在房屋市场火暴的时候,银行可以借此获得高额利息收入而不必担心风险,而由此衍生的产品可以不断提升价格而产生更高收益。一旦次级住房贷款发生严重的违约率上升的情况,上述产品市场就会陷入泥潭。而且,由于资产支持证券的反复衍生和杠杆交易,房地产市场的波动将使以住房贷款为基础的信用衍生品市场及相关的金融市场产生更为剧烈的波动。

从房地产资产运动角度看,无论住房金融产品如何创新,房地产资本运动的起始点是住房及其抵押贷款。次级按揭贷款从房屋的实际需求者的按揭贷款开始,被层层衍生不同等级的资金提供者的投资品种,通过金融机构投资者衍生成华尔街推动收购兼并交易的主要融资。而与次级债联系在一起的金融衍生品交易,其基础资产是住房抵押贷款的收益权,其风险状态取决于住房抵押贷款的风险状态。一旦住房抵押贷款市场出现违约率上升,整个房地产资本运动的链条就会出现问题。一个最直观的表现就是金融市场上的流动性出现短缺。在利率升高的同时,各金融机构为了归还贷款或保住已有的收益而竞相出售有价证券,促使包括股票、债券、期货和金融衍生品在内的各种有价证券大幅下跌,使得流动性进一步紧缺,引发资本市场灾难并波及货币市场,造成金融危机。要避免这种灾难性的后果出现,首先要避免债务链的断裂。因此,有关国家的货币当局紧急补充流动性资金就成为了当务之急,通过向市场注入流动性资金来避免有价证券的恐慌性抛售。

第三节 房地产金融危机的管理与控制

一、美国次级债危机的发生过程及其对中国的启示

美国次级债从风波到危机,对美国经济乃至全球金融市场产生了深远影响,各国都相继出台了应对措施,试图平息危机、减少损失。现将2007年以来与之有关的重大事件罗列如下:

2007年2月,汇丰控股在美次级房贷业务增加18亿美元坏账拨备。美国最大次级房贷公司(Countrywide Financial Corp)减少次级贷款投放量。美国第二大次级按揭公司新世纪金融称去年四季度可能亏损。

3月,美国新世纪金融公司濒临破产,其抵押贷款风险浮出水面。

4月,新世纪金融裁减半数员工申请破产保护,美国公布3月份成屋销量下降8.4%,折合成年率为612万套。

6月,美国第五大投资银行贝尔斯登公司旗下两只对冲基金出现巨额次级抵押贷款投资损失,美国抵押贷款危机再现。

7月,穆迪公司降低对总价值约52亿美元的399种次级抵押贷款债券信用评级。受此影响全球各大股市大幅下挫,跌幅普遍超过1%。

8月1日,美国次级债出现连锁反应,香港恒指跌3.15%,创今年第二大单日跌幅。澳大利亚麦格理银行声明旗下两只高收益基金投资者面临25%的损失。

8月3日,欧美股市全线大幅下挫,跌幅均超过1%。投行贝尔斯登称目前美国的信贷市场状况为20多年来最差。

8月5日,美国第五大投行贝尔斯登总裁沃伦·斯佩克特辞职,第二天,房地产投资信托公司(American Home Mortgage)申请破产保护。

8月9日,次级债危机重燃,全球大部分股指下跌,欧洲三大股市下跌,美股暴跌,金属原油期货和现货黄金等价格大幅跳水,法国最大银行巴黎银行宣布卷入美国次级债风暴,其旗下3个ABS基金停止申购和赎回。

8月9日~10日,世界各地央行48小时内的注资总额已经超过3262亿美元。

8月14日,美国两大零售业巨头沃尔玛和家得宝公布因次级债受损。

8月15日,美联储再注资70亿美元,欧洲央行注资77亿欧元,日本央行注资35亿美元。同日,美国最大的商业性抵押贷款公司全国金融公司股价暴跌13%,面临破产危险。

8月17日,美联储宣布将贴现率下调0.5个基点。

8月31日,伯南克表示美联储将努力避免信贷危机损害经济发展。

9月18日,美联储将联邦基金利率下调50个基点,这是美联储4年多来首次降息。

10月24日,美林证券发布第三季度财报,称由于受次贷影响,公司当季亏损22.4亿美元。

11月1日,美联储再降息0.25个百分点。

12月6日,布什宣布美国政府与金融机构拟定的一项次级房贷解困计划,向贷款购房者提供为期5年的抵押利率冻结。

12月12日,美联储将联邦基金利率下调25个基点至4.25%,将贴现率下调至4.75%。次日,美欧央行宣布联手对付信贷危机。

截至2007年年底,在所有的美国住房贷款中,大约有2%进入止赎流程(即业主因还不起贷款而面临房屋被贷款机构强制收回),创抵押贷款银行联合会(MBA)自1979年统计此类数据以来的最高水平。

2008年1月15日,花旗银行宣布,次贷危机导致该行计入约181亿美元的税前冲减和信贷成本,2007年第四季度亏损98.3亿美元,并表示将通过公开发行及私人配售方式筹资125亿美元。

1月16日,摩根大通公布2007年财报,第四季度亏损35.88亿美元,其中因次贷损失13亿美元。

1月17日,美林公司宣布,因次贷115亿美元账面减值,该公司2007年第四季度亏损98.3亿美元,每股由同比的2.41美元收益转为亏损12.01美元。

1月22日,美联储将联邦基金利率下调75个基点至3.50%,贴现率下调75个基点至4.00%。

1月24日,美国公布减税方案细节。

1月31日,美联储将联邦基金利率下调50个基点至3.00%,将贴现率下调0.50%至3.50%。

2月1日,评级巨头标准普尔公司再度下调大量次级债和担保债务凭证的信用评级。

2月7日,美联储宣布,美国消费者的信用卡借款数额,出现了不同寻常的下跌,折射出美国信用卡债务危机对美国消费增长的打击。

2月14日,美国总统布什签署了一项为期两年、总额达1680亿美元的刺激经济方案。

2月14日,美联储主席伯南克表示,美国经济增长将放缓,但在2008年年底将有所加快。

2月份,美国的房价中值为19.59万美元,较去年同期的21.35万美元下跌8.2%,是1968年有统计以来的最大跌幅[①]。

3月6日,花旗集团公布了自救措施,而且每年还将节约支出2亿美元。

3月11日,美联储在当日美股开盘前发布声明,建立一种新的"定期证券借贷机制",通过这一机制向美国国债的一级交易商借出期限为28天(以往都是隔夜)的国债证券。首场拍卖活动安排在3月27日,可接受的抵押品包括机构或私人住宅抵押贷款支持证券。同时,扩大与欧洲央行和瑞士央行货币互换规模。这些措施将向市场提供最多2000亿美元的资金。欧美股市应声大幅上升。此前一周,美联储已经宣布通过提高贷款拍卖金额和启动回购交易等方式向市场多提供资金2000亿美元。

3月13日,美联储以短期贷款拍卖方式注入2000亿美元资金;英国央行继续提供近100亿美元的3个月贷款;欧洲央行以及瑞士央行和加拿大央行等也都跟进,分别注资数十亿乃至逾百亿美元。

在贝尔斯登濒临倒闭之后,美联储采取了一系列救助华尔街公司的行动:3月14日,允许中央银行向非银行企业贷款;3月16日,将贴现率下调25个基点至3.25%,向摩根大通注入300亿美元用于完成收购贝尔斯登的交易,并宣布对国债交易商采用类似商业银行贴现窗口的一项新

---

① 《上海证券报》2008年3月26日。

的信贷安排;3月18日再次宣布放松银根,将联邦基金利率和贴现率分别下调75个基点。

3月16日,摩根大通宣布以2.4亿美元收购美国第五大投资银行贝尔斯登。

3月18日,美联储降息75个基点,美亚欧股市全面反弹,石油、黄金价格回落。

3月31日,美国财政部长保尔森建议对政府的金融体系监管进行大规模调整,承认次贷危机及其后果暴露了美国金融监管存在不足,提议允许美联储对大型非银行金融企业进行现场检查,这类企业因为不吸收存款,所以对待其的方式有别于银行。随着时间的推移,美联储将最终接管确保整个市场稳定的任务。保尔森还呼吁政府为抵押贷款发起者设立全国统一标准,他敦促成立一个联邦委员会,专司为发放抵押贷款的人颁发执照的评估事项。

在乐观的预言之下,次级债危机似乎将逐渐平息,然而,时隔不到半年,次级债危机再起波澜。

9月7日,美国政府宣布,联邦住房金融管理局将出面接管"房利美"和"房地美"。以此为标志,美国次级债危机升级为全面的金融危机。

9月14日,美国银行与美国第三大投资银行美林证券达成协议,将以约440亿美元收购后者。

9月15日,雷曼兄弟申请美国历史上的最大破产保护,债务逾6130亿美元。

9月17日,美联储公开市场委员会(FOMC)决定维持联邦基金基准利率2%不变,美国政府正式接管最大的保险集团AIG,美联储提供850亿美元拯救AIG。

9月21日,最后两家大的投资银行高盛(Goldman Sachs)和摩根斯坦利(Morgan Stanley)转型为银行控股公司。至此,美国五大投资银行全部退出了历史舞台,寄托了几代人光荣与梦想的美国传统投资银行模式最终烟消云散,预示着美国金融体系将彻底改变。

9月25日晚九点,美国总统布什在白宫发表讲话称,救助陷入严重危机的美国金融已经刻不容缓,如果政府提交国会的7000亿美元救市计划未能获得批准,整个美国经济将陷入恐慌。

9月29日,美国众议院对美国政府提交的7000亿美元救市计划进行表决,以225票对208票,未能通过该计划。全球股市应声大挫。

10月1日,美国参议院对美国政府提交的修改过的救市计划进行表决,以74票对25票,高票通过了总额达8500亿美元的计划。

10月4日,美国众议院再次就美国政府提交的修改过的救市计划进行表决,263票对171票获得通过。美国总统布什很快签署了《2008年紧急经济稳定法案》,该计划正式生效。全世界与美国关联比较密切的政府和金融机构为之大松一口气,但此时美股还没有上涨的迹象。

10月5日以后,各国央行纷纷采取降息或降低存款准备金率、注资等形式支持本国金融市场,同时对美国政府的积极姿态表示配合。

美国次级债危机作为房地产资本运动中金融风险的极端形式,出现在中国房地产市场化日益加深、房地产资本与金融资本加紧融合、住房金融创新产品正在加紧准备推出的过程之中,对纠正对美国模式的盲目推崇是起作用的。但我们必须注意的是,美国与中国房地产资本运动的格局有着明显的不同,从一个极端走向另一个极端,片面否定市场化方向和住房金融的创新也是难以服人的,而且会对中国房地产资本运动的正常进程造成阻碍。从房地产资本运动角度看,美国次级债危机的发生对于中国有以下几点启示:

第一,住房的市场化配置本身是必然取向,但是住房消费者的固有风险不可能在住房金融产品创新中消失,所以要通过市场化之外的渠道解决一部分低收入家庭的住房问题。低收入阶层的信用风险一般较高,且对利率和房价较为敏感,过于依赖商业银行获得房屋抵押贷款,无疑将增加系统性风险。为保障低收入阶层的居住权,政府应在房屋租赁市场和廉租房市场上下工夫。美国金融机构大量发放次级住房抵押贷款,虽然一时满足了"穷人"的住房需求,而且通过住房贷款二级市场和金融创新产品"转移"了银行的风险,但是转移并不等于不存在,在住房价格下降成为普遍趋势时,风险就回来了,而且本来是散点式存在的风险,由于大量违约者的存在以及金融创新产品把风险集约化,酿成了系统性风险,进而演变成金融危机。

第四章 房地产资本运动中的"管涌效应"及其管理

第二,为降低房地产资本运动中的波折对商业银行的负面影响,在转变房地产融资模式和加强创新的同时,还需要注重加强商业银行内部控制和信贷管理,防止个人住房贷款质量下降。住房贷款在一般情况下是优质资产,资本逐利本性和住房市场的严重信息不对称性使银行本身无法解决贷款质量问题,监管部门如何既不一刀切,又使银行有动力来加强信贷管理,是需要智慧来解决的难题。在综合经营面日益扩大、金融市场关联性日益增强的今天,银行不能独善其身,像资产证券化那样的转移风险如果不做规范,不对原始借款者进行约束,银行最终会搬起石头砸自己的脚。

第三,中国的金融创新步伐正在逐渐加快,在设计金融市场体系,尤其是发展金融衍生品时,要充分认识到衍生品的两面性,既有分散风险的功能,也有放大风险的作用。如 MBS 和 CDO 等信用衍生品为贷款人提供流动性以及降低融资成本,并通过重新分配风险满足投资者的不同偏好,信贷资产证券化还有效地缓解风险过度集中于银行体系的状况,因此,金融创新仍需继续推动。当然,要充分考虑房地产金融市场的成熟程度和对金融创新产品的接受程度。华尔街的金融创新有世界各国的投资者为之"买单",投资银行有恃无恐,最终还是陷入了绝境,因此,对于中国的金融机构来说,更是需要谨慎从事。

第四,要建立严格的国内监管体系,包括对与商业银行、贷款公司有着密切联系的住房贷款经纪商和评级机构的监管。20 世纪 60 年代以后,随着证券化市场和信息化技术的发展,美国的住房贷款模式逐渐发生了重大变化。目前已经形成了专业化分工细致、高度依赖金融模型进行风险定价、高度依赖证券化市场提供资金的住房贷款一、二级市场模式。其中最容易出现问题的仍然是一级市场。发放贷款的金融机构不仅仅是商业银行,还包括独立住房贷款公司;这些贷款机构还通过专业的贷款经纪商来开发客户。回顾次级债危机的起源和发展,不难发现,住房贷款公司、房贷经纪商和评级机构扮演了一个重要但并不光彩的角色。对他们的监管失误或空白,使得房地产资本运动的链条在"细节"上出现了大问题,从而导致整个链条的崩溃。

根据《家庭住房贷款披露法》(the Home Mortagage Disclosure Act,

HMDA)收集到的数据,2004年和2005年,约80%的报告房贷信息的机构是存款类金融机构,其余的是独立的或与银行关联的住房贷款公司。2006年报告机构共有8886家,包括3900家商业银行、946家储蓄机构、2036家信用社和2004家住房贷款公司。尽管这些贷款公司只占报告机构总数的22%,但其发放的贷款笔数和申请笔数都占到了总数的60%以上。为了争夺市场,贷款公司往往选择避开商业银行的传统"领地",重点发放次级住房贷款。在危机发生前,独立住房贷款公司发放的次级贷款占全部次贷的45%[1]。

到2000年为止,全美有25万多家抵押贷款经纪商。他们代表银行、贷款公司独立承担产品营销、接受贷款申请等第一线任务,对贷款的定价有很大的影响。几乎没有州政府对他们的业务提出经营许可要求,进入门槛非常低[2]。即使当州政府开始要求许可证时,必备条件一般化也相当容易达到,比如要通过多选测试,不能有任何重大罪行记录等。巨大的潜在收入令抵押贷款的经纪业务成了香饽饽。贷款公司要向经纪商支付收益利差费(佣金或回扣),于是,经纪商有极大的意愿去寻找能调高利率的贷款,至于贷款能否按约定归还,这不在他们的考虑范围之内。因为次贷借款人主要担心的是贷款能否通过审批,他们的利率敏感度低于优质贷款的借款人,这使得他们成为经纪商最感兴趣的"猎物"。而且,经纪商还不停地更换贷款公司,以争取更高的利差费。

在结构性衍生信贷市场中,由于信息高度不对称,投资者严重依赖评级公司的报告做决策。但是,由于为投资银行发行的各种创新工具提供评级成为其业务的主要收入,评级机构很难对按揭贷款证券MBS给出中立的评级判断。在所有的次级贷款债券中,大约有75%得到了AAA的评级,10%得了AA,另外8%得了A,仅有7%被评为BBB或更低。然而,实际情况是,2006年第四季度次级贷款违约率达到了14.44%,2007年第一季度更增加到15.75%。Alt-A和次级债两类证券的违约率随着

---

[1] 雷曜:《次贷危机》,机械工业出版社2008年版,第5~6页。
[2] 理查德·比特纳:《贪婪、欺诈和无知:美国次贷危机真相》,覃扬眉、丁颖颖译,中信出版社2008年版,第13页。

美国房价的大跌而急剧增加。四大评级机构从美国按揭贷款评级中获得的收益累计超过30亿美元。因此,评级机构的完全市场化运作是值得质疑的,在中国类似评级机构和中介组织正在逐步建立的过程中,应该有部门或行业协会对其进行规范,提倡参照非营利组织进行管理和运作。

二、中国近年来对房地产金融风险的调控思路及简要评述

金融系统的大大小小的危机和困境,可能只有一小部分是金融系统本身产生的,而绝大多数都是整个经济系统所出现问题的影射,实体经济肯定也有问题。反过来说,实体经济发展比较正常时,金融风险往往会被掩盖起来,甚至悄悄地被化解掉。对于中国近年来的房地产市场而言,这一规律表现得很突出。然而,政府部门对房地产金融风险往往采取矫枉过正的做法,把正常的、可管理的金融风险强调为潜在的金融危机加以防控[1],使中国房地产资本运动的进程波澜起伏,对金融机构、房地产开发商以及城市居民的信心状态产生了不良影响。

1999年6月10日,央行再次宣布降低金融机构存、贷款利率,降低了居民购房成本与开发企业融资成本。《关于加强房地产市场宏观调控促进房地产市场健康发展的若干意见》明确要求各地房地产宏观调控要做到五"不":一、凡未按规划要求完成配套设施建设的住房,不得交付使用;商业银行不得提供个人住房贷款;二、对资本金达不到规定标准、违反合同约定拖欠工程款的房地产开发企业,不得审批或同意其新开工项目;三、对违规销售经济适用住房的开发企业要严肃查处;四、对未取得土地使用权证、建设用地规划许可证、建设工程规划许可证和工程施工许可证的项目,商业银行不得发放任何形式的贷款;五、对于国家已明令禁止的收费项目,各地不得继续征收或变相征收,仍在继续征收或变相征收的,

---

[1] 中国央行的研究报告不止一次地声称,在房价攀升和房地产信贷规模较大的情况下,需关注房地产市场波动带来的宏观经济波动、房地产价格下跌和房地产信贷下降以及银行信贷损失等潜在金融风险在相当大的自住房需求远未得到满足,相当数量的商品房投资及投机需求将继续存在的情况下,需要保持各项调控政策的持续性,重点控制房地产过度投机行为,注重完善房地产市场的各项交易制度,如此等等,然而,潜在的金融风险似乎难以真正现身,房地产调控的结果却带来不少的负效应。

各地主管部门要依法严厉查处。

2002年2月后存贷款利率均降到了新中国成立以来的最低点,其中个人住房长期贷款利率,商业贷款由7.65%降至5.04%,公积金贷款由6.21%降至4.05%。相对于其他商业贷款,商业住房贷款的利率优惠扩大到0.72个百分点。在低利率等因素的刺激下,中国的住宅商品市场从无到有,迅速繁荣。

2003年6月13日,央行发布了《关于进一步加强房地产信贷业务管理的通知》(即作为房地产"新政"代表的、著名的121号文件),其主要内容包括:

1. 提高了对房地产开发商的自有资金和资质要求,规定对开发商贷款,企业自有资金不低于开发项目总投资的30%;开发项目要求有土地使用权证、建设用地规划许可证、建设工程规划许可证和工程施工许可证。

2. 规范个人住房贷款业务,严禁"零首付"个人住房贷款,提出贷款额与抵押物实际价值的比例最高不超过80%;对购买期房贷款的,期房必须是多层住宅主体结构封顶、高层住宅完成总投资的2/3;对购买第二套或两套以上住房的,适当提高首付款比例。

3. 限制对开发商的流动资金贷款,只能以开发贷款这一个科目给开发商发放贷款;对开发商已经发放的非房地产开发贷款,各商业银行只收不放。

4. 强化对土地储备贷款的管理,防止出现地价泡沫。土地储备贷款必须以土地做抵押,额度不得超过其所收购土地评估价值的70%,贷款期限最长不超过2年;规定不得向房地产开发企业发放用于缴纳土地出让金的贷款。以及取消对高档商品房、别墅及一套以上的住房贷款利率优惠;禁止开发贷款异地使用;等等。

2003年9月25日,央行提高存款准备金率6%~7%,回笼货币1400亿元。

进入2004年之后,中国经济实行全面宏观调控,针对一些地区存在房地产投资规模过大、商品住房价格上涨过快、市场秩序比较混乱等突出问题,2004年10月,央行上调存贷款基准利率,按下限计算,商业住房贷款与其他商业贷款的利差缩小到只有 0.2 个百分点。

2004 年,国务院对全国在建和拟建项目进行全面清理,对国家明令禁止的、违反有关法律法规和国家政策的在建项目停建缓建。暂停审批党政机关办公楼和培训中心、会展中心、大学城等项目。

2004 年 3 月 3 日,国土资源部下发文件,要求 8 月 31 日以后,所有土地的出让都要以招标的方式进行(即"8·31 大限")。

2004 年 3 月 30 日,国土资源部、监察部联合下发了《关于继续开展经营性土地使用权招标拍卖挂牌出让情况执法监察工作的通知》(简称"71 号令")。

2004 年 4 月 26 日,国务院发布《国务院关于调整部分行业固定资产投资项目资本金比例的通知》,决定自发布之日起房地产开发(不含经济适用房项目)资本金比例由 20% 及以上提高到 35% 及以上。

2004 年 4 月 29 日,国务院发布《关于深入开展土地市场治理整顿严格土地管理的紧急通知》:控制货币发行量和贷款规模,凡未经合法立项的房地产开发项目一律不许放贷;严格土地管理坚决制止乱占耕地,将地方、县级人民政府的土地审批权收归省、直辖市、自治区人民政府,基本农田转换为建设用地的审批权原则上归国务院;切实保护基本农田;严格执行土地利用总体规划与年度规划;严格执行耕地占补平衡制度;积极推进国土资源管理体制改革,形成垂直管理。

2004 年 4 月 30 日,农用地暂停受理审批的通知出台。

2004 年 9 月,银监会发布《商业银行房地产贷款风险管理指引》,要求不得向资本金比例低于 35% 的房地产企业贷款,并将个人住房贷款借款人的月房产支出与收入比控制在 50% 以下。

2004 年 10 月 29 日,中国人民银行上调金融机构存贷款基准利率。个人住房公积金贷款 5 年以上的利率由 4.05% 调整到 4.23%,上调 0.18 个百分点;自营性个人住房贷款 5 年以上的利率由 5.04% 上调到 5.31%,上调 0.27 个百分点。

2004 年年底,人民银行向国务院提交了进行信贷资产证券化试点的申请,并于 2005 年 2 月获得批准,中国建设银行成为首家获准推出个人住房抵押贷款支持证券的银行。人民银行联合 10 个相关部委建立了跨部门协调小组工作机制,并与银监会联合发布了《信贷资产证券化试点管理办法》(公告〔005〕7号)。建行首批住房抵押贷款支持证券(MBS)已于2005年年底发行上市。

2005年3月16日,人民银行发布《关于调整商业银行住房信贷政策和超额准备金存款利率的通知》,重点内容有三项:一是自3月17日起,住房贷款利率实行下限管理,并对某些房地产价格上涨过快的城市或地区提高个人住房贷款首付款比例;二是完全放开金融机构同业存款利率;三是下调超额准备金存款利率。商业银行自营性个人住房贷款基准利率1~3年期(含3年)为5.76%,5年以上为6.12%。同时,人民银行实行下限管理,下限利率水平为相应期限档次贷款基准利率的0.9倍,商业银行可根据具体情况自主确定利率水平和内部定价规则。以5年期以上个人住房贷款为例,其利率下限为贷款基准利率6.12%的0.9倍(即5.51%),仅比原优惠利率5.31%高0.20个百分点。新规定实行后,对首次购买住房的消费者,4家国有商业银行均执行下限利率。另外,对房地产价格上涨过快的城市或地区,个人住房贷款最低首付款比例可由20%提高到30%。具体调整的城市或地区,可由商业银行法人根据国家有关部门公布的各地房地产价格涨幅自行确定,不搞一刀切。

2005年5月11日,国家七部委联合出台了《关于做好稳定住房价格工作意见》,其核心内容主要集中在保证中小套型住房供应、打击炒地、期房禁止转让、通过税收手段限制短期炒房等方面。

2006年4月28日,央行又提高基准利率0.27个百分点,其中,5年期以上的银行房贷基准利率由6.12%上调至6.39%。8月19日再次提高存贷款基准利率,主要内容是:1年期存贷款基准利率提高0.27个百分点,至此,1年期存款基准利率至2.52%,贷款基准利率至6.12%,5年期以上的银行房贷基准利率由6.39%上调至6.84%。其他各档次存贷款基准利率做相应调整,长期利率上调幅度大于短期利率上调幅度。同时,推进商业性个人住房贷款利率市场化,将其利率下限由贷款基准利率的0.9倍扩大至0.85倍。其他商业性贷款利率下限继续保持0.9倍。个人住房公积金贷款利率保持不变。

2006年5月29日,国务院办公厅出台《关于调整住房供应结构稳定住房价格的意见》,即九部委"十五条",明确落实廉租房建设若干措施,并提出重点发展普通商品住房,对新建住房结构比例和套型建筑面积等问题提出了具体意见。意见规定,自 2006 年 6 月 1 日起,各城市(含县城)年度(从 6 月 1 日起计算)新审批、新开工的商品住房建设,套型建筑面积 90 平方米以下住房(含经济适用住房)面积所占比重,必须达到开发建设总面积的 70% 以上。建设部颁布《关于落实新建住房结构比例要求的若干意见》,明确 90 平方米套型建筑面积指"单套住房的建筑面积"。

2006 年 7 月 24 日,中国人民银行等六部委发布了《关于规范房地产市场外资准入和管理的意见》,主要内容有:外商投资设立房地产企业,投资总额超过 1000 万美元(含)的,注册资本不得低于投资总额的 50%。规定"境外投资者通过股权转让及其他方式并购境内房地产企业,或收购合资企业中方股权的,须妥善安排职工、处理银行债务,并以自有资金一次性支付全部转让金"。但是并未禁止外资在房地产市场的股权收购。"171 号文件"只是提高了收购的要求、规范外资收购的流程而已。这份《关于规范房地产市场外汇管理有关问题的通知》规定,境外主体办理购房结汇时,应提交房地产主管部门出具的商品房预售合同登记备案文件等相关材料,结汇资金直接划入房地产开发企业的人民币账户,所购房产转让取得的人民币资金须经审核后方可购汇汇出。《通知》对外商投资房地产企业市场准入、开发经营等所涉及的外汇管理问题进行了明确规定:凡外商投资房地产公司未全部缴付注册资本金、未取得国有土地使用证或开发项目资本金未达到项目投资总额 35% 的,不得借用外债;境外主体并购或收购境内房地产企业未能以自有资金一次性支付全部转让款的,不予办理转股收汇外资外汇登记;外国投资者专用外汇账户内的资金不得用于房地产开发和经营。

2007 年 9 月底,中国人民银行、中国银行业监督管理委员会共同发布了《关于加强商业性房地产信贷管理的通知》,出台了五项措施,调整商业性房地产信贷政策。《通知》对已利用贷款购买住房又申请购买第二套(含)以上住房的借款人,提出了严格的限制措施,明确要求贷款最低首付款比例不得低于 40%,贷款利率不得低于中国人民银行公布的同期同档次基准利率的1.1倍,而且贷款首付款比例和利率水平应随套数增加而大幅度提高。

政策频出,收效不大,或者说事与愿违。对于近年来对房地产市场的调控,简要评述如下:

第一,对房地产资本运动的积极支持态度没有得到一贯的坚持。中国的个人住房消费信贷早在20世纪90年代初就开始尝试。但是,当时中国的住房制度改革还不深入,居民还没有成为真正的住房需求主体,因此,那时的个人住房消费信贷发展十分缓慢。1998年中国住房制度改革把居民个人住房需求推向房地产市场,从而为商业银行扩张个人住房消费信贷提供了良好的契机。如果没有银行对个人住房消费的金融支持,近几年国内房地产不可能得到迅速发展。而个人住房消费信贷的迅速发展,又在于政府用管制的方式采取超低利率政策、1998年前后以行政力量推动公有住房的低价私有化所带来的财富效应、几十年来受到压抑的住房需求能量在房改后的集中释放、人口结构的变迁以及民众消费观念的巨大变化。房地产资本运动在中国的实践取得了巨大的成功,截至2007年第2季度,中国房贷累计余额在4.3万亿元,其中给开发商的贷款为1.7万亿元,给个人的按揭贷款为2.6万亿元。在按揭贷款中,只有最长10年的固定利率类贷款和最长30年的浮动利率类贷款,平均的按揭成数不到六成,平均贷款期限17年,对应于1元贷款的抵押物市值通常超过2元。而且,从房地产金融风险角度看,商业银行的把控还是比较严格的[①]。

第二,房地产市场的调控不能轻易进行。房地产市场的调整将分别影响到投资和消费,进而对经济增长和金融稳定产生负面影响。当前房地产市场前景尚不明朗,如果房价出现较大幅度下跌,银行自身持有房地产抵押价值会降低,冲抵银行自有资本,银行资本的下降会使银行减少对

[①] 据统计,截至2005年年末,16家商业银行房地产业贷款质量有所提高。共对房地产企业贷款余额约1.03万亿元,比上年增加390亿元;房地产企业不良贷款余额为916亿元,比上年减少182亿元;不良贷款率为8.9%,比上年下降2.19个百分点。个人住房贷款占个人消费贷款的90%以上,截至2005年年末,个人消费贷款不良率为2.55%,比2004年上升0.75个百分点。——中国人民银行在2006年10月30日公布的《中国金融稳定报告(2006)》,《中国证券报》2006年10月31日。

房地产的信贷投放,推动房价更大幅度的下降。此外,由于房地产贷款占比较高,在当前国内资产证券化等金融产品缺乏的情况下,房价下跌可能使房地产市场波动风险高度集中于银行体系,导致从事房地产金融业务的银行出现呆坏账。

第三,不能轻易否定证券化的方向。资产证券化的实践在中国有一个瓜熟蒂落的过程,不能急于求成,但这个方向是应该坚持的。直接融资是分散风险的重要渠道。资产证券化的顺利实施,最本质的来说还是取决于市场上最终的投资者对风险的识别,对信息披露的满意程度和研究程度,以及他们定价的能力,但必须明确,风险是无法消灭的,只能控制。

第四,要考虑到商业银行房贷政策及房地产本身的区域特征、产品极端差异化的特征。从国际惯例来看,西方发达国家商业银行的房贷政策差异极大,不仅对多套房的认定政策千差万别,而且收入标准和利率水平都大不相同。一般而言,房地产风险承受能力强的银行制定的房贷标准较宽松,而房地产风险管控能力弱的银行制定的房贷标准较严格;宏观经济存在波动风险的地区房贷标准严,经济增长稳健的地区房贷标准宽。因此,商业银行房贷政策存在差异在国际信贷市场上是自然合理的现象。政府的许多调控措施,看起来都是为了防范金融风险。然而,商业银行往往并不认可这样的防范措施,比如第二套房的政策。从 2005 年 1 月 1 日起,最高法院有关"百姓生活必需的房屋禁止拍卖、变卖或者抵债"的法规开始实施,这使得银行感觉第一套房按揭贷款的风险大大增加,从而倾向于放贷给多套房拥有者;但是根据国家政策,银行按揭贷款应该是支持没有住房者购买第一居所,而对第二、第三等多套房产购买者进行限制。银行与监管当局以及国家政策法规之间的这种矛盾冲突,必然导致银行在发放贷款时更为保守,而二手房贷款业务将明显萎缩。

过去中国的商业银行制定房贷政策时,基本上千篇一律。为了争夺客户,信贷标准大都确定为政策允许的最低线,这种现象本不合理,蕴涵着极大的信贷风险,却很少有人质疑。目前,各家商业银行根据自身的风险管理水平,和对各地区房地产金融风险的判断,出台了一些具有差异性的房贷政策,正说明了监管层和商业银行的监管和经营意识有了长足的进步。作为独立运营的金融机构,各家商业银行应该有自主决策贷款的权力,更应该有自主抵御风险的措施。

有人担心房贷标准不同,会引起商业银行之间不合理竞争,笔者认为大可不必担心。银行制定相对严格的房贷标准,虽然会失掉部分客户,但经营风险也会相应降低;而制定标准宽松的银行,短时期内可能会争取到更多的房贷业务,但对风险控制能力的要求也会更高。这里本不存在谁得利、谁吃亏的问题,而反映了商业银行对于金融风险的独立判断。目前,部分人呼吁监管机构出台一个全国统一、放之四海而皆准的细则,等于要求商业银行再回到信贷政策全国一刀切的老路。

第五,政策应谨慎出台,充分考虑其负效应。2003年下半年以来,中央不断提出的管住信贷和土地两大闸门以落实宏观调控,其中一半是需求管理,一半是供给管理。事实证明,信贷管理卓有成效,而土地管制进一步加大了市场供求失衡。其关键在于,信贷是需求管理,信贷利率的上升是价格信号,直接对公众的资产决策构成直接影响,信贷成数变动是预算约束信号,直接影响公众的决策。而土地是要素管理,属于供给领域,虽然调控政策在理论上试图平抑土地价格,但实际上进一步加大了供求矛盾,并进一步因需求未被抑制而扩大了土地的投机价值。

第六,充分注意中国房地产价格的形成是一个非常复杂的博弈机制。地方政府出于获得财政收入的目的,是高房价坚定的支持者[①],而且通过土地垄断等方式有力地支撑了房价的上涨。开发商作为地方政府代理人,只有在房价的攀升中获得银行的资金与政府的土地,而房价的非竞争性为此创造了条件。商业银行则通过房价的虚高来扩大其贷款规模、降低不良贷款率及增加利润。至于消费者,又可以分为两种情况:已经购房者希望房价攀升,以增加其财富效应或转手交易获利;没有购房者或者由于缺乏谈判力量,加上商业银行贷款支持,只得被迫接受高房价,或者由于房价的过度上涨导致自身负债能力下降、交换权利受损,被彻底挤出住宅买卖市场,无法成为真正的买房者。因此,要正确认识目前房地产业的态势,就必须突破地方利益、部门利益和个人利益对人们视野的限制和误导。

---

① 2008年下半年,中国房地产市场趋于冷清,西安、南京等十几个中心城市发起了所谓政府"救市",提出了若干措施。

三、中美金融体系的差异导致风险管控能力的差异

在中国,商业银行在金融体系中占有举足轻重的地位,所谓银证合作、银保合作已经初露端倪,但银行的强势地位决定了混业经营也是在大的商业银行内部实现的。独立的投资银行模式在中国现有的金融体系中难以立足,他们只能在商业银行的庇荫或者说支持之下生存。美国商业银行大多是以州为界,跨区域经营的银行非常之少,这也就限制了银行内部资金的往来,流动性经常出现问题,从而使住房信贷的二级市场十分必要。而中国的四大国有银行以及众多的股份制商业银行都是跨区域经营[①]的,某个区域内分行暂时出现的流动性不足根本不足于撼动银行的根基,因为在中国这样的储蓄大国,贷存比多年维持在70%以下[②]。虽然总行与分行之间的内部资金利率往往高于市场利率,但总行对于分行的流动性充足是可以保证的。这就是为什么近年来,住房信贷规模一再大大扩张,但是住房抵押贷款证券化以及住房信贷二级市场的建立始终没有引起商业银行重视的主要原因。

在过去的一个世纪里,美国银行业经历了从混业经营到分业经营再到混业经营的演化过程。大萧条之前,美国银行业实行混业经营。在这个过程中,工业化、公众公司以及证券市场的迅猛发展催生了一批金融寡头型的全能银行,其典型代表就是摩根财团。大萧条之后,美国政府采取了一系列措施,加强了对金融机构的监管,其中一项重要措施就是在银行业实行分业经营。由此导致了全能银行的解体。到了20世纪90年代,为了更好地满足客户对一站式金融服务的要求,从而进一步提高美国金融机构的全球竞争力,美国银行业又回到了混业经营的模式,其典型代表就是JP摩根。即便如此,摩根斯坦利、高盛、美林等五大投资银行仍然坚守分业经营的模式。

[①] 2006年以来,城市商业银行的跨区域经营也逐步成为潮流,北京银行、上海银行、天津银行、杭州银行、大连银行等纷纷更名、跨区域,从而使中国商业银行的全国性布局成为更加明确、不可动摇的事实。

[②] 截至2008年6月末,金融机构居民人民币存款余额为19.8万亿元,比年初增长2.2万亿元,同比多增1.4万亿元,其中定期存款同比多增1.5万亿元,远远高于居民从银行体系获得的贷款总额4602亿元。

中美住房金融理论与政策：房地产资本运动的视角

美国金融危机显示，单一经营模式比混业经营应对危机风险的能力更差。华尔街受到严重损失的不仅仅是贝尔斯登、美林、雷曼这类的投资银行，还包括 UBS 和花旗集团等一些顶级金融机构则横跨了商业银行和投资银行两大领域的金融"巨无霸"，这说明随着《格拉斯——斯蒂格尔法案》的取消，美国混业经营的发展，金融机构业务趋同性或者相关性增强，使得金融风险在各类机构之间的传导更加容易。作为本次危机"元凶"的资产证券化产品，就是以商业银行传统的信贷资产作为基础资产的，通过证券化之后其影响范围已经远远超过了传统的商业银行领域。但是更重要的是，混业经营目前暴露出的风险也显示出其合理性。由于银行、证券、保险等业务具有不同的周期，综合化经营削平了收益的波动，有利于其保持稳定的经营业绩和持续经营。在此次危机中，那些损失最惨重的是独立的投资银行以及固守基础银行业务规模较小的银行，它们没有足够的规模和多样化的业务，来消化抵押贷款和公司债券违约不断增加所带来的损失。那些从事综合性业务金融"巨无霸"和业务较为单一的机构相比，受到的冲击较小，更容易渡过难关。

虽然都被称为"银行"，商业银行与投资银行其实是两种不同的金融机构。商业银行的主要业务是"存、贷、汇"，或者说是"表内业务"，其主要收入是利差（spread）；而投资银行的主要业务是证券承销（underwriting）、证券交易（transaction）与金融咨询（con-sultation），或者说是"表外业务"，其主要收入则是收费（fee）。应该说，投资银行的发展有赖于金融机构整体发展水平的提高。其强大的赢利能力来源于其独特的商业模式运作，这些商业运作模式对中国金融界来说还只有零星的需求。与商业银行相比，首先，投资银行以批发业务为主。除了经纪业务，投资银行业务基本上都属于批发业务。在美国五大投资银行中，只有美林还维持着一只庞大的经纪业务部门。其次，投资银行则以知识密集型业务为主。从本质上讲，投资银行属于金融咨询业。金融咨询不但是一项独立的投资银行业务，而且是其他投资银行业务的智力基础。例如，要想协助发行体发行证券，首先需要协助其设计证券，这就需要进行全面、深入地研究、分析。事实上，研究、分析能力，而不是资金、销售实力，才是投资银行的核心竞争力之所在。当然，资金、销售实力同样不可忽视。例如，要想协

第四章 房地产资本运动中的"管涌效应"及其管理

助公司进行并购,还需要协助其进行必要的市场操作。这就需要充分的资金、销售实力。然而,无论是证券承销、证券交易,还是公司并购,都离不开投资银行家的运筹帷幄。对于长袖善舞的投资银行家来说,融资、推销等市场操作并不是什么难题。第三,从根本上讲,投资银行强大的赢利能力来源于其对风险的把握。在资本市场上,回报与风险成正比。一般来说,商业银行更为审慎,更为重视资金的安全性和流动性。投资银行当然也重视风险管理和内部控制,但与商业银行相比,投资银行为了实现更高的收益不惜承担更高的风险。冒险与创新如影相随,比较典型的如在融资融券与金融衍生品方面的创新。上述创新的一个共同特点就是杠杆经营,也就是"以小搏大"。它们成倍地放大了收益,同时成倍地放大了风险。"成也萧何,败也萧何"。在美国金融危机中,五大投资银行相继陷入了困境,是因为在系统性风险面前,他们失去了管控风险的能力。

除了投资银行,美国的"两房"也成为次级债危机中的牺牲品。"两房"是住房信贷二级市场上的主力军。美国住房贷款证券市场三大机构,"房利美"、"房地美"和"吉利美"垄断了住房贷款证券市场80%的份额。其中吉利美直接就是政府机构,其信用等同于美国政府信用。"两房"虽然被接管前是上市的私有化企业,但本质上一直就是"准国有"企业,是由美国政府缔造、在美国国会为之专门立法、自诞生以后就有专职联邦机构负责对此监管的特殊企业。它们虽然需要对股东负责、提供资本回报,但同时也需承担众多公共政策义务。这次"两房"危机的爆发,虽然与自身管理有关,但也有很大部分是为政府做出的牺牲。自次级债危机爆发以来,大多数银行和金融机构都无力或拒绝放贷,融资规模萎缩严重,只有"两房"因为贯彻美国政府托市意志而逆势扩大融资规模。尤其2008年以来,近80%的新抵押贷款都是"两房"提供或担保的。如果没有它们共同的支撑作用,美国的住房金融体系会因为信心的丧失而在短期内土崩瓦解,美国住房市场的危机也许早就恶化到无法想象的程度了①。

---

① 住房抵押贷款证券化的前提是信用支持。住房抵押贷款证券是如何获得信用支撑的呢?美国的"两房"是政府机构或政府设立的特殊企业,用政府信用或政府隐含信用来担保证券的还本和收益。因此,美国模式下的住房贷款证券市场可以得到更迅速、更发达的发展,当然在制度上就留下了"一旦出事必须政府买单"的隐患。

中美住房金融理论与政策：房地产资本运动的视角

关于美国政府在这场危机的多次规模宏大的"救市"行动，在全世界以及美国国内都引起了广泛争议。正如前面已经论述的那样，次级债危机是由房地产资本运动链条的若干环节没有把握好"细节"而产生的，这充分说明了美国的住房金融体系在"微观"风险管控上是有很大问题的，但是美国政府在"宏观"风险的管控上还是出手快而且极为"大方"的。实际上，对于美国政府在金融危机中应有的表现，美国学术界早已做好了理论准备。现任美联储主席伯南克就是坚定的"救市"论者。他在关于美国大萧条时期的研究中反复强调政策制度对于挽救金融市场信心的重要性。伯南克在一篇名为《金融危机之非货币效果如何加剧大萧条蔓延》[①]的论文中解释道："由于金融资产市场不完全，好些类型的贷款者和借款者之间要完成金融交易，必须借助市场创造（market-making）和信息收集（information-gathering），此类服务所费不菲。1930～1933年，金融体系全面崩溃，市场创造和信息服务之效率急速下降。由于真实融资成本大幅上升，许多借款者（尤其是家庭、农场主和小企业）发现融资非常昂贵，获得信贷极其困难。1929～1930年的经济下滑尽管严重却不是史无前例，正是这种信贷紧缩将经济下滑转变成长期的经济萧条。"因此，"我们必须认识到，经济体系之制度安排，绝非'一层面纱'，它们深刻影响交易费用，从而改变市场机会和资源配置。正常经济情况下运转良好的经济制度，一旦外部冲击或政策错误迫使经济脱离正常轨道，经济制度就可能成为经济恢复的制约力量或障碍。"伯南克本人在此论文中没有做出进一步的推论，但其逻辑必然是，既然现有经济体系之制度安排出了漏洞，自身又无法在短时间内修补，那么政府的"救市"措施当然是必要的。对于当代美国，世界对于其金融市场的信心是美元维持霸权的核心支撑点，因此，无论美国国内对于用"纳税人的钱"为华尔街买单多么不乐意，无论是保守党或民主党的议员们多么想为"老百姓"说话，美国政府大规模"救市"计划总是能够通过并实施。

---

① 载于《美国经济评论》（1983年6月），转引自向松祚、邵智宝编著：《伯南克的货币理论和政策哲学》，北京大学出版社2008年版，第69～106页。

第五章　房地产资本运动与
　　　　　住房金融主体行为

第一节　资本逐利的主体——房地产开发商行为

资本逐利性决定了房地产开发商行为的基本特征。正如资本家是资本运动中的最活跃主体一样,房地产开发商是房地产资本运动中最活跃的主体。这一点无论是中国还是美国都是如此,但由于制度环境的不同,房地产商的构成不同,两国的开发商在房地产资本运动中的行为也就有很大的不同。

中国房地产开发商历史形成期短,他们往往是"大而全"或"小而全"的公司,其特征简单地说有这么几点:

1. 与政府关系复杂,经常以非市场手段取得土地[①]。

2. 由于房地产融资渠道少,只能偏重于取得银行贷款或通过预售房屋解决资金问题。

3. 往往集房地产开发计划、购买土地、施工、租售、物业管理于一身,

[①] 开发商手中掌握大量已出让土地,没有及时转化为市场有效供应。据中国人民银行《2004 中国房地产金融报告》提供的数据,1997 年以来,全国土地开发面积占全国土地购置面积的比例持续降低,2000 年至 2004 年一直维持在 60%～70% 的水平,2004 年该比值降到 50% 以下,已完成土地开发面积绝对数比 2003 年有所下降。全国土地购置面积和土地开发面积的差额也逐年增大,2004 年该差额达到 2 亿多平方米,这意味着仅 2004 年全年就形成了 2 亿多平方米的土地等待开发商开发或继续开发。从全国待开发土地面积来看,1999 年以来,该指标呈持续增长趋势(除 2001 年比 2000 年小幅下降以外),2003 年全国待开发土地面积为 2.18 亿平方米。

承担角色的复杂性使其资金需求面大,而且资金链断裂的可能性增大①。

4. 直接面对房屋的消费者和投资者,经常成为供求双方矛盾冲突的焦点,从而成为房地产政策后果的直接承受者。

5. 数量多②,成分复杂,有国营公司或国营公司改制而成的,有从基建工程兵"集体转业"的,有个体经商户靠商品贸易或其他生意掘得"第一桶金"而转行搞房地产的,等等。

美国的房地产开发商一般是房地产项目的发起者和组织者③,仅保持精干的管理队伍,而将从设计到租售阶段的工作全部委托给外部专业机构,而不是承揽从计划、购买土地、施工、租售、物业管理整个过程的"超市式"公司。有许多类型,例如,有些开发商仅开发独立住宅,另一些开发商则善于开发商业物业或工业物业项目;有些开发商习惯于在某一个城市或地区从事房地产开发,另一些则跨地区、跨州或跨国进行房地产开发;还有一些开发商是在房地产投资信托(REITs)的框架内从事开发活动。

美国房地产开发商的特征:

1. 与公共部门的关系相对简单,这是因为公共部门通常尽量避免成为开发项目的合作伙伴。联邦、州和地方政府对房地产开发项目的介入,和对其他企业项目的介入差不多。房地产开发本身是政府严格监管的过程,涉及税法、劳动法、财产法、公共基础设施、金融市场运作、城市规划、建筑许可、法律规定应缴纳的各种费用、规章和公共政策。但开发商也不

---

① 2008年3月10日,万通地产董事长冯仑表示,万通地产对近20年的房地产企业财务报告都进行过研究,发现土地储备量从来都不是公司发展的最大保障,很多公司在行业繁荣的时候拥有大量土地储备,等经过一个周期之后,公司就扛不下去了。只有把握好节奏的公司才能长存。3月21日,SOHO中国总裁潘石屹在接受上海证券报记者采访时坦言,受国际资本市场"惨淡"和国内宏观调控银根紧缩的双重夹击,中国很多房地产公司将在百天之内产生剧变反应,并进入前所未有的融资艰难期。

② 2001年至2006年北京市处于营业状态的房地产开发企业个数逐年增加,2001年仅为1005家,2006年2958家。

③ 开发商的合作伙伴有:建筑师、工程师、土地规划师、景观设计师、承包商、环境顾问、交通顾问、评估师、律师和会计师、房地产经纪人/租务助理、金融伙伴、物业管理者、市场分析师、营销与公共关系顾问、政府机构、最终用户等。——迈克·E. 米勒斯等:《房地产开发:原理与程序》(第三版),刘洪玉等译,中信出版社2003年版,第18页。

能忽视公共部门特别是地方政府的影响力。公共部门可以拖延甚至终止开发商的开发计划,或在开发过程中改变游戏规则,从而使开发商承受许多不必要的利息负担及其他成本支出,有可能使整个项目在经济上变得不可行。

2. 房地产金融产品丰富,融资渠道广泛,可以从多个层面获得资金解决现金流短缺的问题。

3. 承担角色的相对单一性使其资金需求面小,资金链断裂的可能性因此变小。这就是为什么在近代以来的美国,很少出现因为房地产开发商资金链断裂而导致的金融风险或危机[①]。

4. 一般不直接面对房屋的消费者和投资者,房地产政策对其影响相对较小。中国房地产开发商的一个重要特点是"全能",角色极为复杂。从一个房地产开发项目的流程看:勘察、规划、设计——拿地——施工——封项——开盘——预售——完工——入住——物业,几乎每一个环节都得开发商自己去打理。他们必须和土地出让方(政府相关部门)、建筑方、银行、购房人、设计所、环评所、消防局等方方面面打交道,某个细小的环节出了错或某个方面没有打点到位,都可能使项目夭折或遭受挫折。

另一个重要特点是对市场的垄断。在现实生活中,开发商的价格上涨理由往往是成本涨了、别的楼盘涨了、基础设施完善了之类,或者炒作一些概念就直接进行涨价,涨价理由在开发之间已心照不宣。房地产开发商数量众多却难以形成有效竞争,反而加剧了垄断局面的形成。

当前的房地产行业垄断局面是不可否认的事实,这一事实用单一的经济学理论是难以解释的。中国房地产开发商得以垄断住宅市场的主要原因在于:

1. 供给的单一模式。在目前的制度框架下,几乎所有的住宅都由开发商提供,实物分房、集资建房均被禁止,小产权房叫停,要买房,只有找

---

① 20世纪80年代的S&L(储贷机构)危机,主要是由于这些机构不适应利率市场化的冲击,在与非银行金融机构的竞争中处于劣势地位所致。2007年以来的次级债危机,则主要是由于次级抵押贷款的评估和发放过于宽松,形成了许多真正"次级"的贷款,违约率不断上升所致。这些都出自金融机构本身,而不是房地产开发商的资金链出了问题。

开发商。

2. 住宅是生活必需品，也是一种投资品。作为生活必需品，住宅商品的需求是刚性的，随着城市人口的增长，对商品住宅的需求增大，现在价格上涨的速度很快，使一些购房自住的消费者提前购房，需求提前释放。作为投资品，在现阶段宏观经济形势较好，国内的投资渠道较少的情况下，住宅的确是一个好的投资品，尤其北京、上海等地的住宅，具有较大的保值增殖的功能，吸引了大量本地、外地甚至外国的投资者。需求的刚性和投资的高回报预期使得需求膨胀得厉害，再加上开发商雇佣房托、捂盘，造成供不应求的声势，为开发商控制价格创造可能。

3. 住宅具有位置固定及供给弹性小的特征，使得开发商更加容易控制住宅的供给。价格的上涨在短期内并不能必然带来供给的增加，使得开发商可以通过各种手段，例如，推迟项目开工，延长工期，推迟办理预售许可等，来控制住宅商品的上市时间，以符合其最佳利益。

4. 开发商拿地的非市场因素太多，致使某些"地王"垄断土地市场。即使按招、拍、挂等程序取得的地块，也有不少额外付出的成本，开发商为消化这些成本，并获得高额利润，联手或心照不宣地控制房价。

开发商对于市场的垄断，对于居民的居高临下地位可以用关于住房预售制度的存废之争作为典型案例做进一步说明。其背景是：中国人民银行《2004中国房地产金融报告》的出台引起了社会的广泛关注，其中提出的取消房屋预售制的建议更是使房地产开发商如坐针毡。

房地产大亨任志强的"万言书"就是在这样的背景下出台的。"万言书"的主旨是为房屋预售制做充分的辩护，我们没必要去评价"万言书"本身的是非，但其中提到的若干问题反映了房地产开发商在特定制度环境下的行为方式，这里摘录几段：

发达国家的市场是个全面的市场。资本市场是开放的，各行各业包括房地产都可以充分地利用开放的资本市场和各种金融工具（包括衍生工具）进行融资，以多渠道解决资金问题；建筑市场是开放的没有限制性条件，但有严格的行政或法律的约束解决了质量、欺诈等问题，开发商不用额外操心质量、工期、材料等问题；设计市场是开放的可以自由取得最佳的设计保障，不用担心图纸会出问题，还要审查与复核，并且有设计师保险与补偿的保障;律师是可信赖的;测量师是可信赖的;契约是有保护和执行能力的;信息是相互透明的;官方的统计数字是社会共享的;政府是有有效的监督能力的;法律是配套和完整的;税收管理是严格和自律的;市场经营交易的规则是相对明确的;成品或半成品的交易都是自由的房地产在大多数国家是注册备案,而非以登记或权证为物权的法律证明的。而中国都在单方的用房地产的自身努力去解决社会其他环节的不配套问题。

开放直接融资的资本市场是解决目前房地产中存在的诸多问题的前提条件之一。有无完善的金融市场,涉及银行的信贷风险;涉及企业非银行信贷的股权和债权融资问题;涉及企业资本的增长与扩张;涉及个贷的不同来源;涉及民众的投资参与方式;涉及个贷的优惠利率;涉及对中低收入家庭的贴息政策;涉及供给总量增加调节供求关系等等一系列问题。目前中央和央行更多地从银行风险角度解释和批评房地产行业,根子在于央行尚未放开金融市场的管制,必然将所有的风险集中于信贷。只有放开金融管制,形成多渠道资金来源才能真正降低银行的信贷风险。解决期房与现房销售的制度问题就同时应尽快建立专门的房地产金融体系,和住房保障性金融体系,包括贴息贷款、长期开发贷款、住房建设债券与补贴债券等。

预售是控制产品结构性风险的重要条件:产品好坏会在预售过程中充分表现出来。住房不是计划经济的实物分配制了。消费者有自由的选择权。因此开发商可以通过部分产品的预售在事先对市场的分析定位之后,用实践检验产品对市场的适应性,并可以根据市场的反映而调整后期的产品结构与质量标准,并在竞争中创新。

预售是控制投资和产量风险的重要条件:发展商投入了土地,并开始生产、预售可以使投资者通过预售了解需求,来决定加快或放慢市场的供给速度,控制产量、调节市场(欧佩克组织起来的目的不就是如此吗?)同时可根据预售的情况,决定下期的投资决策,如增加新的土地储备,适时的调整规划设计或产品类型。如增加商业,或先商后住或先住后商的生产节奏,减少或增加投资以防范和控制风险。

预售是控制现金流风险的重要条件:任何行业的商业化经营都没有

百分之百的自有现金流。银行的资本金按巴塞尔协议只有8%，民航的资本金更低连8%都不到。发展商的项目资本金已达到了30%以上，应该说是很高的了。但银行仍然不会提供70%的贷款（2004年银行贷款在投资最近来源中只占18.4%）。没有人会用百分之百的现金流去完成生产后才开始销售。尤其住房是占用资金量巨大的商品。而预售则不但可以让投资者控制现金流的投入与回收，也可以减少资金链断裂的风险。当预售情况不好时则放慢新开工投入，以销定产和以产定销已经是个争论了多年的老调了，本就是个不应引起争论的问题。尤其是没有开放的金融市场的中国，企业除了银行信贷之外缺少融资工具，没有资本市场直接融资条件的支撑，解决现金流的最好方式是预售。房地产是如此，其他行业也是如此。

以上说法反映的是一个带普遍性的问题，即在当前中国的市场条件和制度环境下，房地产开发商要求与房屋的消费者和投资者"共担"经营风险，这种风险来自于多个方面，如开发商的合作伙伴可能确实水平不高或故意发生道德风险；房地产金融产品缺乏，开发商缺少可以选择的融资工具和渠道，而又必须有"过多"的自有资金；依赖银行信贷资金有时会受到严重限制，至少申请贷款有一个过程，银行出账往往与开发商的资金链循环不匹配；房屋消费者和投资者的需求变化等等。预售是开发商规避这些风险的重要方式，但出现了其他形式的风险，并强加到了房屋消费者和投资者、银行身上，即"万言书"中提到的假按揭骗贷、携款潜逃、施工质量差、变更规划条件、虚假广告、产权证难以办理、配套项目不完整等问题。

房地产开发商规避这些风险的想法是可以理解的，在任何交易中，当事各方都会尽一切可能规避风险。问题在于：开发商的风险最小化导致的是房屋消费者及投资者的风险最大化，这种不对称的交易之所以能够发生是令人深思的。开发商关于改善市场条件及制度环境的要求也是合理的：房地产作为投资期长、资金量大、涉及各方利益多的项目，开发商面临的风险确实比其他许多企业面临的要多一些。问题又在于：还有一些企业在研制产品过程中有更多、更大的风险，他们向谁去转嫁风险呢？能够转嫁给他们未来产品的消费者吗？房地产开发商却可以把开发的过程进行细分和外包,让合作者(自愿的和被迫的①)来共担风险,也可以寻求更多、更愿意承担风险的投资者来共担风险。还有,"万言书"中提到的取消预售将使开发商资金链断裂或者使开发商"消极怠工",减少房屋的供给量,从而使房价在短期内上涨的可能性也是存在的。问题还在于:假如房地产行业持续繁荣,仍然利润丰厚,开发商的"消极怠工"能够持续吗?个别开发商的资金链断裂,会影响全局吗?

"万言书"中提到,房屋预售制有历史的渊源,是由于计划经济时代造成的严重住房紧缺,从而出现了各单位进行房屋预订购的情况;在市场化之后,单位变成了个人,预订购变成了预售,但根本原因还在于房屋的供不应求。房地产开发商因此得以沿袭计划经济时代的建房部门一样的思维和做法。大城市房屋供不应求的局面与中国人口众多、城市化快速发展、经济持续繁荣的形势相适应,短期内不会改变,因此,开发商的行为和思维方式也就难以改变。即使有了较完善的金融市场,有更多的融资渠道,有什么能比消费者"无偿"预先提供资金的预售更好的融资方式呢?

第二节 土地资源资本化与中国地方政府行为

土地兼有资源与资产特性。土地作为一种资源,历来是人类发展生产的最基本要素,它的资本化(资产特性由此而生)是由于与金融活动的结合。在本书第二章做历史回顾时,我们已经提到了中美两国土地制度和土地政策的差异性。新中国成立以后,在计划经济时期,长期实行土地无偿使用制度,城市土地供应均实行国家指令性的行政划拨方式。20世纪80年代末开始推行的城市土地有偿使用制度改革,重新肯定了城市土地的商品属性,培育和建立起了城市土地商品市场,极大地促进了城市土地资源的优化配置和合理利用。这是中国土地资源资本化的开端,也是土地资本"符号化"过程得以开始的前提。

中国城市化的进程很大程度上是城市土地的资本化推动的,在这一

---

① 由于好的房源紧缺,经常处于供不应求的状态,许多具有强烈需求的购房者被迫加入到"预购"房屋的行列,开发商开展预售当然就不成问题了。

进程中,土地分级管理的体制使地方政府一直发挥着主导的作用。直到2003年年底,中央痛下决心,宣布在省以下实行土地的垂直管理,地方政府的主导作用才有所减弱①。

一、土地分级管理体制的利弊得失

根据现行《土地管理法》及相关法律、法规的规定,中国的土地实行分级管理体制。各级政府在土地管理的各项业务上都有明确的职责划分。

1. 国务院的职能

国务院领导与监督所属原国家土地管理局和后来国土资源部的土地管理工作,除行使全国的一般行政管理职能外,还要行使以下土地管理的专门职能:(1)编制和执行全国土地利用总体规划,并批准下级地方政府的土地利用总体规划;(2)对于国家建设占用耕地1000亩以上,其他土地2000亩以上,拥有批准权;(3)制定和实施土地使用权转让和国有土地有偿使用具体办法,中外合资经营企业、中外合作经营企业、外资企业使用土地的管理办法,以及大型水利、水电工作建设征用土地的补偿费标准和移民安置办法等。

2. 县以上地方人民政府的职能

除直接领导和监督所属土地行政主管部门的土地管理职能工作,执行本行政区域内的一般行政管理外,还要行使以下土地管理的专门职能:(1)编制本行政区域内的土地利用总体规划,并报上级人民政府批准后执行;同时,上级人民政府也拥有批准下级人民政府的土地利用总体规划的权限。(2)集体所有的土地,由县级人民政府登记造册、核发证书、确认所有权。全民所有制单位、集体所有制单位和个人依法使用的国有土地,由县级以上人民政府登记造册,核发证书,确认所有权。(3)对于本行政辖区的土地所有权和使用权争议,如当事人协商不成,依照法律规定,由县级和县级以上人民政府处理此项争议。(4)地方各级人民政府对

---

① 2008年10月12日,中国共产党十七届三中全会通过了《关于推进农村改革发展若干重大问题的决定》,为解决农村土地长久承包权和经营权流转重大问题指明了方向,农民在所承包土地的资本化及转化为财产性收入上将有更大的发言权。

于征用本辖区的土地,在法律规定的批准权限内,拥有批准权。(5)省、自治区、直辖市人民政府的职责,可参照《土地管理法》关于征用耕地的补偿费标准,对于其他土地的补偿费标准做出规定;对被征用土地的附着物和青苗的补偿标准做出规定;以及对乡(镇)、村建设用地依法规定用地标准和予以批准。(6)县级以上地方人民政府依法拥有可制定本行政区域内乡(镇)、村建设用地的控制指标,报上一级人民政府批准执行的职能,县级人民政府可批准乡(镇)人民政府的乡(镇)建设用地控制指标的职能。

3. 乡(镇)人民政府的职能

乡(镇)人民政府除负责本行政区域内的土地管理工作,并行使本行政区域内的一般行政管理职能外,还要行使以下土地管理的专门职能:(1)制定乡(镇)、村建设规划和用地控制指标,经县级人民政府批准后执行的职能;(2)对于农村居民建住宅,如使用原有的宅基地、村内空闲地和其他土地拥有批准权;如使用耕地则拥有审核权,并报请县级人民政府批准执行的职能;(3)对于乡(镇)、村公共设施、公益事业建设需要用土地,拥有审核并向县级人民政府土地行政主管部门提出申请的职能;(4)对于个人之间,个人与全民所有制单位和集体所有制单位之间的土地使用权争议拥有依照法律规定进行处理的职能。

在分级管理体制下,各级土地行政主管部门不仅要受上一级土地行政主管部门在业务上的指导,而且还要受同级人民政府在行政上的直接指导。这样的管理体制赋予了各级地方政府特别是县一级地方政府相当大的管理土地的权力,土地行政主管部门作为地方政府的一个下属部门,没有力量去阻止地方政府的违法违规行为。即使在垂直管理以后,由于地方土地管理部门在人、财、物和社会关系等诸多方面受到当地政府的制约,他们也不可能有足够大的力量来违抗地方政府的意愿。在土地资本化的浪潮中,赋予地方政府如此大的土地管理权力,不可能不被滥用①。

---

① 国土资源部执法监察局局长张新宝表示,近年来,违法用地情况面广量大。新《土地管理法》实施以来的7年中,也就是1999年至2005年,全国共发现土地违法行为100多万件,涉及土地面积500多万亩,比2004年全国新增的建设用地总量402万亩还要多出近100万亩。如此大规模的违法,只能说明是制度上的漏洞导致"法不责众",从而使地方政府为了地方利益不惜与中央政府进行有限度的博弈。

地方政府掌管着许许多多的经济计划和管制权力，其中最大的无疑是对土地的分配和出让权。土地的稀缺性使土地资源资本化过程中产生巨大利益，这些利益的分配和流向是地方政府特别关注的。地方政府行为是地方政府官员行为的人格化表述，由于一些地方政府官员存在着政绩、个人或小集团利益最大化的追求和约束，他们总是希望在有限任期内获得更多的 GDP 和财政收入（见表 5-1）。因此，与其说地方政府追求的是"本级政府经济利益最大化"，不如说是在追求"本届政府经济与政治利益最大化"更为确切。如果他们对同一个目标的追逐在长期和短期内发生相互冲突，将不惜牺牲地方经济发展的长远利益来获取短期效益。其实，往深里说，对于土地资源资本化的过程而言，所谓地方政府行为实际上就是少数几个掌握批地权的官员的行为，他们打着为地方政府和地方百姓谋利的旗号，一方面可以借土地资本化取得大量的财政资金供自己支配，搞政绩工程、"形象工程"；另一方面还可能把土地资本化的部分收益拢到他们自己或以他们为中心的小集团的口袋里。这些年成批的官员受贿事出于土地转让，说明这样的事情发生绝不是偶然。

表 5-1 2004 年增收的与土地有关的财政收入　　（单位：亿元）

项　目	地方总计	北京	上海	天津	重庆
2003 年房产税	323.86	30.79	22.41	7.20	4.21
2004 年房产税	366.32	31.97	27.08	8.09	4.65
2004 年城镇土地使用税	106.23	3.27	2.13	0.87	1.59
2004 年耕地占用税	120.09	1.84	3.66	1.07	2.45
2004 年土地税收总额	226.31	5.11	5.79	1.94	4.04
2004 年与房地产有关的财政收入	592.63	37.08	32.87	10.04	8.69
2004 年与土地相关税增收额	268.77	6.29	10.46	2.84	4.48

资料来源：《中国统计摘要》（2005 年）。

二、房地产开发商与权力合谋——土地批租与房价高企

房地产开发商与权力的合谋是必然的。中国正处于计划与市场的二

元混合时期,虽然建立市场体制、分权体制的长远目标是明晰的,但在具体的运行机制中,行政力量依然是配置资源的重要方式。地方政府既拥有一般企业无法获得的公共资源(土地、环境、公共设施等),又拥有企业所不具有的行政权力、制定竞争规则的权力(如税收政策、城市规划),以及规避风险的特权(如银行贷款、其他融资渠道畅通)。通常,地方政府按照自己的偏好制定的社会、经济发展计划,一般都能得到企业的财力支持,因为对企业来说,如果想获得更多的发展机会和更大的经济回报,与地方政府保持长期良好的合作关系是极为重要的。因此,在中国当前的城市政体中,地方政府在城市发展中往往占有绝对的主导权,它的意见起着决定作用,并且总是能够获得当地企业的"支持"和"拥护"。这是从一般情况来说的,就房地产而言则更是如此。开发商与政府搞好关系,以低价格得到土地,或以相对不太低的价格得到好的地块,都意味着一本万利的买卖。而转型期间,加快经济发展的压力、中央—地方财税体制的改革、不断加码的考核指标等内在环境的变化,以及经济全球化的挑战、国际资本转移等外在环境的变化,都刺激了地方政府发展经济的热情。强烈的政绩冲动使地方政府与私人部门结成增长联盟,不断追求经济和政治利益。与房地产开发商的结盟更是可以在较低的风险状态下得到多重好处:房地产的繁荣意味着城市的繁荣(至少从表面上看是如此),红红火火的场景是本届政府的最大政绩;取得土地的成本低廉,但房地产开发商都知道土地资产的宝贵程度,肯定会投桃送李,让某些官员或他们的亲近人物得到"回报";土地逐渐减少,必然越来越稀缺,价格越来越高,在任期之内可以得到更多的土地转让收益;等等。

在近年来严厉的宏观调控政策作用下,当前中国国内房地产投资资金中银行贷款所占比重逐年下降;社会资金所占比重逐年增加,且投资和投机成分加重。因此,房地产投资过快增长和房价过快上涨的主要原因不在于银行信贷,而是国内外投资者和投机者的趋利行为所致,其背后原因又是地方政府在土地批租、房地产开发上的政策导向偏差造成的。具体表现在:

1. 城市土地价格机制在城市土地市场中的作用仍然没有得到充分发挥。具体表现在城市土地协议出让价格偏低,招标、拍卖的比例偏少,城市土地市场化程度不高①。进入21世纪后，中国的工业用地仍然以协议出让为主，各地为了吸引投资竞相压价。一些地区的工业用地出让价格甚至低于土地由生地变为熟地的成本，造成"负地价"。发达地区和欠发达地区的工业用地地价之比一般在1∶1.1至1∶1.5之间。无论在发达地区还是欠发达地区，同在一个区域内，虽然可能出现离城市中心区远近稍有不同，但工业用地与居住用地、商业用地的价格比普遍在1∶2∶4至1∶3∶5之间②，如此巨大的差价，是现有的马克思地租理论所无法解释的，也是西方传统的城市土地经济学原理无法解释的。而从资本运动的角度看，这是近似"理性"的。由于土地所有者——名为国家，实为各地方政府部门——的人为压价，所谓工业用地的价格是"协议"而成的，因此没有能够进入城市土地资本运动的渠道。只有当某些拿到地的企业暗中改变用途，成为商业用地或居住用地之后，这些土地才进入城市土地资本运动的渠道。欠发达地区工业用地出让可能是为了促进当地经济发展不得已而为之，但发达地区某些企业以工业用地名义取得土地，改变用途后获得暴利的情形，不仅会造成社会分配不公的问题，而且会严重干扰正常的市场秩序，从而使房地产资本运动的合理循环始终难以形成。房地产行业普遍存在的"暴利有理"的心态，在很大程度上与此有关③。"暴利"一旦不受制约，而成为房地产开发商竞相追逐的对象，房价的普遍上涨当然

---

① 据统计，有偿使用和市场配置的国有土地面积占城市国有建设用地总面积的比例已由1992年的不足2%上升到2002年的24%。招标、拍卖、挂牌出让国有土地使用权的面积占当年出让总面积的比例由1992年的不足1%上升到2002年的15%，价款比例由1992年的不足1%上升到2002年的40%。2003年上半年，全国出让土地面积4.70万公顷，价款1279.22亿元，其中招标、拍卖、挂牌出让国有土地使用权的面积和价款分别达到33.81%和59.78%。据测算，按照法律规定，城市内国有土地可以市场配置或有偿使用的比例应达到40%~50%左右，而目前只有24%，2002年以招标、拍卖、挂牌等市场竞价方式出让国有土地使用权的面积占当年出让总面积的比例只有15%。城市内外，还有大量国有建设用地需要随着企业改革和土地用途调整实行市场配置或有偿使用。——2003年6月25日第十三个全国"土地日"国土资源部有关负责人答记者问，国土资源部网站。

② 数据参见国土资源部土地利用管理司、中国土地勘测规划院编：《城市地价动态监测理论与实践总论》，地质出版社2006年版，第170页。

③ 值得注意的是，2007年3月通过的《物权法》已经明确将工业用地也纳入招、拍、挂的范围。

就不可避免了。

2. 大量土地资源被少数企业垄断,同时造成国有土地资产流失。土地管理上的制度漏洞以及地方政府的行为导致的后果是严重的。有些地方政府官员采取短期行为,认为有了大量的投资的项目,就能把经济搞上去,而"引资"的途径又往往采取"以地生财"、"筑巢引凤"的方式。20世纪90年代初和21世纪初全国遍地开花的"开发区热",造成了严重的土地浪费。国土资源部公布的2005年度全国土地利用变更调查结果显示,截至2005年10月31日,全国耕地面积18.31亿亩。也就是说,离"十一五"规划确定的未来5年耕地保有量18亿亩的"红线"(约束性指标)仅剩3100万亩。与此相关的是,"十五"期间全国耕地面积净减少9240万亩。不仅如此,有关专家预测,随着中西部的开发和产业的渐次转移,中国将上演违法圈占土地的"最后的疯狂"。一些地方政府在无规划、计划的情况下,盲目签订协议,向开发商承诺提供大量土地进行成片开发,有时一个协议就提供四五十平方公里的土地。这种做法几乎是把土地一级市场的开发权拱手让给了开发商。

房地产开发商与地方政府合谋而导致的"囤地"现象泛滥成灾。建设银行研究部发布的《下半年经济金融形势分析与预测报告》显示:2001年年初至2007年5月份,房地产开发商累计购置土地面积21.62亿平方米,但实际仅开发完成12.96亿平方米,相当数量的土地被囤积和倒卖[1]。国务院发展研究中心2007年12月发布的《中国房地产企业竞争力研究报告》显示,全国最大的"地主"是碧桂园,2007年7月末,该公司总土地储备量已经达到了惊人的4500万平方米;万科拥有超过1500万平方米的土地储备;新世界在全国各地的土地储备已经达到了1750万平方米,富力地产在全国的土地储备量约为2092万平方米。2007年12月4日,一份由北京师范大学金融研究中心撰写的《中国房地产土地囤积及资金沉淀评估报告》显示,到2007年年底,全国开发商手中的闲置土地规模将达到10亿平方米,这些土地量足够开发商进行4年的开发。

3. 部分房地产开发商采取非市场手段,追逐高利润,抬高房价。房

---

[1] 中国中央电视台"经济半小时"2007年12月8日。

中美住房金融理论与政策：房地产资本运动的视角

地产业的高利润回报,促使房地产开发企业扩张迅速,2004年,房地产开发企业已达5万多家,比2001年增加了2万多家,比2003年增加了1万多家。房地产开发商常常与某些地方政府或金融机构人员联手,支配着房地产市场秩序,主要表现为:一是以低成本或"无成本"扩张。房地产企业普遍自有资金不足,由于商业银行对企业资金的来源及投资方式尚无有效手段给予准确认定,房地产商普遍通过期房预售和流动资金贷款等变通方式融资,并将"自筹资金"混同于"自有资金",或通过虚增资本公积、分拆项目、异地借款并以资本金形态注册等各种方式,规避自有资金比例管理。二是资质差,产品质量难以保证,市场投诉多。房地产企业资产负债率较高,平均超过70%,优质企业少,多为三级资质企业。三是通过"假按揭"套现。由于企业贷款利率高于零售按揭贷款利率,开发商利用内部人或关联企业,或与银行内部人员内外勾结,通过"假按揭"套现以降低成本。四是发布虚假售楼信息,联手虚抬房价。2004年年初以来,楼市进入由开发商决定市场、自由定价状态,大房地产企业在利益最大化的共同追求中渐渐结成价格联盟。

第三节 住房金融产品的供给和需求方
——住房金融机构与居民行为

金融机构靠经营资本而存在,资本的回报必须能覆盖经营中的风险,否则就会动摇公众对金融机构的信心,使其资本失去持续性的来源,陷入金融危机甚至破产的状态。住房金融机构是金融机构的一种,其基本行为特征当然是由资本逐利性所决定的。但由于住房作为消费品和投资品的双重属性,以及其法律属性、社会属性,住房金融机构的行为受到多方面的约束,如来自宏观经济政策(货币政策)、税法、居民消费行为、金融资源、区域市场环境等。

美国的住房金融机构的主要特点是:

1. 机构众多,体系较完整。美国政府性住房金融体系基本构架是:联邦住房与城市发展部(HUD),负责所有的住房与城市发展计划及相关政策的制定;下属联邦住宅管理局(FHA),负责住房标准的制定和为中、低收入阶层提供按揭担保;吉利美(Ginnie Mae)是HUD的下属公司,但不属于FHA,主要是收购政府担保的抵押贷款以及将其证券化。此外,可以归属于政府性住房金融体系的还有房利美(Fannie Mae)、房地美(Freddie Mae)以及退伍军人管理局(VA)等。商业性住房金融体系则包括为数众多的银行、储藏机构和证券公司,它们在政府公司业务范围之外的领域发挥着主角作用。这样,就组成了一个多层次、既分工又协作的住房金融体系。

2. 专业化程度较高,"马路警察,各管一段"。房利美、吉利美和房地美号称三大政府信用机构①,但实际上房利美和房地美已从最初的政府控制转变为私营公司,现均在纽约股票交易所上市,因此这两家公司的对外担保只有政府暗示(implication),并不是美国政府的对外信用担保。吉利美的对外担保则是政府信用担保。

吉利美是最典型的政策性机构,主要收购由FHA和VA发放或担保的贷款。FHA和VA是专门为特定的中低收入者提供帮助的。这两个机构95%以上的贷款都被吉利美收购或者证券化了,这样就保证了它们有足够的资金为更多的人服务。由于有美国政府的担保,吉利美本身发行或担保的证券也就为市场上广为持有,目前住房抵押贷款债券余额已超过5500亿美元左右。吉利美除了按照市场方式收购抵押贷款和将其证券化外,还直接或者间接地通过地方政府或社区给低收入阶层提供补贴,这样的资金则来源于国会拨款。

房利美的业务范围比吉利美广泛得多,它可以收购任何金融机构发放的住房抵押贷款。由于房利美成立时的政府背景,在收购抵押贷款时也具有政策倾向性,收购贷款的最高额度是24.1万美元,显然是为了协助中低收入阶层的融资。

由于政府性公司都有自己特定的业务要求,在政府性公司不能覆盖的领域,商业性机构如雷曼兄弟(Lehman Brothers)、所罗门兄弟(Solomen

---

① 房利美、吉利美、房地美三家政府性公司在MBS市场占有接近90%的份额。根据雷曼兄弟公司提供的数据,抵押贷款证券享有的市场份额已经接近国债,分别为33.44%和34.69%,高于公司类债券的市场份额(20.81%),住房抵押贷款证券余额在3万亿美元左右,高于全美股票的市值。

Brothers)和美林证券便成为二级市场的主角。这些商业性机构除了作为发起人参与二级市场外,还是政府性公司重要的承销商和技术伙伴。

其他非专业机构作用也很大。人寿保险公司、养老基金和退休金组织、信用联合社等机构虽然不是专业的住房金融机构,但它们像商业银行一样,在住房金融市场上发挥着很大的作用。特别是人寿保险公司,其总资产的30%左右投资在房地产金融市场上,绝对量很大,为房地产融资和大规模建设项目的成功做出了不可或缺的贡献①。如表5-2所示,美国共同基金、养老基本和抵押银行的发展,给住房金融的发展带来了深刻的影响。至20世纪90年代,存款金融机构的资产占比已经降到了40%以下。

表5-2 美国主要金融机构的资产规模变化

金融机构	1986年资产(亿美元)	比重(%)	1995年资产(亿美元)	比重(%)
商业银行	26200	32	45010	28
储蓄机构	15390	19	13260	8
保险公司	12600	15	28320	18
养老基金	17230	21	40140	25
金融公司	4210	5	8270	5
共同基金	7170	9	25980	16
总计	82800	100	160970	100

资料来源:汪利娜:《美国住宅金融体制研究》,中国金融出版社1999年版,第21页。

3. 住房抵押贷款证券化机构建立二级市场。在美国,住房抵押贷款证券化机构的经济功能表现在:(1)住房抵押贷款证券化为住房抵押贷款的发放者提供了新的融资渠道,便于抵押贷款信贷机构进行流动性管理和资产负债管理。(2)住房抵押贷款证券化为那些长期投资者开辟了新的投资场所,从而有利于投资者进行资产组合和获取更高的收益,有利于全社会的闲置资金得到有效动员和合理配置。(3)住房抵押贷款证券

---

① 参见[美]戴维·西罗塔:《房地产金融纲要》,龙胜平等译,上海人民出版社2005年版,第71页。

机构通过证券化方式,把一份住房抵押贷款合同细分为若干份抵押证券,并由住房抵押贷款证券的最终投资者持有,在一定程度上分散和转移了存在于住房抵押贷款中的各种风险。住房贷款机构因而可以更低的利率、首付比例等优惠条件吸引更多的借款者,使更多的中低收入居民能够拥有住房。

4. 住房抵押贷款保险机构的充分参与。事实上,仅有二级市场为住房抵押贷款提供流动性是永远不够的,还有必要建立一种使住房抵押贷款更加安全、可靠的机制,这就是在美国运用得比较普遍的住房抵押贷款保险机制。美国数十年的实践表明,住房抵押贷款保险作为一种为贷款银行规避贷款信用风险提供的金融担保工具,极大地促进了各国住房金融的发展,它不仅为许多中低收入家庭获得住房抵押贷款提供了条件,而且在很大程度上消除了金融机构发放住房抵押贷款的不安全感和不确定性,从而大大提高了住房抵押贷款的流动性,吸引了众多的金融机构介入住房抵押贷款市场。

5. 美国住房金融机构中,最值得关注的是抵押银行的发展。抵押银行在美国已有一百多年的历史。抵押银行的经营方式与诸多从事住宅抵押信贷的存款金融机构不同。存款金融机构的资金来源多为储户的短期存款,抵押银行则主要依靠从金融市场上吸纳长期资金。其资金的运用除了提供住宅抵押贷款以及贷款的回收等服务外,还用于抵押贷款的批发出售。这种经营方式的优势在于,它能够有效地避免存款金融机构以"借短贷长"为主要特征的资产和负债不相匹配的弊端。

相比之下,中国住房金融市场参与主体相对单一化。主要是银行、消费者、公积金中心。另外还有部分担保公司和评估公司参与,但它们参与的力度和广度与整个住房金融市场客观需求相比还很不够。作为中国金融体系的主力军,国有商业银行和其他商业银行均已经开办了住房金融业务,而且,作为全国性或区域性的零售银行,它们有着雄厚的资金实力、成熟的管理经验和遍布全国的分支机构网络。随着中国的商业银行向现代银行转轨,这些银行在开展住房金融业务方面尚有很大的发展潜力。专业化的住房金融机构在中国的生命力尚未显现出来,1987年曾经在烟台和蚌埠两个城市成立了专业化的住房储蓄银行,时至今日,这两个银行已经回归为商业银行。目前仍然存在的住房储蓄银行是由中国建设银行和德国施威比豪尔住房储蓄银行共同出资,2002年10月在天津组建的中德住房储蓄银行。

从整个市场结构的平衡角度看,房贷主体要实现专业化和多样化并存,除了已有的银行机构外,应鼓励抵押贷款公司等非银行金融机构的发展,这样消费者选择的余地更大一些。无论是从消费者需求还是社会资本充裕度来看,住房抵押贷款公司的发展都是必要的。中介机构的作用在当代中国的市场经济条件下也将凸显出来。保险公司、资产评估公司、担保公司作为现代金融服务业的组成部分,对住房金融市场的风险控制、健康发展起到重要的保障作用。

目前中国房地产市场已经进入了高速发展的后期阶段,市场上存在大量的房地产开发公司,但由于土地供给的硬性约束,企业间土地储备的竞争日趋激烈。土地的有限供给和"招、拍、挂"制度使得中小房地产企业的生存空间越来越小,房地产市场日益成为大型集团公司竞争博弈的舞台。客观上,没有土地储备,中小房地产公司的未来发展就面临抉择。要么依附大公司,要么进行业务转型。从企业发展的比较优势看,房地产企业一般都具有相当规模的资金储备,并且熟悉房地产相关业务,如果有适当发展战略支持,那么这些企业有可能成功转型为房地产金融服务企业。

中国目前大规模的城市建设仍在如火如荼地进行,但未来的发展模式将发生根本性的变化。在确保18亿亩耕地的"红线"内,土地供应将继续减少。房地产行业的发展将从单纯的土地开发和房产开发向综合性服务发展。推进房地产金融服务机构的设立是顺应行业发展规律的体现,也为住房金融市场的参与者提供了更多选择和发展的机会。

住房金融机构的长远和可持续发展必须建立在对居民对住房消费和投资行为的把握上。从对当代中国的房地产资本运动规律性认识,可以大致归纳出城市居民住房消费和投资行为的特点:

1. 城市居民的住房消费是第一位的,而且基本上已经不可能自盖自住,要么租房,要么买房,这就构成了城市住房的需求层面。城市常住人口和外来人口越多,对城市住房的需求就越大,因此,大城市、适宜居住城市、旅游城市等住房的需求量大，而城市的空间有限，住房供给有限，因而房价在经济繁荣时期上涨有其必然性，特别是在城市中心区的房价在城市化快速推进时期的上涨趋势有其必然性。

2. 城市居民的住房有不断升级的需求，城市居民的迁移性比农村居民要强一些，一般来说很少有在有条件搬到更宽敞舒适的住房而不愿意去的，而且城市住房及其所在小区的宽敞舒适程度往往是一个人身份的标志，因此不断升级的住房需求始终是存在的。

3. 无论在中国还是美国，置业的要求是一样的，不太一样的是中国人往往是上辈人愿意为儿孙置业，美国人往往愿意为自己置业。所谓"80后"成买房主力军的现象折射出了当今中国仍然深受传统观念的影响。其实，也不光是历史文化传统的问题，与遗产税、房产税的征收也有很大关系。这再一次证明了制度影响人的行为。

4. 把置业当成一种投资行为，更能体现出房地产作为资本的本质。应该说，正是有了住房的投资，才真正使房地产资本运动成为可持续的、活跃的。出租房屋、二手房买卖就像证券市场上的做市商制度一样，是房地产资本运动的根据。

住房的消费与投资往往是不可分的，在充满活力的城市里，看起来完全是想自用的住房很可能没多长时间就易了主人，也就是说，消费者随时有可能变成投资者；投资者也要时刻关注消费者的需求，这就是房地产资本运动的本质特征。然而，如果住房投资成了纯粹的投资，而且大家都在盲目地投资，而不顾消费者的需求时，房地产资本运动就会出现危机。

房地产作为自用资产时，投资和消费的二重性使得居民的购房决策受到多重因素的影响，居住消费使房地产作为资产的性质被扭曲，最终导致购房决策时经常被非理性所困扰。房地产作为投资资产时，投资者的判断、预期、情感、意志等各种心理因素不仅仅是对市场的反应，同时众多投资者的行为又在构建着市场的情绪基础，进而可能促使整个市场偏离经济的基本面大幅震荡。住房金融机构必须对居民的这些行为特征进行分析比较，并创新金融工具以适应不同类型居民行为的要求。

第四节 对房地产资本运动主体行为的模型解释

一、房价—利润率模型

开发商出于逐利的本能,当然有自己的利润追求,这个利润追求成为房屋价格的一个组成部分。我们可以将房价的组成用下面这个等式表示:

建成房屋卖价 = 土地总价 + 建安造价 + 管理费用 + 销售税费 + 投资利润 + 开发利润 + 购买土地应付税费

假设住房开发 T 年,建成后住宅的售价定为 F,折现率为 i,现价为 $P = F(1+i)^{-T}$,该地容积率为 v,土地面积为 m,建筑面积为 vm,建安成本为 C_f,开发成本于开发期 T 年终均匀投入,建安成本现值为 $C = C_f(1+i)^{-T/2}$,管理费用占建安造价的比例为 g,销售税费占房屋总售价的比例为 f,开发利润率为 R,土地单价为 L,购买土地应付税率为 d。

根据国家标准《房地产估价规范》,计算利润的基数可取完成开发后房地产的价值,则可得如下模型:

$$Pvm(1-f-R) = Lm(1+d)(1+i)^T + Cvm(1+g)(1+i)^{T/2} \quad (1)$$

移项处理后可得利润率的等式:

$$R = -\frac{L(1+d)(1+i)^T}{Pv} - \frac{C_f(1+g)}{P} - f + 1 \quad (2)$$

以上等式中,管理费用占建安造价的比例 g、销售税费占房屋总售价的比例 f、购买土地应付税率 d 这三个变量在一定时期内可假设为常量。容积率 v 在特定的区域也可假设为常量。这样,开发利润率 R 主要受到土地单价 L、房价 P 以及建安成本 $C = C_f(1+i)^{-T/2}$ 的影响。

1. 在其他条件不变的情况下,土地单价越高,开发利润率越低;土地单价越低,开发利润率越高。这就是为什么所有的房地产开发商都极力"开发"地方政府的人脉资源,尽可能争取低地价的原因。土地实行"招、拍、挂"市场机制之后,房地产市场背后的灰色交易地带有所减少,但到目前为止,不同的人拿地价格不同、拿地后改变土地用途从而获得巨大土地价差等情况仍然屡见不鲜。

2. 在其他条件不变的情况下,建安成本越高,开发利润率越低;建安成本越低,开发利润率越高。因此,在房地产市场尚不规范、预售制盛行的年代,开发商的承诺与消费者最终得到的楼盘质量大相径庭的情况也是很多的。

3. 随着房地产市场的逐步规范,土地、建筑材料和劳动力的市场化日益加深,开发商在土地价格和建安成本所能做的文章越来越少了。于是,尽可能在一定的土地面积上建设高现价房,从而提高利润率 R,成为开发商一致的选择。抬高房价的主要途径有两个:一是减少供给,制造紧缺的气氛;二是建设高档住宅。

二、住房拥有成本模型

道尔迪和范·奥德在 1982 年(Dougherty and Van Order,1982)引入了住房拥有成本(owner cost of capital)的概念,或住房所有者资本成本(cost of capital to homeowner)。住房拥有成本被定义为购买 1 元住房而付出的年总成本,是一种期间成本的概念。在数值上,住房拥有成本等于住房抵押贷款利率,加上首付款机会成本,再加上拥有和使用住房过程上的税费率(税费占住房总价的比率),减去预期住房价格上涨率。假设首付款机会成本等于抵押贷款利率,则拥有某套住房的总成本 U 的计算公式为:

$$U = P[i + t - E(\Delta P/P)] \qquad (3)$$

其中,P 为住房总价;i 为抵押贷款利率;t 为税费占住房总价的比率;$E(\Delta P/P)$ 为预期住房价格上涨率。

由(3)可得

$$\frac{U}{i+t-E} = P \qquad (4)$$

结合式(2)可以得到

$$R = -\frac{L(1+d)(1+i)^T(i+t-E)}{Uv} - \frac{C_f(1+g)(i+t-E)}{U} + f - 1$$

$$= -\left[\frac{L(1+d)(1+i)^T}{v} + C_f(1+g)\right](i+t-E)\frac{1}{U} + f - 1 \qquad (5)$$

1. 式(5)进一步揭示了开发商希望房价无限上涨的秘密。$E(\Delta P/P)$ 在开发商眼中的利润创造力是"无限"的,也是容易操作的。只要不断地宣扬未来房价会继续上涨,开发商的投资利润率就会不断地上升!这个过程在实践中也是不断地被重复,被演绎着。不停地阐述未来房价上涨的可能,控制消费者的预期,从而达到提高利润率的目的,这可以说是开发商促使房价上涨的惯用心理战术。

2. 随着价格预期 $E(\Delta P/P)$ 的增长,住房拥有成本在面对同一价格时是下降的。因为,买房所带来的投资收益覆盖甚至超出了投入资金的机会成本。高收入人群自然会乐于继续买房,前提是这一预期的可持续性。这就是中国高收入人群往往持有两套以上住房的原因!式(3)中的住房拥有成本 U 本来应该包含物业税 T,使高房价涨幅下的负住房拥有成本有所抵消,但由于中国目前尚未出台物业税征收政策,T 为 0,这就使得高收入人群买多套房的愿望更加不可遏止。

3. 结合房价—利润率模型可知,开发商和高收入人群共同享有价格高涨幅下的投资收益,构成一个"双赢"的格局。在这样的格局下,由于我国的收入分配体制尚待完善,两极分化严重,高收入人群持有的社会财富总量和可支配收入都远远高于中低收入人群,哪怕面对高首付和高物业管理费,高收入人群依旧有购房的强烈激励。开发商兴建的高档住宅供不应求,当然会想方设法抵制鼓励建设中低档住房的政策。在这样一次又一次的循环中,真正的受害者只有中低收入人群。

三、住房过滤模型

在住房市场中,人们经常会注意到这样一种现象:房屋从建造之初到被拆除的整个生命周期,其质量经历许多阶段。这些质量等级不一定是完全连续的函数,我们可以把住房生命周期各质量等级划分成若干层次,比如 $q_0, q_1, q_2, q_3, \ldots, q_n (q_0 > q_1 > q_2 > q_3 > \ldots, > q_n)$。因此住房的自然生命周期过程就是从 q_0 到 q_n 的过程,当住房质量到达 q_n 时,表明住房的价值或净收益等于零,因而最终被拆除重建。与此同时,高收入者的住房偏好是追求高质量住房,而低收入者由于其收入预算线的约束只能选择相应的低档住房,甚至有些人由于收入太低可能沦落为无家可归者。

在住房逐步老化的自然法则和高收入者追求高质量住房的心理法则的共同作用下，市场上的高档住房源源不断地被高收入阶层占有，而高收入者的原有住房由于服务功能的降低、租金下降而被次收入阶层的房客使用，次收入阶层的原有住房又被再下一收入阶层的房客接着使用，住房在其生命周期内不断更换房客的过程（也许只更换一二次）称之为住房过滤现象。

尽管如此，住房过滤的本质是住房质量加上服务功能在时间上发生变化，而非因房客的收入发生变化而放弃原有住房、选择新住房。也就是说，住房过滤的内在原因是由于其提供的服务功能减少，从而降低了质量水平，相应地减少租金，原先这一收入层次的房客不满足于这种居住水平，从而到市场上选择与自己收入层次对应的较高质量住房，因此其原有住房过滤给收入低于自己的家庭。如果住房质量可以划分为 n 个等级、且每收入阶层的住房质量与其收入一一对应，则住房市场将会经历 n−1 次过滤，从而使家庭均能在市场上寻觅到与自己收入相对应的较高质量的住房。在住房的租赁市场中这一现象非常普遍，也是自然的市场选择过程。

住房过滤的另一原因是由于家庭收入发生变化。比如一户居民家庭收入为 2 万元/年，其租赁住房的租金为 400 元/月，每年 4800 元，占收入的 24%，而经过若干年后家庭收入达到 4 万元/年，显然不会再满足于居住 400 元/月的出租房，而会搬入适合自己收入的更高质量的住房——可以解释为面积更大，区位更好，配套更齐全等，因为这些因素的提高导致了住房服务功能的改善，因此称之为质量提高。其原有住房因而就相应的过滤到比其家庭收入少的房客。尽管住房的老化和新建以及房客收入的变化均导致住房的过滤，但收入的变化只是外生因素而非内在原因。

斯维尼 1974 年提出（Sweeney,1974a,b）的基本模型是：设 Π 为利润的净现值；q 为住房质量；t 为使用时间；$p(q)$ 为价格函数；q_0 为建造时的质量；T 为住房的生命周期；r 为折现率；ρ 为单位质量的建造成本；维护支出函数为 $m(q)$。对于开发商而言，要考虑的目标是利润最大化。因此依据这一分析，建立如下目标函数及约束条件：

$$Max \Pi = \int_0^T \{p[q(t) - m(t)]e^{-rt}\} dt - \rho q_0$$
$$s.t. (1) q(0) = q_0 \quad (2) dq = g(q, m)$$

从这样一个模型可以看出：

1. 给开发商带来最高利润的房产所满足的条件必须是房屋质量衰减小的住房。虽然第一期的 q_0 需要更多的投入，但可以通过较低的维持费用和将来期限的长期折现这些诱惑来让购房者乐于支付更多的房款。这样的房产在我国来说，就是建筑成本较高的"高档"住房，这种住房面积大、使用人数少、单位损耗小。

2. 如果 q_0 的投入足够小，即使房屋质量衰减较快，开发商也可以有一定的收益。也就是说，"低档"住房依靠开发商对建筑成本的控制来获得利润。同时，低收入人群虽然对住房质量不满意，由于支付能力有限，也只能接受这样的"低档"住房。

3. 中等收入人群有着不同于上述人群的储蓄能力和消费习惯，在"高档"与"低档"住房之间很难做出选择。

该模型分析的结论同时指出：

1. 如果政府要同时减少低质量单元数量和降低低收入阶层的房价，则要么政府必须采取一些对购房者的补贴政策，要么依赖于购房者收入结构分布发生改变；

2. 政府住房补贴会对没有接受补贴的购房者产生不利的影响；

3. 对开发商提供补贴并不能降低房价水平，但可以通过新建计划在所有质量等级范围内降低房租。

针对房地产"市场失灵"的情况，中国政府自 2006 年以来，出台了相应的政策①对开发商偏重于建设大面积、高档住房的现象进行规范和限制，以利于良性循环的住房过滤机制的形成。但从住房过滤模型的角度来看，70% 的 90 平方米以下住房，开放商可以以极低的 q_0 来加以建设，建设完成后谋取的利润来自于低收入者。余下的 30%，开发商可以兴建

---

① 主要是所谓"90/70 政策"。自 2006 年 6 月 1 日起，各城市（含县城）年度（从 6 月 1 日起计算）新审批、新开工的商品住房总面积中，套型建筑面积 90 平方米以下住房（含经济适用住房）面积所占比重必须达到 70% 以上。

质量高的住房供给高收入者。这样的状况如果长期持续,可能会造成的后果是:低质量的住房越来越多,而且质量衰减很快,最终只好废弃;高质量的新建住房越来越少(因为可开发的土地面积越来越少),大城市的高质量住房永远是价格上涨的领头羊;中等质量的住房开发商没有兴趣兴建,由高质量住房过滤出的较低质量住房也越来越少,中等收入阶层将面临无房可选择的尴尬境地。这就是所谓"管制失灵"。

2007年9月27日,中国人民银行和银监会联合发布《关于加强商业性房地产信贷管理的通知》(银发〔2007〕359号),该通知规定,对已利用贷款购买住房又申请购买第二套(含)以上住房的,贷款首付款比例不得低于40%,贷款利率不得低于中国人民银行公布的同期同档次基准利率的1.1倍。这一规定对高收入人群的购房资金造成了紧缩。从住房过滤模型的角度来看,如果这一规定严格执行,可望起到较好的效果,迫使房地产开发商在失去一部分高收入人群的市场后,更多地为中等收入人群提供住房。但是,在中国人情关系重于法律关系的情况下,第二套(含)以上住房的政策是否能够得到严格执行,目前尚难以做定论。

比较理想的情况是:为低收入人群提供政府兴建的廉租住房,这些住房的质量由政策资金给予保障;完善住房金融体系,使中等收入者提高住房可支持能力,从而买得起较高质量的住房;对多套住房严格征收物业税,使高收入者的住房拥有成本上升,减少他们依靠住房升值获利的愿望。对于开发商的管制手段要慎用,市场会教会他们应该去做些什么,不应该去做些什么;政府的职责是尽可能地使市场环境得以改善,减少开发商与权力"合谋"的可能性。

第六章　房地产资本运动与住房金融政策后果

第一节　房价、地价与房地产开发利润率

价格对于调节资本运动各个环节中相关主体的收益分配起着至关重要的作用。房价和地价当然也不例外。在特定的住房金融制度之下，房价、地价决定了住房的可支付性，从而决定了特定人群能否参与、或者以什么样的方式参与到房地产资本运动中来，决定了他们能否在收益分配中占有一定的发言权、受益权。由于关系重大，房价、地价自然会成为政府关注的目标。但是，如果从经济学基本理论出发考虑问题，在市场经济社会中，价格不应成为政府直接调控的对象①，如果房价和地价上涨使普通民众不堪重负，政府想有所作为，政府作为的重心也应该放在对住房金融制度的改良上。这是因为，住房金融制度从一开始就是为了改善住房的可支付性设计的，住房的可支付性一方面是由房价、地价决定的，另一方面也会受到住房金融制度的变动或创新的强烈影响。

近年来，中国城市商品住宅价格普遍出现了快速上涨的势头，某些城市的房价甚至出现"飞涨"。房价的过快、过大幅度上涨，引起了社会的

---

① 事实上，在市场经济社会中，政府对价格的直接调控往往是难以达到预期效果的，甚至适得其反。美国现代历史上有多次这样的事例。从 2003 年以来，中国政府对房地产价格的各种调控措施不仅没有达到预期效果，反而推高了全国各个地区的房地产价格。

强烈关注,中央政府用了种种调控政策①,收效甚微,甚至在一定程度上加速了上涨趋势。分析住房价格持续上涨的原因,主要是如下几个方面综合作用的结果:

1. 1998年停止住房实物分配,实行住房分配货币化的城镇住房制度改革,把住宅建设培育成为国民经济新的增长点,这一系列刺激住房需求措施在当年的作用没有充分显现,由于近年来宏观经济景气持续上扬,其"惯性"作用才充分显现出来。

2. 前一段时期的宏观调控着力在控制土地供应、限制房地产开发贷款等抑制房地产供给措施,供给的减少引发了市民对住房价格上涨的预期甚至恐慌心理,进而影响了市场反应。

3. 投资渠道较少,大量社会资金选择进入房地产这一相对安全、稳定的投资领域,随着资本市场近两年的火暴,财富效应又使大批投资客和在股市上赚了钱的居民涌入房地产市场。

4. 看好中国经济和人民币持续升值的预期,吸引大量外资通过各种渠道进入中国资本市场,其中一部分资金流入房地产市场。

---

① 仅在2006年,中央和各个部委为了房地产业的健康持续发展和繁荣,就陆续出台了十几项针对房地产市场的宏观调控政策,主要包括:2006年4月28日,央行全面上调各档次贷款利率0.27个百分点,此次加息主要是为了抑制投资需求,进一步稳定房地产价格;2006年5月29日,国务院办公厅出台《关于调整住房供应结构稳定住房价格的意见》(国办发〔2006〕37号),在套型面积、小户型所占比率、新房首付款等方面做出了量化规定;2006年7月24日,国务院办公厅发布《关于建立国家土地督察制度有关问题的通知》(国办发〔2006〕50号),全国省区及计划单列市的土地审批利用将纳入严格监管之下;2006年9月5日,国务院发出《国务院关于加强土地调控有关问题的通知》(国发〔2006〕31号),指出"为进一步贯彻落实科学发展观,保证经济社会可持续发展,必须采取更严格的管理措施,切实加强土地调控",通知对规范土地出让收支管理、调整用地税费、建立工业用地出让最低价标准统一公布制度、强化土地监督等土地调控的重要问题做出了原则性规范,发出了中国实行最严格土地管理的强烈信号;2006年年底,国土资源部发布了《全国工业用地出让最低标准》(国土资发〔2006〕307号),明确规定工业用地必须采用招标、拍卖、挂牌方式出让,杜绝各地存在的工业用地零地价或负地价现象。这些政策归纳起来主要作用在三个方面:一是调整住房供应结构;二是实行最严格的土地政策;三是实行更严格的财税政策。这些政策的调控目标主要是:防止投资过热,防范金融风险;调整住房供应结构,稳定住房价格,满足老百姓的住房要求,调整土地和房地产市场中各方的利益分配。这些宏观调控政策的实施效果,在地价、房价及其相互关系的变化上有所体现。

5. 房地产开发商和一些媒体垄断话语权,针对"买涨不买落"的购房心态,营造涨价气氛,进行房地产投机炒作。

6. 城市化步伐加快,城镇人口大量增加(见表6-1),特别是打工者大量涌入沿海城市和大城市。

表6-1　中国人口和城镇人口增加率　　　(单位:万人)

年份	全国人口	城镇人口	全国人口增加数	城镇人口增加数
1989	112704	29540	1678	879
1990	114333	30195	1629	655
1991	115823	31203	1490	1008
1992	117171	32175	1348	972
1993	118517	33173	1346	998
1994	119850	34169	1333	996
1995	121121	35174	1271	1005
1996	122389	37304	1268	2130
1997	123626	39499	1237	2195
1998	124761	41608	1135	2109
1999	125786	43748	1025	2140
2000	126743	45906	957	2158
2001	127627	48064	884	2158
2002	128453	50212	826	2148
2003	129227	52367	774	2155
2004	129988	54283	761	1916
2005	130756	56212	768	1929
2006		57706		1494

资料来源:《中国统计摘要》(2007)和《中国统计年鉴》。

7. 居民收入和储蓄存款近年来持续大幅上升(见表6-2)。城乡居民储蓄存款占GDP的比例1978年只有5.8%,1985年为18%,1996年为50%,2006年年底已经达到77.2%。而GDP的总规模也已经从1978年的3624亿元上升到2006年的约21万亿元。

表6-2　城乡居民工资总额与储蓄存款　　（单位:亿元）

年份	职工工资总额	城乡居民储蓄存款	储蓄存款增加额	存款增加额/工资总额
1998	9296	53407	7615	81.9%
1999	9875	59621	6253	63.3%
2000	10656	64332	4977	46.7%
2001	11831	73762	9458	79.9%
2002	13161	86910	13233	100.5%
2003	14743	103617	16631	112.8%
2004	16900	119555	15929	94.25%
2005	19980	141051	21496	107.6%
2006		161587	20536	

资料来源:《中国统计摘要(2007)》和《中国统计年鉴》。

8. 住房的供给量增长赶不上需求量增长的步伐。由于土地供应量的限制、银行贷款条件的恶化,以及建筑施工的滞后期等原因,供给不可能和房价上涨同步。2004年以来,全国大中城市房价普遍暴涨,而房屋竣工面积增长的速度却在减缓。2006年,住宅竣工面积超过4.32亿平方米,比上年下降0.8%,与2006年住宅销售面积增长13.1%形成鲜明对比;规模仅相当于2006年住宅销售面积的79.5%,或与2006年住宅销售面积相比短缺1.11亿平方米。特别是较小面积的普通住宅供给量更少[1]。住宅供给不足的矛盾,在部分城市和省份表现得更加突出。北京既是首都,也是国际大城市,无论是推动住宅需求的城市化水平,还是推动住宅需求的居民收入增长,都比较高。由于抑制需求特别是抑制投资性需求等措施,住宅销售面积增长已降至很低水平。2006年,北京住宅销售面积为2205万平方米,比上年增长2.9%,增幅比2006年全国和东部分别低10.2个和5.0个百分点,比2006年全国最高的河南和东部地

---

[1] 经济适用房投资2006年3月起虽然扭转前几年持续下降局面,而转入增长轨道,特别是2006年为689.1亿元,比上年增长32.7%,增幅甚至比2006年普通住宅投资高7.4个百分点,但规模仅占2006年房地产开发投资的3.6%,比上年同期仅高0.3个百分点,不到2006年别墅、高档住宅投资的一半即48.4%。

213

区最高的福建分别低40.6个和25.9个百分点。而住宅竣工面积更是大幅下降。2006年,住宅竣工面积2193.3万平方米,比上年下降22.8%,降幅居同期全国各省市第三位。2006年,经济适用房投资44.7亿元,比上年下降0.2%;规模占同期房地产开发投资的2.6%,比同期全国比重低1.0个百分点,比同期浙江比重低2.0个百分点①。

以上是社会上和学者们普遍关注的房价上涨的原因,从房地产资本运动角度看,更加值得重视的是:房地产资本化的过程在1998年后加速了,并随着近年来宏观经济景气上扬和资本市场发展的进程,加速与金融资本融合,从而,房地产资本强烈的逐利性特征逐渐在中国的房地产市场上显露出来。住房不再只是人们安身立命的场所,而且成了家庭的重要资产,成为资本运动中收益分配的重要载体,这就意味着,住房也像货币、债券和股票市值一样成为了人们追逐的对象。在中国当前资本市场发育相对不成熟的条件下,无论是货币、债券还是股票价格,都是政府部门的关注目标甚至调控对象。当然,房地产资本与其他资本毕竟具有不同的特征,从而使房价和其他商品的价格相比,也具有某些特殊性,当它成为价格调控目标时,必须十分小心。其中,有两点特殊性是值得重点关注的:

一是房价的区域性特征。房地产是不动产,其具有先天的位置不可移动性。这就决定了房地产具有明显的区域性特征。在市场经济不发达时期,经济要素的流动性非常弱,住房的生产和消费更是主要在当地组织进行,外部力量并没有更多地介入其中。但在市场地域范围不断扩大的今天,房地产市场的这一区域性特征正在一步步地弱化。谁也无法否认纽约的写字楼市场已经不再是一个当地市场,因为写字楼租金价格的确受到来自全球租户需求的影响,同样我们也无法否认北京、上海、杭州、广州房地产市场的"泛区域化"。然而,房地产市场的"泛区域化"却更加加剧了房价的区域性特征,当大量资本向某些区域涌来之时,会在短期内推高这些区域的房价,甚至出现所谓房地产"泡沫"。当资本选择在短期内逃离该区域时,"泡沫"的瞬间破裂会造成房地产资本运动某些环节(如开发商资金链、银行发放的开发贷款和个人住房贷款)的断裂,对宏观经

---

① 以上来源于北京市统计局提供的数据。

济和金融市场造成很大的影响。

二是房价与地价的关系。房价由地价、建筑安装成本、前期规划费用、财务成本、管理成本和利润组成。在房地产资本运动的链条上,土地开发是第一个环节。土地资本化的程度、土地资本在市场上的竞争程度,以及土地资本与金融资本的融合程度①,直接影响着房地产资本运动的其他环节。在有较多土地供应者的情况下,房价是主动的,地价是被动的,即地价水平主要取决于房价水平,就如同一般情况下地租水平是由农产品价格水平决定的一样。但在中国目前房地产开发用地由政府独家垄断供应的情况下,土地一级市场上的地价水平,在很大程度上影响着新建商品房的价格水平,预期政府会减少土地供应,或者开发商"囤地"垄断地价,地价的上涨会成为推动房价上涨的重要因素。因此,房价与地价呈现出复杂的关系:

1. 土地价格是变化最大的成本因素。在目前房地产开发过程中,对于产品类型相同、品质差不多的楼盘来说,建安成本、前期规划成本、财务成本、管理成本相差不大,则影响产品成本最大的因素就是土地价格。土地价格的上升,在开发商不放弃利润的情况下,房产价格必然上升。

2. 未来预期抬高土地价格。开发商购买土地时支付的价格,是对其未来收益的一个预计,是为了实现未来的利润。土地价格上涨,说明开发商对未来的房产价格预期也是上涨的,这也在一定程度上提高了购房者特别是投资者的心理预期,使得他们对于现阶段房价的承受价位抬高。在实际操作中,一块土地的楼面地价主要是由土地本身的地理位置、周边环境、市政配套、相关经济指标、未来的规划以及房地产发展现状及趋势所决定的。

3. 土地价格对未来产品结构有重大影响。一般来说,开发商在购买土地的时候就会按照预期的收益决定产品的定位。但是土地价格上涨,开发商在开发项目时,只能出产更高价位的产品来获取利润。比如,通过

---

① 在美国,土地资本化在其建国之初就开始了,土地资本在市场上就像其他商品一样,是自由买卖的对象,土地资本与金融资本的融合也比较充分。因此,美国市场上的房价与地价关系比较简单,而且一直呈现稳定的比例关系。在美国,银行一般情况下在地价超出不动产售价的25%~30%时,一般不会贷款给开发商。——参见国土资源部土地利用管理司、中国土地勘测规划院编:《城市地价动态监测理论与实践总论》,地质出版社 2006 年版,第 206 页。

建造前排屋后高层的方式,拉高整个项目的产品类型档次,通过销售价格相对较高的排屋来获取更多的利润。同时也必须提高项目在规划、建筑材料等多方面的品质,打造与产品价位相符合的中高档住宅。而中高档产品的集中出现,也就拉高了平均房价。

4. 开发商透支房价。土地价格上涨之后,促使消费者对于房价上涨的预期,引发了投资性买家更大的炒作热情,有很多开发商调高正在开发项目的售价,其理由就是通过刚出让的土地价格可以预计,区域房产价格将在一两年之后达到一个新高度。追逐利润是商人的本性,压缩成本、提高售价、利润最大化是生产每个产品的终极目标,与其等待预期售价在未来其他项目实现,不如在现阶段就实现,将价格透支,获取更大的利润。当然,房地产开发存在一定的滞后性,目前土地价格的上涨,除了在现阶段调高房价外,还意味着开发商对于未来的商品房销售价格看涨。

5. 资本市场助推。中国城市房屋价格不断上升是开发商的融资动力与广大购房者预期两者之间互动的结果。股票市场增加的财富全部是金融资产,是流动性很高的金融资产,这些资产具有准货币的功能,它极大地提高了社会的实际购买力。股价的上涨不仅提高了房地产市场的购买力,而且通过上市公司的融资为房地产开发公司提供了大量廉价的资金,助推了地价,进而抬高了房价。股票市场的牛市,市场资金非常充裕,为房地产类公司的融资创造了良好的条件。以万科为例,2005年在股票市场融资20亿元,2006年再融资42亿元,而2007年则一次性在股票市场融资超过100亿元,每一次融资的规模都比上一次翻一番。最近两年来,全国很多城市的"地王"都是上市公司制造的,房地产类上市公司成为房地产价格不断上涨的不可忽视的力量。

6. 政府对土地的管制。实际上,土地价格的上涨只是一个方面,而且由于受到政府管制,土地价格不可能上涨幅度过大,然而,土地供应受到严格管制的现实或预期却对房地产市场的价格变化影响更大①。购置

---

① 2007年的房地产开发数据也证实了这一点,开发商买地的速度明显高于土地开发速度,已出售土地中相当一部分被作为"储备"囤积起来。2007年上半年是房价有史以来增长最迅猛的阶段,按理来说,房地产商应该比过去任何时期都有动力加快推出新盘。但即使是这一时期,依然存在着数量不菲的土地"囤积"以及"倒手"。

第六章 房地产资本运动与住房金融政策后果

土地面积,是住宅供给升降和变化的源头和基础。由于国家更加严格的土地保护制度,加上土地供给上区别对待特别是增加低价住宅政策不到位等因素,房地产本年购置土地面积从2005年12月开始止正转负,并长期持续下降,从而制约了整个供给的增加。2006年,本年购置土地面积3.68亿平方米,比上年下降3.8%,降幅与2005年接近;其中1~3月和1~5月降幅分别高达9.3%和9.7%。

中国城市房地产的土地和建筑成本占房价的65%左右[1],其他占35%,其中利润占15%。全国大多数城市房地产开发商利润都在10%以上,中高档房地产平均利润率更高,一般达到30%~40%。对于中国当前阶段房地产开发商利润过高的问题,除了进行客观的分析之外,还应从房地产资本运动的历史观来看待。土地的市场化跟不上房地产资本运动的步伐;房地产商对开发高档住房的强烈偏好;北京、上海等大城市房地产市场的"泛区域化";房地产开发商的产、供、销"一条龙"工程;以及房地产的资本化定价等,都造成了特定历史时期房地产业利润率过高的问题。对于这种情况,一味地指责开发商是无济于事的,什么时候也不能忘记"追逐利润"是资本的本性。房地产资本运动中收益分配既涉及公平,也涉及效率,两者不可偏废。

在成熟的市场条件下,公平竞争及价值准则使得任何行业都不可能有暴利。房地产业之所以有暴利,主要原因是土地取得方式的不公平。如表6-3所示,用近两年北京市几个项目的实例来说明:上述项目均为高房价,所处的城市区位大致相当,售价接近,建筑装修标准接近,建安成本相差不大,但因土地取得方式的不同,地价成本相差甚大,项目的利润差异很大,利润高的项目年利率可以超过50%。利润的差异主要是由于房价中土地的成本不同造成的。因此,规范一级土地市场,是制止暴利、达到公平竞争的关键。

---

[1] 美国城市房地产的价格中,地价占房价的比例从20世纪60年代以来一直在20%~30%之间徘徊,而房屋建造成本比较高,大致占房价的50%~70%。——国土资源部土地利用管理司、中国土地勘测规划院编:《城市地价动态监测理论与实践总论》,地质出版社2006年版,第206页。

表6-3 售价相近地价不同的项目比较　（单位:元/平方米）

项目名称	楼面土地取得费	平均单位售价	项目位置
A（住宅）	2200	9500	略
B（住宅）	1200	9200	略
C（公寓）	2500	9500	略
D（住宅）	1926	9000	略

资料来源：《北京住房价格综合分析报告》——国土资源部土地利用管理司、中国土地勘测规划院编：《城市地价动态监测理论与实践总论》，地质出版社2006年版，第236页。

第二节　美国"郊区化"运动与城市问题

　　房地产资本运动的逐利性，使美国城市郊区的住房和商用房地产建设长期以来比城市中心区具有较高的速度和规模，从而造成了一定程度上的城市"空心化"和"贫困化"现象，进而导致了某些地区出现了严重的城市社会问题，有些问题(特别是黑人居住区的问题)成了像牛皮癣一样难以治愈的顽症，美国政府和社会组织发起的多次城市治理运动都见效不大。

　　20世纪50年代以后，美国城市人口居住区出现了大规模"郊区化"(suburbanization)运动。一方面由于个人收入增加，特别是私人小汽车的普及化，从而为人们工作在城市、生活在郊区提供了可能性；另一方面，城市工业化带来的污染日益严重，生态环境恶化，加上城市社会各种矛盾的日益激化、城市犯罪率急剧上升等社会不安定因素，中心城市逐渐失去了往日对生活居住的"吸引力"，促使大量中产阶级离开原来居住的中心城市，不断迁移居住在郊区。美国这个时期虽然整个都市区的人口总数还在继续增长，反映中心城市经济凝集力的继续增强、就业需求量继续扩大，但是"中心城市"的人口增长由变缓逐渐过渡到下降，反映出其生活居住空间扩展的减缓，甚至产生"空心化"或原有居住社区的废弃。相比之下，郊区人口迅速增长，郊区生活居住空间不断扩大，从而形成大都市居住空间从原有的中心城市向周边郊区转移与扩散的新模式。这种工作在城市、生活在郊区的人口居住区"郊区化"运动，在一个阶段时期内对"中心城市"本身的发展影响并不太大，因为到这时候，整个区域的产业经济活动仍然主要集中在"中心城市"的范围里。但是由于上述城市生活居住空间结构的变化,连带引起与生活密切相关的商业以及其他服务业产业空间分布的相应变化①。

由于"中心城市"原有中产阶级人口的"郊区化",郊区居住空间产生"爆炸性"膨胀,从而使得整个都市区的空间组织结构发生了很大变化,其布局既庞大又松散,整体上形成无边际性的"蔓延"状态。

美国政府鼓励居民拥有自有住房的金融和财政政策,对美国近代以来的城市"郊区化"产生了重大影响。为了鼓励美国国民购买房子,美国国会早在 20 世纪 30 年代中期就通过了《住宅法》(Housing Act)第 203 款,专门设立了联邦住房管理局(FHA)负责城市的住房建设。1944 年又通过立法,专门设立退伍军人委员会(VA),帮助退伍老兵在城市购买房子。1968 年,政府把联邦全国抵押贷款协会(FNMA)一分为二:一个是政府全国抵押贷款协会(GNMA),它的任务是承担一些特殊类型的抵押贷款,并对 FHA、VA 以及农场主住房管理局保过险的抵押贷款进行再保险。另一个保持了原名,但把它改成了一个向市场发行股票、赢利的、纳税的机构,用它的资金购买常规的和由政府担保的抵押房产,包括第一次担保和第二次担保的贷款;固定利率和可调整利率的贷款或其他类型的贷款。1970 年,政府还根据储蓄机构的要求,在联邦住宅放款银行下面建立了一个联邦住宅抵押放款公司开展二级市场业务。这些措施大大增加了住房的可支付性,使房地产资本运动中的资金充盈,居民和金融机构各得其所,政府信用起到了巨大的保证作用。但是这些措施有一个致命缺陷,就是它们只能为中等收入以上的阶层提供服务,而且政府信用担保的住房大多数都在郊区,它们给位于老城市中心区的低收入家庭几乎不能提供支持②。

---

① 1960~1980 年,美国的 75 个最大城市都普遍经历了居住区的"郊区化"运动,在全国人口规模最大的前 14 个大都市中,除了洛杉矶、巴尔的摩、华盛顿、圣路易斯、密尔沃基外,其他的 9 个"中心城市"都处于人口减少的状态,如纽约减少了 71 万人,芝加哥减少了 55 万人、费城减少了 32 万人等。

② 华盛顿一位政治评论家在 1967 年的《记者》杂志上说:"联邦住房管理局自从 1935 年以来为 850 亿美元以上的抵押贷款保了险,创造了一个新郊区,并从中心城市吸走了中等收入家庭,而对城市中心却不给相应的补偿,这种对城市的偏见和对郊区的宠爱是美国住房和城市发展部必须遭受报应的严重罪行。"——转引自:陈宝森著:《美国经济与政府政策——从罗斯福到里根》,世界知识出版社 1988 年版,第 796 页。

联邦政府住房补贴的另一个重要方面在于对购房者实行个人所得税减免,仅在1989年一年就总共减免了约800亿美元,这一项对中产阶级购房的减免税就超过了同年对城市低收入者的财政补助额。联邦政府所实施的各种鼓励拥有私人住房的措施,使得很多原先还没有能力购房的人买得起房子,从而使得中产阶级家庭在郊区拥有自己的房子,加速了他们逃离中心城市的速度。如果没有联邦政府及其政策的帮助,那么很多中产阶级仅靠自己的能力是没办法在郊区购房的;另一方面,虽然政府政策上没有规定只能在郊区买房,但是客观上受政府政策的刺激,房地产发展很大程度都集中在郊区。因为地价相对低廉的成片开发成本要比在旧城区土地所有权分散的房子进行拆迁和重建的成本低,更重要的是具有草坪和围栏的大面积独立式庭院房子,最符合那些具有购房能力后,一心想摆脱旧城恶劣居住环境的绝大多数中产阶级的理想选择。

相比之下,中心城市的房地产市场的发展却受到相应的压抑,住房条件日益恶化。美国历史较长的特大城市普遍存在这样的问题。以纽约市为例,大量住宅楼是破旧的或快要报废的。1970年,全市290万套住房中有220万套出租;到1975年,则只有200万套能够出租。所有住房中,自有住房占很大的比例。据粗略统计,12%的住房建于1901年前,45%建于1929年前,约71%建于1946年前,只有1/6左右是1960年后的建筑[①]。美国大城市市区主要的住宅楼破损老化,原因是没有经费重建和修缮,越是如此,中等以上收入者越是选择逃离,而越是低收入者聚集区,税收就越少,从而形成恶性循环。这些住宅区就成了穷人、"少数民族"和其他人员的聚集地,他们没有政治和经济权利来获取宽敞明亮的住房。

以上说明,一个国家宏观的住房政策的实行或变化,对城市居住空间结构特征与分异会产生十分重大的影响。在城市中产阶级因大量郊区化,而居住在郊区以后,这些留下来的空旷房子不出租给社会底层阶级并把他们留在旧城区,那该出租给谁呢?在美国式自由"市场机制"的作用下,资本的"本质"使得廉价高层公寓根本不可能在郊区出现,穷人没地

---

① 参见秦明周、[美]Richard·H. Jackson 主编:《美国的土地利用与管制》,科学出版社 2004 年版,第 81 页。

方可去,只能滞留在高房租的城市中心区,这就是问题的实质之所在。

第三节 中国城市居住区空间结构的内部分异

中国改革开放前,由于国家采取严格控制城乡人口流动,实行低工资、城市普遍就业的政策,中国城市居住区空间结构的内部分异现象相对不明显,整体上呈现出低水平的高度"均质"现象。改革开放以来,随着城市化进程的加速特别是1984年转入城市体系的改革以后,中国取消了城市粮食配给制度,实施了城市土地有偿使用和住房私有化,逐步放开了城乡人口的流动限制,各阶层的分化加剧,收入来源多元化。城市的居住空间再也不是一个相对"均质"的空间,已经逐渐成为社会阶层分化日益明显的空间[1],而这个过程在很大程度上是由快速的人口城市化所带来的,所以我们说城市居住空间结构的发展与演化,又和城市化进程以及城市的改革过程紧密相关。尤其是对于北京、上海、广州等超大城市来讲,其城市居住空间结构的变化程度,要远远超过其他城市,也就是说城市化

---

[1] 王兴中的《中国城市生活空间结构研究》对西安市的居住空间分区现象做了这样的描述:

第一类:西南郊和东南郊的高收入阶层一般都自己拥有住房(一套或几套),多为高档豪华住宅或高层公寓式住宅。住房面积较宽敞,平均在100平方米左右。居住者对居室的状况也较为满意,室内的暖气、天然气等装修配备良好。居住地远离城市中心,周围的噪声小、垃圾少、绿化好、社会治安好,空间生活质量较高。

第二类:位于南郊的中等收入阶层一般租用公家住房,少数拥有自己的住房,房屋以5~6层住宅和简易楼房为主。住房面积平均为60~70平方米,基本能满足居民生活的需求,居住环境次于高收入阶层。

第三类:位于城中心商业区以及北部和东部纺织城的中低收入阶层,居住质量较差,一般租用私房(或旧公房),房屋面积不大,生活功能空间不健全。城市中心商业繁华、交通线路密集、各种娱乐场所多、人口密集,居住环境较差;北郊、东北部及东部地区为老工业集中区域,居民住房周围多脏乱差的环境,社会治安不好,整体生活空间质量不高。

第四类:西部、西北部、东北部以及郊区边缘地带的低收入阶层,一般租用低矮私房或二三层简易农房,且房屋面积狭小,有的房屋还不足10平方米,不能满足居民一般的生活行为要求。城市远郊区是城市的边缘地带,居住区呈团块状分布。低收入者多在此集中,形成诸如人口高密度、环境拥挤与公共设施匮乏等问题,也引发一系列其他社会问题(如犯罪率与失业率高等)。

越强烈的地区,其城市居住区空间结构的发展与演变就越强烈。

在国家经济发展和经济体制改革加速的宏观背景下,房地产资本运动与城市社会日益明显的阶层分化相伴随,产生了日益明显的居住空间隔离现象,这一现象首先出现在特大城市,然后向大中城市蔓延。上海、北京、广州等特大城市的居住空间隔离现象十分显著,这主要是因为:

1. 特大城市土地区位价值高,经济和行政能力强势阶层占据的必然是最有价值的地段,在城市改造名义下拆迁出去的弱势群体则基本上永远失去了回到这些地段的可能。

2. 特大城市产业结构的演替较为完整、彻底,行业职工的经济收入差异悬殊,取得工资外收入的机会也比一般城市多得多。

3. 特大城市的房地产市场活跃,住宅商品化程度高,建立起了多层次的住房供应体系,房地产资本容易变现或转换,以满足人们多样化的需求。

4. 特大城市占据较高社会地位的人比一般城市要多得多,他们占有其他资源的能力也相应较强。比如在1998年全国停止住房的实物分配之前,按成本价购买旧公有住房的"最后一班车"中,不少人以很低的价格得到了自有的住房,他们改善住房条件的能力比没有赶上这班车的人当然要强。

5. 特大城市的房价近年来涨幅很大,这进一步加速了房地产资本拥有的"马太效应"。已经拥有住房的本来就拥有较多的金融资产,他们还可以房产为抵押,取得更多的金融资产以购买更加宽敞舒适的住房。

由于中国城市居住区空间的发展是"中心城市"不断向外的连续性扩展,所以远距离的"通勤"郊区并没有实质性的形成。即使在北京、上海等超大城市,虽然开始产生了人口与居住区的"郊区化"运动,但是"中心城市"仍然保持着"最优"的区位优势,所以形成北京二环以内的房价最高,内四城区的人口居住也最为密集,居住区的位置条件也最好。北京市的四个内城区,由于人口密度太大,老城区内不但住着众多的"中产阶级"与相当数量的社会富裕者,同时也集中了大量的外来流动人口。高档的住宅小区和周边的老旧低矮房屋呈现鲜明对照。也就是说,中国城市居住区空间发展整体上还处于传统社会模式,即从中心市区向郊区,不同居住区居民的社会等级地位逐渐降低,这样的"正向"递变空间结构。在这种情况下,社会居住与生活价值判断仍然保持着封建传统社会的范畴,即从中心区向郊区农村城市居住区空间的社会经济地位逐步降低。也就是说,当代中国城市居住区空间的发展与基本结构,整体上仍然属于"中心城市"不断"蔓延"、市民社会经济地位从城市中心区向郊区逐步降低的传统社会居住区空间结构模式。

在中国,房地产资本运动对城市空间结构的影响,最为明显的表现在"单位制"居住空间结构的逐渐崩溃上。与美国的家庭住房主要由市场机制提供,工作单位对员工的家庭住房不承担责任和义务不同,中国"单位"的功能具有相当的社会功能作用,"单位"的最大特点在于它不仅提供给职工就业场所,而且提供单位成员及其家属的住宅和其他一些福利设施。绝大多数就业者都有自己的单位,在单位工作,居住在单位分配的住房,利用单位附属的各种福利设施,所以对城市居住区的空间分布,具有十分重要的影响作用。

"单位"居住区主要是指从1949年以后,到城市住房体制改革的这一段时期,围绕着旧城区、各个企事业单位和政府部门为本单位职工及其家属而建设的生活居住地区。相对前面所讲的城市老居住区来讲,极少有单家独户式的私人建筑,其住宅产权都是"单位"所有,所以每个家庭的住房面积、住房质量以及住房的空间结构等方面,都具有很大程度上的相似性,其特点是4~6层的中层住房多,主要属于"砖混"结构,旧城区普遍的木质与砖土的低矮房子的比例很少,而且水电等生活配套设施较为齐全,居住环境质量比旧居住区好,这些居住区空间的绝大部分住房是工厂、行政机关、科研教育单位的住宅,就近上班者多。计划经济下的"单位"住房空间,虽然比上述解放前建设的旧居住区的年代来得晚,但是大多数建筑物的使用时期也在20年到50年左右。相对于旧城的老年期衰败居住空间来讲,大部分的"单位"住房空间已经进入了中年偏老的居住区空间发展时期。由于在1998年前后"单位"的住房一次性地处理给了"单位人",以及"单位人"的流失、退休、死亡等情况,现在大部分居住在这些空间内的人群已经不是"单位人"。

中国城市居住区空间结构中的新居住区,是指20世纪80年代以后在城市建成区周围开发、建设的原郊区居住地区,主要是在城市住房制度改革以后,在房地产市场化的过程中,新近建设起来的各种城市居住区地域单元。这些新居住区的最大的特点,一方面表现在距离城市中心区有较大的空间距离,而且是较大空间范围里的专门性生活居住区,不再是上述原来计划经济体制下、以单位为基础的住房空间与其他城市职能空间混合的老模式,虽然还属于同一个"中心城市",但是这种新居住区已经代表着现代中国城市居民在工作与生活居住空间的进一步"分离"。另外,在这些新居住区空间结构中、高层住宅比例大,而且现代配套设施齐全,生活环境条件好,大多适合于现代"核心家庭"的需要。这些新居住区的居住者主要有以下两种类型:(1)私人购房的高收入阶层,趋向于大面积高级公寓住宅或者带有"花园式"的独户住宅。(2)由于城市产业结构的调整与转型,由"单位"组织的原有居住社区住户的整体性搬迁,这种新居住区的居民主要多住在中、高层套房式的楼群里。另外,值得一提的是,在20世纪80年代中期到90年代中期,在中国住房制度体制的改革过程中,为了帮助广大城市中、低收入阶层和住房困难户能够承担得起合适的住房,国家与市场经济相结合,在不少城市出现了"微利房"和"解困房"等"康居工程"的新居住区建设,从而进一步促进了城市居住区空间的发展,这些以小区成片改造、开发为主的住宅建设,增加了城市居住类型的多样性。

  城市空间结构的改变,还与"外资"①的引入具有很大程度的相关性。经济全球化背景下,房地产市场地域性特征的弱化是毫无疑问的,但对于不同等级的城市而言,对于同一城市的不同类型房地产而言,其所受的弱化影响程度是不同的。一般而言,与外界经济联系越紧密的城市的房地产市场,其非地域性特征越明显,反之则越不明显。目前房地产市场的实际运行情况也证明着这一点。在纽约、伦敦等国际大都市,由于其经济构成的国际化,其房地产市场上的各种供求行为主体也呈现出很强的国际化特征。就我们国内而言也是这样,超大、特大、大、中、小各级城市之间

---

① 这里的"外资"指的是来自某城市之外的资本,而不仅仅是来自外国的资本。房地产的"泛区域化"来自于"外资"的冲击。

的地域性特征不一,在北京、上海、广州等一些经济发达城市,外来的供给和需求在当地市场上正扮演着越来越重要的角色,而在一些地市、县城则几乎没有外来投资及消费,依然保持着较强的地域性市场色彩。另一方面,即使在同一城市,不同类型的房地产其地域性特征弱化的程度也是不一样的,相比较而言,商业房地产、写字楼等类型的房地产受外来供求力量的影响较住宅房地产而言程度更深一些。

经济全球化背景下,房地产市场地域性特征的弱化和消失主要是通过直接和间接两条途径来进行的:一是从房地产的供给角度出发来分析。由于资本地域界限的打破及其逐利性流动的特性,房地产投资和生产开始脱离原有的地域,使得更大地域内的房地产生产成为可能。一定地域内的房地产供给不仅由当地的房地产公司提供,而且外来供给力量在其中也扮演了重要的角色。二是伴随着生产的全球化,人们对于房地产的生产性需求和居住性需求也摆脱了地域限制,而在全球范围内进行。这一过程的发展也有其存在的客观基础,如劳动力大规模迁移带来的房地产的异地消费、人们居住方面乡土观念的改变、交通条件的改善、异地房地产投资及消费限制性政策因素的消除等。这种外来供给和需求力量的加入最终导致了房地产市场地域性特征的弱化和消失。

第四节 构建和完善住房保障制度永远是政府的职责

中国正处在城市化、工业化的中间发展阶段,人口众多,中间阶层的培育是一个漫长的过程,城市低收入者多、住房可支付能力弱,这一基本国情决定了:在推进房地产资本运动的同时,政府必须构建与完善住房保障制度。住房是基本生活条件,政府从社会管理和公共服务两个方面都负有责任。对低收入居民的住房保障,本质上属于一种基本的社会保障。目前低收入居民住房困难,主要是因为政府的职能没有完全到位。因此必须建立起一套完整有效的制度和政策,有计划、有步骤地解决目前存在的各种问题,逐步实现城镇居民包括低收入家庭"人人有房住"。

中国近年来房地产价格调控的失灵,使更多的人把目光转向了住房保障制度建设上。在中国住房体制从实物分配、泛福利化向货币化、市场化转型的过程中,一个以廉租房、经济适用房和公积金制度为主的住房保障制度体系正在形成。在这三大住房保障政策中,"廉租住房制度是解决低收入家庭住房困难的主要途径",是一种游离于市场机制之外的特殊性保障;经济适用房虽由政府提供、面向低收入家庭,但需求仍以购房者可支付能力、有偿出售为基础,可视为一种政府与市场混合的保障机制;而住房公积金制度是一种覆盖全体城镇在职职工住房储蓄与融资机制,可被认为是一种普遍性的住房保障。除上述三项住房保障政策以外,各地还从实际出发,因地制宜创新多种保障措施,如重大工程动迁配套商品房、动迁租赁房和两限房等。

当前,中国廉租房制度的主要问题在于:

1. 全国仍有一些城市廉租房政策至今迟迟不能落实。有些城市象征性地有了廉租房,但覆盖面窄,以往的廉租房救助对象是最低收入且住房困难户,相对于一千多万户人均建筑面积不足13平方米的低收入家庭来说,仍显得杯水车薪。

2. 有些城市新建廉租房户型面积过大、标准过高。

3. 中国各城市现行的廉租住房制度普遍缺乏公开透明的资格审查机制。

4. 在实际操作中,中央财政和地方财政资金投入却微乎其微,各城市廉租房补贴和建设的资金来源主要依赖于住房公积金增殖收益。2007年"国发24号文"将廉租房保障的范围从最低收入户扩大到低收入户,限定了新建廉租房套型面积不超过50平方米,这对现存问题是一种纠偏。但文件虽明确了廉租房的五大资金来源,却没有明确各类资金所占的比重,特别是财政资金所占的比重。

在中国住宅市场化的过程中,为解决高房价与城镇居民购房意愿、可支付能力弱的问题,政府于1995年推出安居工程,1998年由经济适用房所取代。经济适用房制度的主要问题在于:

1. 供给逐年下降,调控与保障功能有限。

2. 保障对象不清,具体措施不到位。

3. 国家机关、垄断企业借集资建房行福利分房之实。从历年城镇住房供给的结构看,虽然房地产开发企业供给的商品房占比不断提高,但非市场化供给的部分占30%左右。也就是说,住房供给的"双轨制"并没有根除。

住房公积金是指城镇在职职工及其所在机关、企业、事业单位和社会团体按照规定缴存的具有保障性和互助性的一种长期住房资金,定向用于职工住房的基本需求和职工住房建设的资金融通。1991年在上海最早实行,后在全国普及。公积金制度运行至今,其制度缺陷饱受世人诟病:

1. 公积金制度是强制性储蓄,不适合市场经济体制的自愿、竞争原则。

2. 公积金储蓄仅局限于有城镇户口的国家机关、群众团体、全民和集体企事业单位的固定职工、劳动合同制职工,带有明显的歧视性,这一人为的政策限定,显然不能适应中国经济体制、人事制度、户籍制度、住房制度等的改革要求。

3. 公积金制度实行封闭式的营运,割裂了它与资本市场的内在联系,限制了住房金融的资金来源,也制约了市场机制在住房资金配置中的基础作用。

4. 地区之间的不平衡导致市场效率低。在一些发达地区的城市公积金(如上海)的缴存量赶不上使用量,而另一些地区的住房公积金沉淀量非常大。大量资金被迫闲置,全国公积金多年来运用率只有50%~60%,沉淀资金高达近万亿元。因此,公积金制度可能是现阶段的一种合理的制度选择,但从长远看,它不应成为住房金融发展的主体模式。

如本书反复阐述的,房地产资本运动是典型的市场经济制度的产物,其优越之处很多,其风险也不可低估,而且不可避免地使部分人群被排斥在这一制度之外。因此,虽然政策性住房金融和住房保障在一定程度上是与房地产资本运动相悖的,无论是在公平还是效率上都不可避免地出现问题,但政府的职责决定了它必须在政策性住房金融和住房保障上采取措施,做好低收入者住房保障。对于当代中国而言,现阶段最重要的工作有以下几个方面:一是明确中央和地方廉租住房建设资金的年度预算和比重,并建立有效的准入和退出机制,确保政府的公共住房资源真正分配给低收入群体(包括进城务工人员)。二是启动沉淀的房改售房资金,将其全部用于对过去福利分房欠账且目前居住困难职工的一次性住房补贴。三是将合作建房、集资建房纳入经济适用房政策统一管理,将公务员和事业单位人员的住房补贴货币化、公开化以及在考虑地区差异基础上的规范化。四是将全国的住房公积金纳入统一账户管理,并像社保基金一样允许进行低风险的投资活动,以投资收益来补贴公积金管理机构人员的财政供养不足部分。这样,既可以使全国的资金流动起来,让更多的人顺利地得到公积金贷款,又可以减少公积金管理不善、个别人员图谋私利的问题。

第五节 政府对住房金融的深度介入和支持

住房金融在很大程度上是一种市场活动和市场行为,但是,实践表明,在这种市场活动和市场行为中,许多问题是市场本身无法解决或者解决得不好的,而必须借助于一种外在力量的干预,才能达到好的效果。

美国政府对住房金融的深度介入和一贯支持是其住房发展过程中的一大特点,美国住房市场从来就不是完全市场化的。除了前面已经论及的住房金融机构大都有政府背景之外,美国政府的作用还体现在以下方面:

1. 对抵押贷款市场进行规范。美国政府主要是通过房利美和房地美这两个机构来支持、调控二级市场的。例如,在房价飞涨和投机盛行的时候,为减轻未来房价急剧下降而导致呆账增多的金融风险,房利美和房地美规定:若自住购房者在任何一栋新建的多住户公寓楼的所有购房者中所占比例不足70%~80%,房利美和房地美将拒绝在二级市场上接受购买这栋楼里的任何购房者的住房贷款。这一住房金融市场的标准化调控措施,立即使得开发商们不得不制定相关合同,严格要求和审批,以求购房者绝大多数为买房自住而非炒作投机。为了便于抵押权的二级市场流动,联邦住房管理局等还制定了一系列抵押贷款标准,吸引多种投资者参与市场,为其开拓了一个收益稳定的投资新领域。又如,要求借款者在取得联邦住宅管理局和退伍军人管理局的贷款担保保险时,必须通过十分严格的资信审查,包括借款人的收入水平、就业状况、信用史、贷款金额与个人收入的比率和贷款总额与住宅价值的比率等等,并要求借贷双方签署统一的标准合约。这种格式化的合约安排,不仅促进了抵押贷款合约标准化,降低了抵押贷款的经营管理风险,也为日后在二级市场上出售抵押贷款、实现资产证券化奠定了技术基础。

2. 增加抵押贷款的供给并降低筹资成本。历史上看,美国最早一批住房政策出台于 20 世纪 30 年代大萧条时期,目的都是要设法增加住房贷款的供给。根据 1932 年的《联邦家庭贷款银行法》,在全国设立了 12 家"联邦家庭贷款银行"。这 12 家所谓"银行的银行"实行会员制,凡有住房贷款业务的银行或其他金融机构都可以入股成为其会员。12 家联邦家庭贷款银行通过财政部发行专门债券,来低价筹集资金,再把这些资金以低息贷款的方式转贷给成员银行,供其发放住房贷款。显然,由于成员银行得到的是低息的资金,再转贷出去的住房贷款利息也相应较低。目前,全美一共有 8000 多家金融机构是该体系的成员,占全国金融机构的 80%。

3. 政策优惠。为鼓励住房的自住和长期投资抑制投机,美国政府为了鼓励购房,为购房者提供贷款担保、贴息、减免所得税、减免不动产税等一系列的优惠政策。例如,联邦住房管理局代表国家,为中低收入家庭的住房抵押贷款提供按揭保险。这项叫做"203(b)按揭保险"的政策至今仍然适用。2003 年,美国开始实施所谓"美国首付计划",对购房首付款给予直接补贴。这些政策大大增强了中低收入居民尤其是新参加工作的年轻人的购房能力。又如,美国政府有关政策规定,投资房在一年内卖出,除要缴纳正常所得税外,还要缴纳高达 30% 的资本利得税,而一年以上卖出的住房,只需缴纳 15% 的资本利得税。美国政府还通过给予购房自住者大量的所得税抵扣的方式来实施政府对他们的住房抵押贷款所付利息和不动产税的补贴,在不少地区还对中低收入家庭首次购房提供一定数额的收入所得税的税收抵免。美国所有的州政府还统一发行抵押贷款收入债券,对购房自住的中低收入家庭提供长期的住房抵押贷款的利息补贴。

4. 政策后面还有"对策",使借款人充分享受政策优惠。依据美国《1986 年税收改革法案》,只有纳税人以分期付款方式购买的第一套和第二套住房贷款的利率支出可免交个人所得税，其他分期付款的消费信贷利息均不在减免税范围之内，如信用卡、汽车贷款和其他耐用品贷款的利息支付等。这种税收安排诱使金融机构不断地开拓新的金融产品，帮助消费者"合理"避税。次级抵押贷款、重新融资、产权贷款和与房产产权挂钩的信贷产品应运而生。"次级抵押贷款"对于低收入、信用记录差者的税收诱惑在于，只要能获得购房贷款，就可以通过重新融资和产权贷款等金融工具，获得更多消费信贷，从而获得更多的利息免税优惠。"重新融资"可减免利息税的优势是显而易见的。例如，一家人购房贷款余额是7万美元，重新融资后可获得11万美元贷款，将11万美元用于偿还原先的贷款后，可获得4万美元的产权信贷。如果他们将2.5万美元用于改善房屋，1.5万美元用于购置新车，那么，11万美元的新贷款利息支出可全部免交个人所税。这样，购房者可以减轻税务负担，还可以有更多信贷额度扩大其他消费支出。"房屋产权贷款"就是以房产净值为抵押获得第二抵押贷款或其他信贷产品，这样房屋所有者就可以将不动产变为可流动的资产，如现金、支票和储蓄存款，用于支付其他消费支出。例如，一对夫妇有房产价值12.5万美元，贷款余额为4万美元，按房产价值的70%获得产权贷款的最高额度为4.75万美元。

综上所述，美国政府对住房金融的间接支持力度很大，所谓间接支持，就是政府通过制定和实施有关法规和政策，创造对住房金融发展有利的外部条件，刺激金融机构为住房购、建者提供资金，或者刺激住房消费者和投资者积极参与到房地产资本运动中来。这样，可以充分发挥市场机制的作用，在住房融资具有高效率的前提下，使大量资金流向住房领域，而且，政府无需承担筹集和管理大量资金的任务。美国住房金融机构较完整的体系，对市场信心的建立是有效力的：它使得人们相信，政府将不会对市场上发生的任何不利的事情袖手旁观[①]。一旦市场真正发生了问题，政府金融机构可以发挥"最后贷款人"的作用。

[①] 当然，这种信心如果被滥用，导致道德风险盛行，后果也是严重的。次级债危机的发生和扩散，在一定程度上与各类公司、各类借款人和贷款人对政府"救火"的期待是有关系的。

政府对住房金融的支持,说到底就是要让参与住房金融的主体越来越多,而且让各相关主体各得其所,形成共赢局面。因为只有这样,房地产资本运动才能正常进行,良性发展。然而,对于中国到目前为止只有10年较快发展历程的住房金融,中国政府各个部门的认识和支持态度是不一样的,在各个部门的博弈中出台的政策没有一贯性①,以至于对房地产运动的各个主体的行为和市场信心造成严重困扰,房地产市场的波动超出了城市居民心理能够承受的空间。特别是一些研究者和决策者对于房地产金融风险和"泡沫"的强调,使散点式分布、可管理的金融风险吸引了多项政策制定者的重点关注目光,虽然在一定程度上有助于堵住"管涌",但如果使整个房地产资本运动的"管道"造成了拥堵,当然就得不偿失了。对于今后政策的出台,决策部门有必要从战略上审视其是否有利于房地产资本运动的整体发展,特别是对政策可能产生的负面影响要做出充分的估计。

第六节 创新住房金融制度和工具以利于改善住房的可支付性

住房是民生之本,城市住房是人们得以在城市安身立命的必需品,因此,作为为人们购买、维修、转让住房提供方便的住房金融必然会产生巨大的社会效应。从总体趋势而言,住房金融促进了房地产资本运动,提高了社会平均的住房可支付性,使社会整体上提高了福利水平,然而,在房地产资本运动的收益分配中,能够取得住房金融支持的人相比无法取得住房金融支持的人处于优势地位;在房地产正常发展或泡沫初显时期,资本充裕者往往能利用住房金融提供的便利,在房地产市场上抢占先机,甚至在某种程度上操纵房价和地价,从而使资本缺乏者在不断上涨的房价面前"望房兴叹",处于明显劣势地位。对于无法取得住房金融支持的人来说,房地产资本运动只具有间接的意义,这个意义是通过政府的再分配、再调节机制来实现的。

---

① 在本书第二章第三节、第四章第三节中有论述。

中美住房金融理论与政策:房地产资本运动的视角

住房金融制度的变动或创新有长期和短期两个方面的效果,从长期看,住房金融创新有利于房地产资本运动,会促进更多的主体参与到房地产资本运动中来,对社会各个阶层的利益都会有所提升;从短期看,住房金融制度的变动会改变房地产资本运动收益分配的格局,特定人群、企业在收益分配中的发言权、受益权会发生变化。比如,中国的房地产开发商由于其"一条龙"式的产、供、销模式,对有关房地产金融的政策变动十分敏感,因为政策的变动直接决定其资金链是否完整,从而决定其在收益分配中的发言权、受益权的大小。住房金融机构、住房借款者的收益也受到利率变动和信贷政策的直接影响。

由本书第五章的分析可知,近年来中国房地产市场上的价格上涨现象有其客观必然性,普通居民对于住房可支付性恶化的担忧也是可以理解的,但与此同时,政府调控把房价、地价本身作为对象,却难以取得预期效果,政府的两难境地促使人们考虑以住房金融创新的思路来解决住房可支付性问题。因为,住房金融创新不仅可以使中等以上收入的人群提前拥有住房,甚至还可能使住房拥有成本成为负值①,住房的可支付性确实可以大大得到改善。

目前中国的商业银行是住房金融机构中占绝对主导地位的综合性机构。目前开办的住房抵押贷款业务对借款人的资格要求严格,实际贷款额度都很小,贷款偿还期短,而且,贷款偿还方式单一。这些特点带来了一些消极影响:

1. 贷款资格或条件的严格限定,将部分有能力借款的中等收入居民排斥在贷款对象之外②。
2. 过低的贷款率使居民无法实现通过获取住房贷款而实现购置自有住房的愿望。
3. 贷款偿还期过短,限制了居民借款。
4. 贷款方式单一不能满足不同经济条件、不同偿还意愿的居民的不

---

① 如本书第五章的住房拥有成本模型所阐述的。
② 低收入人群难以获得高额的购房贷款额度,对金融创新融资工具需求不强,在市场失效的情况下,政府应该承担更多的责任。由于并非所有人的住房问题都要通过购买新建商品房解决,可以通过发展二手房和房屋租赁市场,解决经济拮据人群的住房需要。

同需要,限制了住房抵押贷款市场的扩展。个人住房贷款、商用房贷款、住房装修贷款等产品,贷款比例多是不超过 70%,在期限上一般为 20~30 年,还款方式多为本息等额按月还款。总体上讲,银行间产品同质化比较严重,创新性产品较少。居民进入房地产资本运动的门槛过高,无论对于居民来说,还是对金融机构来说都是不利的。

下面的分析可为住房金融产品的创新提供一些思路。

1. 住房按揭需求不同,表现为对贷款额度、贷款期限、贷款还款方式的要求都会存在差异。如一般的工薪阶层需要的可能是相对稳定的月供需求,而对于自由职业者、私营业主收入不是等额的,其收入水平在几年内甚至在一年内都存在不均衡的情况,在还款方式上要求其按月等额还款,就无法满足个性化需求;同样身份的人群不同的生活阶段对资金的需求也是不同的,比如年轻人,由于没有积蓄,子女上学、赡养老人、个人学习等开支较大,收入水平也较低,但大学毕业 8 年、10 年以后或到中年,其收入变化就比较大,因此,不同年龄的客户对住房按揭贷款的首付比例、还款时限要求、还款方式要求都是不同的,而目前个人住房按揭产品的单一性就很难满足不同年龄客户个性化的需求。

2. 个人住房贷款定价要有效体现收益覆盖风险的原则。其一,不同客户的差别定价。不同资信评分的客户要求的贷款利率水平是不同的,优质客户收入来源稳定、资信评分等级高,要求能够享受贷款的利率优惠;而对于贷款风险比较大的客户应通过提高贷款利率来抬高门槛控制其贷款额度,有效防范风险。但目前按揭贷款定价基本是同一利率,浮动空间很小,既未给予优质客户以优惠条件,又未在贷款定价上覆盖高风险贷款对象的预计损失。其二,不同物业的差别定价。不同住房(物业)的升值空间、跌价风险差异是很大的,但目前银行提供的按揭贷款比例、贷款定价、还款方式却并未区分物业价值状况而有所差别。比如,城市商业区、中心区的物业与城郊结合部的物业升值差异是比较大的,银行面临的房价跌价风险是不同的,对于城市商业区、中心区的物业应提供相对较低的贷款定价,对于城郊结合部的物业应提高贷款利率,在一定程度上覆盖物业跌价风险。规模较大、配套相对齐全的成片开发小区与零星插建楼盘的升值空间与跌价风险也是不同的,相对应的金融服务方式、产品也应不同,而目前国内商业银行的贷款定价、贷款额度基本是相同的。其三,不同开发企业的差别定价。目前个人住房贷款一般由开发商进行相应的担保,而开发企业的开发能力、资金实力、管理水平差异非常大,相应的担保能力各不相同,贷款定价、贷款额度都应差别对待。

3. 个人贷款的流程柔性化。目前国内商业银行的个人住房贷款流程基本是一个模式,对不同的客户采取的是同样的贷款流程,贷款申请、审查、审批的环节、方式基本相同,缺乏柔性。既不能保证对高端客户的特别效率,也未实现对高风险客户的严格审查。而且整个贷款流程中顺行的环节很多,而非并行,增加了客户等待时间。贷款的受理方式、审查、审批等缺乏标准化的管理流程,即使同一家商业银行内部不同的营业机构执行的流程也不同,不利于树立良好的品牌形象。

4. 贷款还款方式要适应市场变化。目前国内多数商业银行提供的个人住房贷款都要求按月等额本息还款,而且不许提前还款,这种还款方式完全是一种卖方市场的销售方式。个人收入的变化是非常大,不同的工作区间甚至一年内年初与年末的收入也是不同的,客户自有资金是不断变化的,客户有选择还款时间、还款额度的权利,这是一种非常正常的还款需求。从银行的角度讲,提前还款可能减少贷款利息收入,并增加操作成本,但银行应正视客户需求,通过产品创新满足客户需求。如果漠视客户需求,最终必然在市场竞争中失去客户。目前,随着个人住房贷款竞争的加剧,部分银行提出了可以随时还款、可以按月两次还款、给客户还款宽限期等做法就是适应客户需求的业务创新。

5. 住房金融生态建设呼唤良好的外部政策环境、社会信用环境。房地产业在中国属于新兴产业,国家政策、法规还不够完善,个人住房金融服务缺乏良好的金融生态的支撑,特别是对银行债权的保护,相关的法律、制度还不够完善,影响了银行的产品创新和贷款效率的提高。从社会信用角度讲,目前个人社会信用体系还未完全建立起来,个人征信系统还未有效利用,对个人贷款的信用约束机制难以有效形成,也直接影响了银行个人住房贷款的风险防范,影响了银行进行客户评价的效率。

6. 不同档次的住宅类型资金运作规律、消费群体乃至政策环境都不一样,考虑融资方式的选择时应进一步细分住宅市场。比如:

高档住宅：高档住宅通常要求较高设计水准，可行性研究和专业设计费用高昂，因此在开发的准备期融资需求大，而准备期又是不确定性最大的开发阶段。类似于商业用房，开发商更需要拓宽融资渠道，为保证资金的可得性和稳定性，愿意接受较高的融资成本。夹层融资、信托和项目融资等是较为理想的融资方式。

普通商品房：享受税收优惠。包括对年轻消费者发放高额信贷额度，允许非等额还款，调整作为贷款规模主要指标的收入计算方式等。融资租赁可以构造事实上的"零首付"；"卖方信贷"可以通过开发商补贴的方式为他们提供贷款上的优惠，减轻他们的还贷压力。

经济适用房：这类住宅享受国家政策扶植，税收优惠，比较容易拿到开发贷款。但是在个人购房贷款上也应看到，经济型客户贷款比例最高，违约率也最高。

7. REITs 的诸多优点以及其独特的风险收益特征，决定了其可能成为廉租房建设融资的主要渠道。1986 年，美国政府推出一项旨在促进中低收入家庭住房建设的方案——LIHTC。任何公司或者 REITs，如果投资于符合一定建设标准的住房，政府将在 10 年内返还占整个工程造价 4% 的税费，减免额在 10 年内分期返还；政府要求所建住宅能被 60% 以上的当地平均收入家庭接受；此外，这种购买力要持续 10 年。据美国财经杂志 *Barron's* 统计，享受 LIHTC 政策优惠之后，廉租房 REITs 的收益率能够达到 7.5%～8%。由于廉租房的投资风险小，收益相对稳定，因此吸引了许多对资金安全性要求较高的投资者。这项方案消除了投资者对于开发和投资廉租房利润低的顾虑，大大激发了 REITs 投资于廉租房的积极性。权益型 REITs 较其他两种模式受利率的影响相对更小，因此可以更好地规避利率风险，有利于稳健投资。从国际经验看，权益型 REITs 占据了最为重要的位置。在美国，权益型 REITs 的资产规模占到了总数的 91%，而其他两类只分别占 7% 和 2%。权益类 REITs 的收入主要来源于房地产的租金，这正适合于中国廉租房的特性。廉租房建设被置于房地产资本运动的轨道上来，可以使其融资渠道大大拓宽，对于广大渴望解决住房问题的城市低收入居民和外来务工者来说，无疑是大有好处的。

本书论述至此,需要再次阐明这样的观点:房地产资本运动是城市发展最大最永久的发动机,在城市居民乃至整个国民的财富创造中占据重要位置。绝大部分城市居民的住房需求应当通过市场化的运作机制来满足。其中,高收入和中等偏高收入家庭,占人口的40%左右,完全可以按照商业规则筹资和消费;中等收入和中等偏低收入,合计占人口40%左右,则需要有一定的政策支持或扶助,例如抵押贷款、一定比例的保险、短期担保、批发融资优惠、市场准入优先等等。有条件的地方还可以增加一些特殊的财税优惠政策,通过给予贷款贴息、房产税费减免、二手住房交易税费减免、住房消费和住房抵押贷款利息抵扣个人所得税等形式,降低消费者的实际购房成本和住房消费支出。城市低收入者的住房保障则应作为政府必须承担的职责,但也不能"一包到底",可以有若干种选项使城市低收入者得到住房保障。计划经济时代的做法无助于城市精神和现代市民的培育,真正负责任的政府应该致力于改进房地产资本运动的体制机制,改善住房的可支付性,使越来越多的城市居民自觉自愿地参与到房地产资本运动的过程中来。

主要参考文献

1. [美]阿列克斯·施瓦兹:《美国住房政策》,黄瑛译,中信出版社2008年版。

2. [英]阿瑟·刘易斯:《经济增长理论》,周师铭等译,商务印书馆1983年版。

3. [美]埃德温·S.米尔斯主编(K.J.阿罗、M.D.英特里盖特总主编):《区域和城市经济学手册》第二卷《城市经济学》,安虎森等译,经济科学出版社2003年版。

4. BIS21号论文:《房地产指标与金融稳定》,中国人民银行金融市场司、重庆营业管理部译,中国金融出版社2006年版。

5. [英]保罗·切希尔、[美]埃德温·S.米尔斯主编(K.J.阿罗、M.D.英特里盖特总主编):安虎森等译,《区域和城市经济学手册》第三卷《应用城市经济学》,经济科学出版社2003年版。

6. 北京市地方志编纂委员会:《北京志市政卷·房地产志》,北京出版社2000年版。

7. 毕宝德主编:《土地经济学》(第五版),中国人民大学出版社2006年版。

8. 陈宝森:《美国经济与政府政策——从罗斯福到里根》,世界知识出版社1988年版。

9. [英]大卫·李嘉图:《政治经济学及赋税原理》,周洁译,华夏出版社2005年版。

10. [美]戴维·西罗塔:《房地产金融纲要》,龙胜平等译,上海人民出版社2005年版。

11. [美]丹尼斯·迪帕斯奎尔、威廉·S.惠顿:《城市经济学与房地产市场》,龙奋杰等译,经济科学出版社2002年版(及其英文原版,1996 by Prentice-Hill, Inc. A Division of Simon & Schuster, Englewood Cliffs, New Jersey)。

12. 邓宏乾主编:《房地产金融》,复旦大学出版社2006年版。

13. 董藩、王家庭编著:《房地产金融》,东北财经大学出版社2004年版。

14. 法律出版社法规中心编:《房地产法小全书》,法律出版社2006年版。

15. 顾海良:《马克思经济思想的当代视界》,经济科学出版社2005年版。

16. 国土资源部土地利用管理司、中国土地勘测规划院编:《城市地价动态监测理论与实践总论》,地质出版社2006年版。

17. 韩启明:《建设美国:美国工业革命时期经济社会变迁及其启示》,中国经济出版社2004年版。

18. 郝丁博士论文:《我国房地产经济波动和金融风险防范研究》,复旦大学2005年版。

19. 浩春杏:《城市住房梯度消费——以中国南京为个案的社会学研究》,南京大学出版社2007年版。

20. 何晓星、王守军:《论我国土地资本化中的利益分配问题》,《上海交通大学学报》2004年第4期。

21. 洪艳蓉等著:《房地产金融》,北京大学出版社2007年版。

22. 胡昊主编:《上海房地产发展报告2007》,上海交通大学出版社2007年版。

23. 黄小虎主编:《新时期中国土地管理制度》(上、下卷),当代中国出版社2006年版。

24. 黄怡:《城市社会分层与居住隔离》,同济大学出版社2006年版。

25. 黄志宏博士论文:《城市居住区空间结构模式的演变》,中国社会科学院研究生院,2004年。

26. [加]简·雅各布斯:《美国大城市的死与生》(纪念版),金衡山译,凤凰出版传媒集团、译林出版社2006年版。

27. [美]杰弗里·萨克斯:《全球视角的宏观经济学》,费方域等译,上海三联书店、上海人民出版社1997年版。

28. [美]杰拉尔德·冈德森:《美国经济史新编》,商务印书馆1994年版。

29. 卡尔·马克思:《资本论》(一、二、三卷),人民出版社1975年版。

30. [英]G. L. 克拉克、M. P. 费尔德曼、M. S. 格特勒主编:《牛津经济地理学手册》,商务印书馆2005年版。

31. [美]拉尔夫·布洛克:《房地产投资信托》,张兴、张春子译,中信出版社2007年版。

32. 雷国琼:《从资本运动角度看经济全球化》,《成都理工大学学报》2006第9期。

33. 雷曜:《次贷危机》,机械工业出版社2008年版。

34. 李剑阁主编:《中国房改现状与前景》(国务院发展研究中心课题组),中国发展出版社2007年版。

35. 李晓西:《宏观经济学》(中国版),中国人民大学出版社2006年版。

36. 李智博士论文:《房地产投资信托(REITs)法律制度研究》,中国政法大学,2005年。

37. [美]理查德·M. 贝兹、赛拉斯·J. 埃利:《不动产评估基础》(第5版),董俊英译,经济科学出版社、汤姆森学习出版集团2002年版。

38. [美]理查德·比特纳:《贪婪、欺诈和无知:美国次贷危机真相》,覃扬眉、丁颖颖译,中信出版社2008年版。

39. 厉伟:《房地产市场的非区域性特征及其现实衍生意义》,《城市问题》2006第3期。

40. 刘洪玉、张红:《房地产业与社会经济》,清华大学出版社2006年版。

41. 刘洪玉、郑思齐编著:《城市与房地产经济学》,中国建筑工业出版社2007年版。

42. 刘绪贻、杨生茂总主编:《美国通史》(六卷本),人民出版社2002年版。

43. 柳欣:《经济学与中国经济》,人民出版社2006年版。

44. 柳欣:《资本理论——价值、分配与增长理论》,陕西人民出版社1994年版。

45. 柳欣:《资本理论——有效需求与货币理论》,人民出版社2003年版。

46. 龙奋杰、沈悦等:《住房市场与城市经济互动机理研究综述与展望》,《城市问题》2006年第1期。

47. [德]鲁道夫·希法亭:《金融资本——资本主义最新发展的研究》,福民等译,商务印书馆1997年版。

48. 陆大道等:《中国区域发展的理论与实践》,科学出版社2003年版。

49. 刘卫东、罗吕榕、彭俊:《城市土地资产经营与管理》,科学出版社2004年版。

50. 吕俊华、彼得·罗、张杰编著:《中国现代城市住房(1840—2000)》,清华大学出版社2003年版。

51. [美]罗杰·H.伯恩哈特、安·M.伯克哈特:《不动产》(第4版),钟书峰译,法律出版社2005年版。

52. 马学强:《从传统到近代——江南城镇土地产权制度研究》,上海社会科学院出版社2002年版。

53. [美]迈克·E.米勒斯、盖尔·贝伦斯、马克·A.韦斯:《房地产开发:原理与程序》(第三版),刘洪玉等译,中信出版社2003年版。

54. 秦明周、[美]Richard H. Jackson 主编:《美国的土地利用与管制》,科学出版社2004年版。

55. [日]青木昌彦:《比较制度分析》,周黎安译,上海远东出版社2001年版。

56. 全国美国经济学会、浦东美国经济研究中心编:《美国经济走势与中美经贸关系》,上海社会科学院出版社2006年版。

57. 全国人大常委会法制工作委员会民法室编:《中华人民共和国物权法条文说明、立法理由及相关规定》,北京大学出版社2007年版。

58. [瑞典]瑞斯托·劳拉詹南:《金融地理学:金融家的视角》,孟晓晨等译,商务印书馆2001年版。

59. 深圳市国土资源和房产管理局:《深圳房地产发展报告(2006—2007)》,中国大地出版社2007年版。

60. 沈洪溥、陈玉京:《近期美国房地产市场的基本特征和走势》,《宏观经济研究》2007年第6期。

61. 沈悦:《房地产价格与宏观经济的关系研究》,中国水利水电出版社、知识产权出版社2006年版。

62. 孙群郎:《美国城市郊区化研究》,商务印书馆2005年版。

63. [美]特瑞斯·M. 克劳瑞特,G. 斯泰西·西蒙:《房地产金融——原理与实践》(第三版),龙奋杰等译,经济科学出版社2004年版(及其英文原版,1999 by South-Western, A Division of Thomson Learning)。

64. [日]藤田昌久、[美]保罗·克鲁格曼、[英]安东尼·J. 维纳布尔斯:《空间经济学:城市、区域与国际贸易》,梁琦主译,中国人民大学出版社2005年版。

65. [日]藤田昌久、[比]雅克-弗兰科斯·蒂斯:《集聚经济学》,西南财经大学出版社2004年版。

66. 汪利娜:《2008重建住房保障的问题及对策》,《经济观察报》2008年1月8日。

67. 汪利娜:《次贷危机成因详解及警示》,《经济观察报》2008年2月23日。

68. 汪利娜:《美国住宅金融体制研究》,中国金融出版社1999年版。

69. 汪利娜:《中国城市土地产权制度研究》,社会科学文献出版社2006年版。

70. 王建:《虚拟资本运动与国际油价危机——写在国际油价超过每桶70美元之际》,《宏观经济研究》2005第12期。

71. 王建华:《小城镇发展的问题与对策》,《城市问题》2005第6期。

72. 王兴中等:《中国城市生活空间结构研究》,科学出版社2004年版。

73. 王旭:《美国城市发展模式:从城市化到大都市区化》,清华大学出版社2006年版。

74. 王旭:《美国城市化的历史解读》,岳麓书社2003年版。

75. 许学强:《中国城市发展与城市化(许学强教授英文论文选集)》,广东高等教育出版社2003年版。

76. 杨春志:《城市产业战略的若干理论及应用——以上海市嘉定区产业定位为例》,《城市问题》2005第6期。

77. 杨东峰、史永亮:《中国沿海开发区的现实困境及新形势下的战略选择——以天津泰达为例》,《城市问题》2006第2期。

78. 杨上广、王春兰:《大城市社会空间结构演变及其治理》,《城市问题》2006第3期。

79. 杨文进:《论马克思的宏观经济学》,中国财政经济出版社2004年版。

80. [日]野口悠纪雄:《土地经济学》,商务印书馆1997年版。

81. 叶剑平、谢经荣主编:《房地产业与社会经济协调发展研究》,中国人民大学出版社2005年版。

82. [美]伊利、莫尔豪斯:《土地经济学原理》,商务印书馆1982年版。

83. 应红:《中国住房金融制度研究》,中国财政经济出版社2007年版。

84. [英]约翰·梅纳德·凯恩斯:《就业、利息与货币通论》(重译本),高鸿业译,商务印书馆2004年版(及其英文版,上海外语教育出版社2004年版)

85. [奥]约瑟夫·阿洛伊斯·熊彼特:《经济发展理论:对利润、资本、信贷、利息和经济周期的研究》,九州出版社2006年版。

86. [美]詹姆斯·托宾、斯蒂芬·S.戈卢布:《货币、信贷与资本》,陈杰、张未译,东北财经大学出版社、McGraw-Hill出版公司2000年版。

87. 张红编著:《房地产经济学》,清华大学出版社2005年版。

88. 张健:《房地产金融实务》,上海财经大学出版社2007年版。

89. 张敬淦:《从历史经验出发研究北京城市发展中的规律性问题》,《城市问题》2006第1期。

90. 张炜主编:《住房金融业务与法律风险控制》,法律出版社2004

年版。

91. 张晓晶:《符号经济与实体经济——金融全球化时代的经济分析》,上海三联书店、上海人民出版社 2002 年版。

92. 赵冈、陈仲毅:《中国土地制度史》,新星出版社 2006 年版。

93. 郑思齐:《住房需求的微观经济分析——理论与实证》,中国建筑工业出版社 2007 年版。

94. 中国科学院研究生院房地产发展战略研究小组、预测科学研究中心:《2008 中国房地产市场回顾与展望》,科学出版社 2008 年版。

95. 中国人民银行、中华人民共和国建设部、日本国际协力事业团、日本野村综合研究所:《中国住房金融报告》,2003 年版。

96. 中国人民银行:《2004 房地产金融报告》,中国人民银行网站。

97. 中国人民银行金融市场司房地产金融分析小组:《房地产金融报告 2006》,中国金融出版社 2007 年版。

98. 中国人民银行营业管理部课题组:《北京市房地产研究——金融视角的分析》,中国经济出版社 2004 年版。

99. 中国人民银行营业管理部课题组:《房地产价格与房地产泡沫问题——国别研究与实证研究》,中国社会科学出版社 2007 年版。

100. 周诚:《土地经济学原理》,商务印书馆 2003 年版。

101. 周京奎博士论文:《金融支持过度与房地产泡沫生成和演化》,南开大学,2003 年。

102. 周一星:《城市地理学》,商务印书馆 2003 年版。

103. 朱晨、岳岚:《美国都市空间蔓延中的城乡冲突与统筹》,《城市问题》2006 年第 8 期。

104. A Dougherty, R Van Order(1982): "Inflation, Housing Costs and the Consumer Price Index", *American Economic Review*, Vol. 72, No. 1(Mar., 1982).

105. Authur O'Sulivan, *Urban Economics*, fifth edition, McGraw-Hill, 2003.

106. BIS: "Real Estate Indicators and Financial Stability", 2005, Paper 21.

107. Dynarsky, M. (1986): "Residential Attachment and Housing Demand", *Urban Studies*, 23: 11 – 20.

108. RenaudB. (1984): "Housing and Financial Institutions in Developing Countries", World Bank Staff Working Paper No. 658.

109. Roger H. Bernhardt, Ann M. Burhart: *Real Property*, 4th Edition, 法律出版社, 影印版, 2004.

110. Sweeney, J. L.: "Quality, Commodity Hierarchies and Housing Markets", *Econometrica*, 49, 1974a.

111. Sweeney, J. L.: "A Commodity Hierarchy Model of the Rental Housing Market", *Journal of Urban Economics*, 1, 1974b.

后　记

本书的主要内容和观点来自于我在 2008 年 5 月完成的博士学位论文《论房地产资本运动——基于对住房金融理论与实践的考察》。在这篇论文的选题和写作的过程中,中国和美国的房地产市场经历了深刻和复杂的变化,两国住房金融体系也经历了前所未有的挑战。中美两国的房地产资本运动都呈现出有史以来最精彩也是最纷乱的一页:中国的房地产市场价格在宏观调控的政策频出的情况下依然在上涨,政府终于意识到为城市中下层居民提供住房保障永远是自己的职责①;美国的次级债危机拖累了许多大型金融机构,对全球金融市场产生了重大影响。房地产市场化取向和金融工具创新的趋势似乎都出了问题,令人深思和反省。在论文改编成本书的过程中,中国房地产市场陷入暂时的低迷状态,个别城市呈现房价较大幅度的下降,但巨大的潜在市场让房地产商和学者们仍然感到前景的美好;美国的次级债危机仍在继续,以房利美、房地美两个二级房贷巨头和美国五大投资银行均遭遇困境②为标志,演变成一场全面的金融危机,危及全球经济和金融体系,举世关注。因此,本书的出版可谓适逢其时,但也可能因为未来的发展并不如本书的观点所推论出的那样,而遭到非议,但不管怎样,我愿为自己的观点负责。

---

① 2008 年 3 月 15 日通过了新一轮国务院机构改革方案,以住房与城乡建设部的成立为标志,对住房保障问题的重视有可能在百姓心目中重新树立起中国政府"为人民服务"的形象。但这样一个弱势部门能否撼动既得利益集团的根基,把房地产资本运动中的收益分配合理化,然后通过政府的再分配和协调机制保障中下层居民的住房,值得期待。

② 2008 年 9 月 7 日,美国政府宣布接管"两房"(房利美和房地美),被当时媒体称为历史上最大的金融"救市"案。然而,很快就出现了更大范围的金融危机,五大投资银行相继倒闭或被收购、转型,美国政府启动了更大规模的金融"救市"计划。

中美住房金融理论与政策：房地产资本运动的视角

关于房地产市场特别是价格涨跌和金融风险的争论已经很多，出于各种利益考量而出台的政策措施或提出的政策建议也已经很多。我在博士论文中提出，要以房地产资本运动的视角来看待房地产市场及金融领域的变化和挑战，从中找出中美两国房地产市场巨大差异背后的某些逻辑共通性，使决策层和研究者对房地产资本运动的基本理论和规律有所了解，从而无论在理论上还是在政策制定中都有一个具有普遍意义的研究工具。以资本运动作为研究工具在古典经济学中就已经普遍存在，较之当前流行的经济学实证研究和模型分析，虽然显得有点空泛，但是在把握中美两国住房金融理论与政策这样复杂的经济现象时，它仍然具有一定的优势。当然，由于现在已经是21世纪，我在博士论文中也引入了现代经济学的某些研究方法和结论。在论文写作中特别是在改编成本书时，我意识到学术的生命力很大程度上在于拥有更多的读者，为了使更多的读者能读得进去本书，并从本书的论述中得到某些启发，我尽可能多地使自己的文笔贴近读者，并努力对博士论文的"三段论"式的写法做出改进，但愿不至于因此而贻笑大方。

博士论文顺利通过答辩，而且很快就得到了人民出版社的出版机会，心情自然格外激动。回想起3年前，在阔别大学生活12年后，重新踏入大学校门的那天，恍若就在昨天：

"博士"在我心目中是个神圣的字眼，是学术精英才配拥有的称号。虽然硕士毕业以后我一刻也没有放弃学习和思考，但并不敢轻易下决心走入"博士"这个象牙塔中。直到2004年，我从军队高级机关主动要求转业到地方，截然不同的工作环境使我不得不加快了学习新知识的步伐。经过认真考虑和一段时间的准备，尝试着报考了李晓西教授的博士研究生。李老师不仅有理论上的高素养，而且有实践上的大视野，他以博大的胸襟接纳了我这个弟子，我也抓住这难得的学习机会，日以继夜地苦读经典，不敢辜负老师的厚爱。

在3年短暂的学习时间中，工学学士、史学硕士的学习背景虽有其弊（入门时经济学的理论基础相对薄弱），也有其利，可以使我的思维更活跃、逻辑性更强、学术视野更宽广。在老师们、同学们的帮助下，我不仅完成了经济学博士生班所要求的全部课程，还跟着硕士生班的师弟师妹们补修了现代经济学、金融学的主要课程。我还主动请缨,在导师的课题组里担当角色,协助导师做课题研究和组织协调工作。在北京师范大学经济与资源管理研究院这个既具有战斗精神又快乐和谐的科研团队里,我的学术和科研能力得到了提高,生活乐趣也增加了不少。

博士论文的撰写像炼狱一样考验着我的智力、体力和耐心,特别是在后期,我从研究单位调到银行工作,在繁忙的工作之后深夜挑灯,使我曾经强壮如牛的身体承受了极限的挑战。每当困顿不堪之时,就会隐约感到我过早离世的母亲那慈祥的双眼在注视着我,还有我那年老体弱的父亲的孤独身影,他们对我的期望和付出的艰辛使我时刻记得自己作为乡下孩子的本分,不能有所懈怠。小儿起渊不仅学习好、身体棒,而且围棋技艺日益精进;妻子海霞在紧张工作之余还要挑起相夫教子的重担,他们的优秀是对我无言的激励,使我充满了奋进、向上的力量。

博士生生活结束了,我也到了"奔四"之年,本应是事业和学术双丰收的年龄,但一切都才刚刚起步。尽管如此,对于以往的岁月,我无怨无悔。古人云,世事洞明皆学问,人情练达即文章,我虽然从不拘泥于书本上所说的一切,但还是始终把自己定位于一个读书人。读书人最基本的品性就应该是孔子所说的"以德报怨"。我所经历的每一个沟沟坎坎,我都把它们当成对我心智和道德水准的历练。

书稿写完之时,我的心中充满感激之情。感谢伟大的祖国和伟大的时代给予我们这代人的机会,感谢北京师范大学淳厚、务实的校风对我的熏陶,感谢导师李晓西教授、师母王凤瑛老师对我的关怀,感谢经济与资源管理研究院的张琦、曾学文、张生玲、金继红等各位老师,张江雪、和晋予、裘越芳、肖博强等各位同学对我的支持,感谢许善达、王元龙、高明华、何德旭、刘学敏、赵春明、钟伟等各位教授对我博士学习和论文写作的指导,感谢国家发改委宏观经济研究院的王永治、李建立、王晓红等同事曾经为我提供了宽松的学习和研究环境,感谢人民出版社郑海燕女士对本书稿的出版付出的辛苦,感谢所有在我人生转折期关爱我的领导、同事、亲人和朋友!

陈玉京

2008 年 12 月

策划编辑:郑海燕
责任编辑:任　俊
封扉设计:周文辉

图书在版编目(CIP)数据

中美住房金融理论与政策:房地产资本运动的视角/陈玉京 著.
-北京:人民出版社,2009.2
ISBN 978-7-01-007652-2

Ⅰ.中… Ⅱ.陈… Ⅲ.①住宅-金融-理论研究-中国、美国
②住宅-金融政策-研究-中国、美国 Ⅳ.F832.45 F837.124

中国版本图书馆 CIP 数据核字(2009)第 011679 号

中美住房金融理论与政策:房地产资本运动的视角
ZHONGMEI ZHUFANG JINRONG LILUN YU ZHENGCE
FANGDICHAN ZIBEN YUNDONG DE SHIJIAO

陈玉京 著

人民出版社 出版发行
(100706 北京朝阳门内大街 166 号)

北京市文林印务有限公司印刷　新华书店经销

2009 年 2 月第 1 版　2009 年 2 月北京第 1 次印刷
开本:710 毫米×1000 毫米 1/16　印张:16
字数:238 千字　印数:0,001-3,000 册

ISBN 978-7-01-007652-2　定价:34.00 元

邮购地址 100706　北京朝阳门内大街 166 号
人民东方图书销售中心　电话 (010)65250042　65289539